走在西花厅的小路上

忆在恩来同志领导下工作的日子

（增订本）

章文晋　张颖　著

社会科学文献出版社

目录

走在西花厅的小路上(增订本)
忆在恩来同志领导下工作的日子

序 ………………………………………………… 1

魂系周公 ………………………………………… 1
周恩来与马歇尔在1946年 ……………………… 7
周恩来和我家四代人 …………………………… 20

走在西花厅的小路上 …………………………… 29
周恩来晚年外事活动漫忆 ……………………… 52
周恩来与江青、维特克事件 …………………… 69
广州会议 ………………………………………… 78
上海"周公馆" …………………………………… 86
董必武、周恩来托起国统区一片天 …………… 94
雾重庆的文艺斗争 ……………………………… 103
周恩来领导南方局文委 ………………………… 114
组织抗战文艺大军 ……………………………… 130
雾重庆的企盼 …………………………………… 136

父逝
　——恩来同志的遗憾 ………………………… 140

挚友·知音
　——周恩来与郭沫若 ………………………… 144

周恩来与茅盾在重庆的交往 ………………………… 151

夏衍心目中的周公 ………………………………… 157

周恩来、孙维世和金山 …………………………… 168

周恩来与陈荒煤 …………………………………… 178

他心中装着多少人
　　——周恩来与冰心、常书鸿 …………………… 190

周恩来喜欢戏剧又爱提意见 ……………………… 196

话剧《霓虹灯下的哨兵》上演前后 ……………… 199

周恩来与北京人艺的情缘 ………………………… 204

傅天仇：终生追求周恩来精神的人 ……………… 209

发挥革命历史剧的教育作用
　　——从电视剧《周恩来在重庆》说起 ………… 213

我心中的邓颖超大姐 ……………………………… 217

序

　　我和文晋都曾长期在恩来同志领导下工作。这本小书初版的文章是我多年所写，这次修订又加上了文晋的三篇和我后来所写的文章。

　　记得我写第一篇纪念恩来同志的文字是他逝世一周年。那是我第一次写这类文章。我把稿纸放在书桌上，拿起笔，却一个字也写不出来。我的泪水不断流下，那些稿纸都湿透了，而我伏在湿透的稿子上……这种情况连续了好多年。我内心深处填满了难以言表的感恩之情，这不仅是对恩来同志，而是对党、对人民的感恩之情！

　　文晋的情感与我是一样的，但他是个内向的人，不轻易流露。这次修订收入的他的三篇文章原本是两篇。关于周恩来与马歇尔那篇较早写成。另外两篇其实是他的一篇遗作。他基本写好的部分在他去世后即以《魂系周公》为题在《人民日报》上发表了，后一部分经整理稍晚发表于香港《紫荆》杂志，题目是《周总理与我家四代人》。我记得，为写这篇文章，他构思了几个月，思绪万千，却总觉得难于下笔。文晋是恩来同志亲手培养起来的新中国第一代外交官，在他直接领导下工作了三十多年。在复杂困难的局面中，文晋看到了恩来同志的大智大勇与缜密潇洒，在成长的道路上深受恩来同志的教诲与鞭策，他的家人亦受到了恩来同志如亲人般的关照。每每接到撰写回忆恩来同志的邀请，他总觉得自己难以表达对周总理的伟业和人格的景仰，总为自己的笔拙而感到惭愧。

岁月如梭,在不少不眠之夜回首往事,我常常责问自己,有生之年还能为人民和祖国做些什么?我们能够写下些回忆的文字,有些是受邀,但大抵是受到一些青年朋友的鼓励,同时也总觉得有一种责任。最初来到恩来同志身边工作时,我只有十七岁,是红岩最年轻的工作人员之一。如今,我已年逾九旬,我们这一代人大都已经离去,但这一代人的经历却不应被忘却。我希望,用自己真诚而非虚构的讲述,多少能为年轻一代留下些感性的历史。

我要再次感谢中共党史出版社领导和编辑们的鼓励和厚爱,使之能集成小书。我要特别感谢社会科学文献出版社领导和编辑们对本书进行修订的建议和为再版所做的努力,在文晋百年即将到来之际,了却了他未竟的心愿!

张 颖
2013年8月8日

魂系周公[*]

周恩来同志离开我们15年了。在这千百个日日夜夜里，我常常想起他那伟大的一生。他的情操、人格、学识和作风，使每个与他接触过的人，都留下深刻的印象，都情不自禁地对他产生敬佩、信赖和亲近之感。回想起他的言行风采，宛如昨日，历历在目，但又恍若隔世，心头总是泛起一丝隐隐的哀痛。今年1月8日，我曾到纪念堂缅怀，心潮澎湃，难以平复。在那里遇到不少同志，都期待我能写出多年来在恩来同志领导下工作的体会。我不安地感到这是我应做却一直未做的事情。每当我回首往事，深深思索，很多很多……提起笔来，却只是点点滴滴，不成文章。

我第一次见到恩来同志是在60年前。1930年春，他赴莫斯科向共产国际汇报中共六大以后的工作，并解决中共与共产国际远东局的争论等问题。4月下旬，他路过柏林，在成仿吾住处约见当地中共党员。那时，我正在柏林学习，十五六岁，是一名青年团员，不过却有幸被吸收参加了约见。在那次会面中，恩来同志为我们分析国际形势，介绍国内苏维埃运动和红军的发展情况。他那清晰的思路

---

[*] 原载《人民日报》1991年3月5日。原编者按：这是章文晋同志为1991年3月初参加一个周恩来纪念会所准备的发言稿。修改未完，他不幸因病去世。这里发表的是其中的一部分，标题为编者所加。

和富有感染力的言谈，使我们受到极大鼓舞。当时，我还不知道这位潇洒儒雅、令人倾倒的青年人的姓名。直到他离去后，成仿吾才告诉我，他就是南昌起义的著名领导者周恩来。

1944年冬，我从昆明调到重庆第十八集团军办事处外事组工作。1945年8月下旬，恩来同志陪同毛主席从延安到重庆与国民党谈判。一天，他遇到我，问我的情况。当我告诉他曾在柏林听过他讲话，他立刻高兴地笑着说："原来是老相识啊。"几天后，毛主席会见加拿大大使，由我做翻译。从这时起，我就直接在恩来同志身边工作了。恩来同志对在他身边工作的同志要求十分严格，同时耐心地给予具体指导。严厉而又充满爱心正是他的风格。这点我从一开始就体验到了。记得有一次，我起草一篇抨击国民党的发言稿，送给他审查。他很快地看了一遍，微微摇头，随即指点我：一个猎手的好坏，不在于他一下子打出了多少发子弹，而在于他是否能一枪就命中靶心。我立刻明白了这篇稿子的缺陷是四面出击却没有攻中要害。当我很快按他的提示改好，再送他审阅时，他点头看着我，满意地笑了。或许那时，他感到孺子可教吧。

1945年底，美国总统派特使马歇尔来华调解国共矛盾。恩来同志作为中共首席代表参加谈判。我跟他当秘书和翻译，亲眼看到他为贯彻党的"反内战、争民主、求和平"的基本方针所做的不懈努力。谈判期间，恩来同志所表现出的不避艰险、不辞辛劳的献身精神，使我终生难忘。1946年5月，他和美国代表白鲁德以及国民党代表一起到武汉以北100里的宣化店调查中原解放区国共冲突的情况。我随同前往。连日大雨滂沱山洪暴发，途中一座桥梁被冲断，汽车无法过河。国美两方代表都想退回去。恩来同志为争取时间，制止中原局势进一步恶化，坚持涉水过河。他让随去的当地同志找来十几个农民，把四辆吉普车抬过河，并把国美两方代表也背了过去。当农民争着背恩来同志时，他动情地说：为争取和平，你们给予我们很大的支持，我感谢你们。二万五千里长征，跋山涉水，是我们共产党的本领，这条河是难不住我的。说着，脱下鞋袜和长裤，向河里走去。恩来同志的举动完全出乎白鲁德的意料，他立即拿起相机摄下了这一镜头，并告诉我，他要把这张照片珍藏起来，作为

1954年随同周恩来参加日内瓦会议 二排左一为章文晋

1972年尼克松与周恩来在北京会谈 右四为章文晋

私人留念。当恩来同志向河中走去的时候，何谦同志紧随其后。我动作慢，刚提起鞋，就见恩来同志回过头来，向我说："文晋，能行吗？"或许他看我是一介书生，缺少在风浪中的磨炼，所以特别关照。可我明白，这也是对我的鞭策。我立刻加快步伐，跟随着恩来同志，趟过这百米多宽，水深及腰的河去。1980年，我在华盛顿与白鲁德先生久别重逢，他还为此赞叹不已。以后，他特地送我一幅照片，便是当年恩来同志涉水过河时穿着军上衣和短裤站在水中的留影。就是从这种一点一滴的小事中间，我们也可以看到，为什么以恩来同志为代表的老一辈共产党人，不仅能赢得中国人民的拥护，甚至能赢得政治对手的钦佩和尊重。

内战爆发后，在繁忙军务中，恩来同志还抽空给中央外事组写信，指示我们加强对外宣传，了解世界大事。我知道，这也是为建立新中国的外交队伍做准备。解放后，我到天津外事处工作，不在恩来同志身边；但他作为政务院的总理，日理万机，还常常挂念着我。50年代初，中央在组建各大部时指派黄敬同志负责第一机械工业部的筹办。因我毕业于清华大学机械系，在贵阳地下党工作时，又干过汽车机械方面的工作。黄敬让我跟他一道搞汽车工业，我也有心回老本行。一次我到北京出差，恩来同志知道后，半夜把我找到西花厅谈了两个多小时。他做思想工作总是寓理于情，循循善诱，从世界大势讲到新中国外交的重要性，同时分析我的具体情况，说明外事干部十分缺乏，使我心悦诚服、高高兴兴地留在外交战线。这样，我才幸运地有更多时间在他直接领导下工作，有机会参与许多重要的外交活动。

尤其令人难忘的是，正值我当部长助理分管欧美事务时，亲身参加了打开中美关系的一系列外交谈判。中美关系的恢复不仅是新中国对外关系的重大转折，同时还开创了国际战略关系的新格局。应该说，打开中美关系的大门是毛主席的决策，但恩来同志不仅参与了这一决策，而且呕心沥血，做了大量的组织工作，进行了周密的安排。例如，基辛格第一次秘密访华，中央委派我和其他几位同志前往巴基斯坦迎接他。临行前，总理反复交待了中央确定的接待原则是"不卑不亢，以礼相待"。但他仍放心不下，又特别嘱咐我说:"我知道你不爱说话,但此行事关重大,他是客,你是主,你一定要采取主动。"在中美谈判的过程中,在每一个关键的细节上,都贯穿着恩来同志的智慧和灼见。双方讨论尼克松访华公告时,焦点是在尼克松访华的问题上究竟哪一方更主动。我们认为,因为尼克松首先表现出访华的意愿,我方才提出邀请;而基辛格却认为,总应该是邀请在先。黄华同志和我与基辛格一连谈了两个晚上也没有谈妥。双方争执不下,最后只好把这个情况向总理报告。恩来同志沉吟片刻,提起笔来,只在我们起草的公告稿上增加了"获悉"两个字,就说明了此事的经过是我们了解到尼克松总统有访华愿望,于是发出邀请。这样,双方就都能接受并感到满意了。恩来同志的外交才能真是让人叹服。

恩来同志对我的培养,不仅有耐心的指导,也有严格的批评。我记忆深刻的有这样两件事。一件是,1954年,我随中国代表团参加日内瓦会议。一天,发往国内的一篇外国新闻社的译稿出了差错,恩来同志严肃批评我,指出这是对大事不负责。几句话使我难过万分,终生引以为戒。还有一件是,"文革"期间,英国代办处被烧。重建后,总理让我在出席英方举行的招待会时,向英国代办祝贺并在适当场合致以歉意。而我因为那天出席招待会的人很多,一直没找到适当的机会,所以没有致歉。恩来同志知道后,立即把我找去,批评说:"你受极左思潮的毒很深了。你不说,我只好自己说了。"随后,他亲自约见英国代办,向对方表示,火烧英国代办处不是中国政府的意思,现在重建好了,我向你祝贺。当时,我就在恩来同志身旁,看着他憔悴清癯的面容,想到由于我的过失而未能为他分忧,深感愧疚。

恩来同志虽然对身边的同志要求严格,但下级出了差错他总是主动承担责任。更可贵的是,他严

周恩来、章文晋、卓别林在日内瓦

于律己,身教重于言教。这里我就举这样两件事情。那都是在马歇尔使华,我刚开始为他做翻译的时候。一次,国共美三方会谈,我把一份会谈的备忘录落在休息室里,直到临走时,经恩来同志提醒,才把它找了回来。恩来同志当场严厉地批评了我。随即在汽车里,他又主动承担了责任,说:"我年纪比你大些,也比你有经验,我应该事先提醒你。"最近,熊向晖同志在纪念总理的文章中提到,恩来同志一次从延安回重庆,也是由于一时疏忽,把自己的一个笔记本落在马歇尔的专机上。这里我就此事补充一个细节。其实,恩来同志一回到红岩,就发现笔记本不见了。他立即让我去找,并马上召集党的核心会议做检讨。我乘汽车飞快地驶往马歇尔的住处,从他的副官那里取回笔记本,随即赶回驻地。来回至少近两个小时。可到家一看,恩来同志还在那里检讨呢。对于我这样一个在党的领导机关工作不久的同志,从没想到过,他作为一位中央领导同志,工作中出了一点纰漏,竟按照党的纪律做如此严格的反省。这件事给我留下的印象是难以磨灭的。

……

周恩来与马歇尔在 1946 年[*]

从1945年以来，在将近30年的时间里，我曾作为周恩来的翻译和外交部的干部，在他领导下，参加了不少重要的外交谈判。在我的印象中，像1946年周恩来与马歇尔之间的谈判那样旷日持久，其外交对手有像马歇尔那样声望的是不多见的。更重要的是，这场谈判直接关涉到战后中国的前途与命运。在这场斗争中，周恩来以极其高超的谈判艺术维护了党和人民革命事业的利益，表现出他不仅是一位极为杰出的外交家，是党中央决策的忠实执行者，同时也是一个善于把握瞬息万变的局势、制定符合实际的策略、推动革命事业向前发展的领袖。

我为周恩来当翻译

1944年冬天，我来到重庆八路军办事处外事组工作。那时正值美国大使赫尔利在国共之间进行斡旋。这是美国政府第一次尝试插手调解国共关系。以后，从1945年底至1947年初的马歇尔使华，则是美国政府企图进一步调解国共关系。我在八路军办事处（中共

---

[*] 原载《中华英烈》1988年第2期。章文晋著。

中央南方局）工作的头10个月与周恩来接触甚少，主要因他当时大部分时间在延安，正赶上我们党召开第七次代表大会前后。此外，也由于赫尔利调解活动很快就陷入僵局，赫尔利对我党充满敌意，关系急剧恶化。

抗战胜利后，应蒋介石邀请，8月28日，毛泽东、周恩来、王若飞等同志抵达重庆会谈。三位领导同志曾到红岩八路军办事处和曾家岩周公馆接见我党在重庆南方局和报馆工作的全部同志。周恩来同外事组的几位同志见了面。王炳南、龚澎和李少石都是周恩来十分熟悉的，而我还算是个新人。我自我介绍说，1930年春，他秘密去莫斯科经过柏林时，曾接见过几位留德学习的共产党员与青年团员，我也在场。我的父亲还是他在南开中学时的同学。周恩来笑着说，他还记得这些事。

30日，毛泽东从桂园迁到红岩下榻。那时，荣高棠同志正好组织我们排了一个戏，他也拉我参加。这是我一生中仅有的一次舞台艺术实践。晚上，毛泽东、周恩来、王若飞都来看戏，但他们只看了一幕就退席了。第二天早晨，周恩来见了我就说："我认识你父亲就是在戏台上，我们曾在南开中学同台演戏；现在看到你也是在戏台上。"

重庆谈判后期，周恩来陪同毛泽东访问了一些主要国家的驻华使节。当他们去见加拿大大使时，我被指定做翻译。这是我第一次在正式场合为党的领导同志做翻译工作，结果出了一点笑话。因要我先独自到使馆等候，毛泽东、周恩来等同志到达时我已在客厅内。这是一次礼节性的拜访，谈话结束时，毛泽东起身与使馆人员道别。他也走到我的面前，向我表示感谢。看来是我穿的那套西服使他把我误认为使馆的译员了。他称赞说："这位先生翻译得还不错嘛！"我连忙解释："主席，我是八路军办事处的工作人员。"

实际上，直到马歇尔来华之前，几乎所有的重要场合都由龚澎担任周恩来的翻译。她同时还担负着联系驻渝外国记者的任务。这个任务正随着国共和谈的进展而变得十分繁重。马歇尔抵华前夕，她正式建议，由我接替她的翻译工作。那时，我已为周恩来做过几次翻译，他对我已比较熟悉，就同意了。这样，我就以译员的身份，参与了周恩来与马歇尔谈判的全过程。

1946年3月4日，章文晋记录周恩来与马歇尔谈话手迹

"这个人令我想起史迪威"

马歇尔于 12 月 22 日飞抵重庆。那天到机场欢迎他的有各界人士。周恩来、董必武、叶剑英三位同志也到机场去迎接他。当马歇尔走到周恩来面前时,周恩来上前与他握手,并对他作为特使来华表示欢迎。但马歇尔由于刚下飞机,听不清周恩来讲的话。当时的飞机隔音设备不好,噪音很大,坐久了便会影响人的听力。

第二天下午,周恩来等三位同志又一起到马歇尔官邸拜访。一见面,马歇尔首先向周恩来表示歉意,解释昨天没听清周恩来讲话的原因。

随后,双方的谈话进入了正题。

马歇尔表示,他对中国的情况知道得很少,但非常乐于学习,以便了解各种问题。作为美国总统的特使,他不仅要与政府方面会谈,而且要与各方面的人士会谈。他说,美国愿意努力促成中国的和平,因为这不仅是美国的愿望,也是实现世界和平所必须的一个条件。为此,他十分愿意倾听中共方面的意见。

接着,周恩来讲了话。他说:我们非常高兴马歇尔特使能来华促进中国的和平。特使刚才所说的精神是很好的。我们共产党人在战时和战后都是以这种精神来谋求中国的和平与团结。中国人民抗战八年,如果从"九一八"算起已经十四年了,目前又出现了战争状态,这是十分不幸的。当前,我们共产党所主张的就是立即停止冲突,用民主的方法解决国内的一切问题。周恩来又说,我们所要求的民主与美国式的民主颇为相似,但要加以若干的中国化。美国有许多地方可供我们学习,这包括华盛顿时期的民族独立精神,林肯的民有、民治、民享和罗斯福主张的四大自由。此外,还有美国的农业改革和国家工业化。

马歇尔来华后,中国能否走向和平的首要问题就是能否顺利地实现停火。当时,蒋介石已经宣布 1 月 10 日为政协会议的开幕日期,但直到 1 月 9 日国共双方仍未能就停火问题完全达成协议。国共双方最后争执的焦点是蒋介石硬要我军将业已占领的热河、察哈尔两省的赤峰和多伦两个战略要地交给国民党军。这是蒋介石企图从四面包围解放区，并切断我党从华北通往东北的重要通道的一大阴谋，而且根本违背就地停战的基本原则。这种无理要求当然不能为我方所接受，在谈判过程中。周恩来据理力争。他向马歇尔指出，蒋介石政府以中苏条约为借口企图占领赤峰、多伦两地是毫无道理的，因为中苏条约载明国民党政府接收主权仅限于东北地区。他接着说，明天即是政协会议开幕之日，那两个地区已由我军解放，根据就地立即停火的原则当然应由我军驻守。在东北问题上，我们已向国民党做出了重大让步。而如照蒋介石提出的要求，停火将遥遥无期。马歇尔感到周恩来的讲话合情合理，表示愿意按照周恩来的建议，随即与蒋介石会谈，劝他不要因小失大，应同意让步。10日，在政协会议开幕之前，国共双方终于签订了停战命令。这样，周恩来在谈判桌上既坚持了原则立场，又争取到及时正式地达成停火协定，为政协会议按期开幕创造了必要的条件和良好的气氛。

我们党同意接受马歇尔的调解是以美国不干涉中国内政为前提的。当时，周恩来曾向马歇尔强调，中共方面希望看到盟国关心中国的内争，但也要求盟国恪守"不干涉中国内政"的诺言。对此，马歇尔表示同意。具体地说，这就是要求美国的调解有利于促成中国停止内战，结束国民党一党专政，实现联合政府和民主政治，同时，美国不得援助国民党以武力统一中国。这些是杜鲁门在马歇尔来华前发表的对华政策声明中所保证了的，也是我们检测马歇尔的调解活动是否公正的标志。在马歇尔来华初期，可以说他基本上是按照这些原则行事的。当时，周恩来与马歇尔相处得较融洽。

周恩来觉得他尚属较公正，较坦诚。在最初两次接触后，周恩来曾说过："这个人令我想起史迪威。"

从延安带回的信息

1月27日，有关政协会议各项协议的讨论已基本结束。周恩来和陆定一返回延安向党中央汇报。中央肯定了代表团的工作方针。

30日，周恩来匆匆返回重庆。

第二天一早，周恩来向马歇尔通报从延安带回的信息。周恩来说：毛主席特别向你致意，感谢你的帮助，并让我带来一个口信。毛主席认为，你这次处理停战问题是公正的。中共愿意在你所表现的这种公正的基础上与美国合作。周恩来接着说：作为共产党人，我们的长远目标是在中国实现社会主义，但现在中国还不具备这样的条件。因此，我们虽然在理论上是主张实现社会主义的，但今天我们还不打算而且不可能把它付诸实现。当前，我们所说的建国道路就是提倡民主和科学，中国要学习美国的农业改革和工业化，以建立一个独立、自由、富强的中国。随后，他又讲了一段"插曲"。那时国统区传言毛主席的身体不大好，又说毛主席要去莫斯科休养。周恩来告诉马歇尔，毛主席听到这个谣言后觉得很可笑。主席说他身体如果不好，宁愿去美国休养，因为在那里也还有许多东西可学。

马歇尔很重视周恩来的话。他对毛主席捎来的话表示感激。他说，他相信中共的和平诚意，并相信可以根据中共公开宣布的愿望和政策劝说蒋介石在任何问题上与中共达成协议。

1947年中央外事组全体成员摄于陕北。
左起：徐永煐、王炳南、王知还、王朝臣、章文晋、陈家康、吴青、王凝

马歇尔甚至私下还提出了他个人对如何迅速实现临时性联合政府的设想。在谈话即将结束的时候,马歇尔请周恩来把转达的毛主席谈话写成节略给他,直接向杜鲁门汇报。周恩来同意了。第二天就交给了马歇尔。马歇尔表示,如果毛主席要去华盛顿的话,他可以安排飞机,甚至可以赠送一架专机。

当天下午,政治协商会议闭幕。会议通过了五个纲领性协议,明确规定结束一党专政,成立联合政府。周恩来在闭幕会的致词中指出:虽然大会的协议和中共历来的主张还有一些距离,但这些协议是好的,是各方互谅互让的结果。中共保证为这些协议的全部实现而奋斗。

第二天,中共中央向全党通报:政治协商会议的重大成果提出了中国有可能走上和平民主建设新阶段的前景。

那时,共产党人的确是真诚地希望中国能走和平民主发展的道路。但是,事情如何发展并不取决于共产党单方面的愿望,关键是国民党想做什么。

转瞬即逝的和平之光

政协会议通过五项协议之后,为了实现决议提出的政治民主化、军队国家化,2月25日,中共代表周恩来、国民党政府代表张治中和美国顾问马歇尔共同签署了一项整军方案。这个方案的目的是要在中国实现民主政治、成立联合政府之后,将中国军队统编为国防军,实现军党分开的制度。2月底,马歇尔、周恩来、张治中三人离开重庆到华北、华中视察各地停战协定的执行情况和解决军队整编中的问题,以期巩固停战,为实现和平民主创造更有利的条件。

3月4日晚,军事三人小组及随行人员飞抵延安,受到我党领导毛泽东、朱德、林伯渠等人的热烈欢迎。我记得当晚,毛主席还在延安大礼堂招待马歇尔观看文艺演出,包括《黄河大合唱》等节目。当时陕北的天气很冷,礼堂里也没有取暖设备。毛主席和马歇尔都靠在躺椅上,腿上盖着厚厚的毛毯,脚底下放着火盆。

3月初，三人小组返回重庆时，面临的关键问题是东北停战。马歇尔来华时，我党我军已在东北占有相当的优势。为了满足人民实现和平的愿望，我党在政协会议所签署的协议中，对国民党做了很大的让步，同意国民党接收被苏军占领的大城市和铁路，同意让国民党军队整编后在东北与全国一样占有5：1的优势。当然，我们党也有自己的原则，那就是国民党必须承认我党我军在东北的合法地位，承认东北已建立起来的民主政权。党中央那时曾明确指示东北局，要做好准备，在和平到来之后与国民党合作。在谈判中，周恩来也多次主动地向张治中、马歇尔提出东北问题。但国民党却极力回避。蒋介石显然看出，马歇尔对苏联与中共在东北的关系正存疑虑，他愿意让国民党在东北占优势。

3月11日，马歇尔返美述职。临行前，毛泽东曾通过周恩来带话给他，希望他等到东北的局势安定下来再走，但马歇尔执意不肯。马歇尔走后，国共美三方直到3月27日才签订了向东北派出停战执行小组监督调处停止军事冲突的协议。此后，蒋介石又借口国民党军队开入东北是接收主权，而不受停火限制，结果派出的停战调处小组因受蒋方的阻挠而不能起任何作用。

与此同时，国民党还以种种手段破坏政协会议的各项决议。主要涉及两个问题：第一是"政治民主化"与"军队国家化"孰先孰后。政协决议的精神是先成立民主联合政府，然后实现军队国家化；而蒋介石坚持要先统编军队，对改组政府则毫无诚意。第二是宪法问题。政协会议通过的宪法草案是建立一个内阁制的政府，总统的权力受到很大限制，而蒋介石坚持制定一部实际维持独裁统治的宪法。这样，中国的局势便迅速恶化了。

针对国民党的军事进攻，我党代表团明确看出，只有在蒋介石的大打大斗政策受到重大挫折之后，才有可能谈判。周恩来向中央建议，我们必须在东北大打，不能对国民党方面抱有不切实际的想法。4月18日，当马歇尔述职归来之时，正是东北的战斗升级之际。国民党军队对东北民主联军据守的四平发动总攻，而我军也在这一天进驻了长春。这个时期，虽然我们党采取了以打对打的方针，但目的乃是为了以反击促和谈。

"周是我未遇过的外交对手"

谈判初期，周恩来与马歇尔之间的会谈经常是每次会议以一方的发言为主。马歇尔第一次来华时，大都由他发表长篇大论，谈美国对促成中国和平统一的设想。除去谈判所涉及的具体问题之外，马歇尔向周恩来介绍了英美政治制度、军队组织原则和训练方法。在我的记忆中，马歇尔讲解得最为详细的要数英美军队不干预政治的传统是怎样形成的，他似乎很想以此说服我党放弃军队。作为一个谈判老手，当谈话涉及敏感的现实问题时，马歇尔喜欢使用谨慎的、试探性的措词，暗示周恩来不必立即回答他提出的问题，以免使谈判陷入僵局。即使遇到十分棘手的情况，他也不动声色。周恩来是位善于倾听对方意见的对手。为了推动中国和平民主的进程，也为了融洽会谈气氛，他认真思考马歇尔提出的每一项建议。对那些具有实质内容的建议，他还要提出简短的问题，以便弄清马歇尔提议的动机与关键之处。凡遇有重大问题，周恩来决不轻易表态，总是在请示延安之后，才做出答复。从 4 月份以后，这种在谈判中以马歇尔为主讲的情况就发生了明显的变化。

4 月 22 日，周恩来与刚刚从美国回来的马歇尔进行了一次长谈。我记得约有三四个小时，几乎全由周恩来一个人发言。在我所参加过的那些重大谈判中，周恩来这种后发制人的办法在赢得主动权方面是很成功的。在这次会谈中，周恩来开门见山地向马歇尔指出：在我们第一次相见时，我便已说明我们的要求是一个和平民主的中国。我也曾从你的谈话中得到一些民主的办法和民主制度的观念，并更加理解什么是美国的民主传统。我记得政协会议之后，你曾给我读过一篇富兰克林的演说词，使我最受感动之处是其中曾说到，尽管大家意见有不同，但大家一定要合作。在政协闭幕会上，我也曾强调，虽然政协的决定并不完全合乎我们中共的理想，但既然大家同意了，大家便都要遵守。三个月来，我们方面从未要求任何修改，而国民党方面却闹得翻天覆地。随后，周恩来把马歇尔离华期间国民党政府破坏各项协议的情况做了十分详尽而准确的说明。周恩来开诚布公的声明使马歇尔无言以对。在给美国政府的报告中，马歇尔承认，国民党给了中共以指责他们的充分口实。

周恩来无懈可击的谈判才干显然给马歇尔留下了深刻的印象。就在这次会谈之后，马歇尔对民盟的领导人之一罗隆基说，周恩来是他"从未遇过的外交对手"。5月中旬，在与无党派职业外交家、新任驻美大使顾维钧的谈话中，马歇尔更为坦率地道出了自己的看法。马歇尔说，在他本人的经历中，他曾与各种人物打过交道，包括伦敦的一些非常狡猾的英国人，但是没有一位比周恩来更聪明。在他看来，周的谈判艺术似乎与共产主义毫不相干，根本不涉及共产党人爱谈的资本、土地和财产等问题。

马歇尔还说，听说共产党人是不能信赖的，但国民党丝毫不比共产党人更值得信任。

实际上，一直到5月中旬，周恩来和马歇尔之间还保持着良好的工作关系。马歇尔承认，那时共产党的领袖确有执行协议的诚意，一般来说，来自上级的命令也会被共产党部队的战地指挥员执行。相反，马歇尔常常感到与蒋介石打交道很困难，以致他有时会问周恩来，如何才能说服蒋介石做出一些让步。当然，这并不意味着马歇尔支持国民党政府的立场有所动摇。作为一个高明的军事家和政治家，他当时已预感到，蒋介石一心想要采取的武力政策到头来不仅不可能消灭共产党，反而会加速国民党政权的垮台。这正是他劝告蒋介石不要搞军事冒险的根本动机。

"美国有两重对华政策"

5月，东北的战斗日趋激烈。我军原希冀在四平、长春能顶住国民党军的进攻，以期有利于赢来停战，但这个目的未能达到。22日，东北民主联军撤出长春，国民党军立即进占。

第二天，蒋介石乘马歇尔的专机趾高气扬地飞到沈阳视察。临行前，他向马歇尔表示，愿意考虑在东北停战，还说他到沈阳去是为了控制局势。但他一到那里，就决定继续向北进攻，并向我党提出了新的更加无理的要求，作为停战的要挟。

5月底，我党代表团判断，内战已临全面化边缘，但美蒋之间还存在着一些矛盾。马歇尔担心蒋介石打内战将引起严重后果。因此，我党代表团向党中央提出了"逼美压蒋"的策略。

在6月初举行的一次会谈中，周恩来坦率地告诉马歇尔，现实使他不能不认识到，美国政府对中国有两重政策：一个是好的方面，是罗斯福总统所留下的，世界各国要合作，中国各方也要合作；另一个是比较黯淡的方面，就是把中国实现民主化放在一旁，而积极帮助国民党继续搞独裁。周恩来列举了美国援蒋的大量事实，向马歇尔表明，美国对中国的内战是负有责任的。他打了一个形象的比喻来说明美国是有办法制止中国内战的。他说，美国援蒋就好比从自来水管中放水，已经流出来的，自然收不回去，但至少不应该再放了。"把水龙头关上，美国是有这个权力的。"随后周恩来又分析了蒋介石所采取的策略。他对马歇尔说：你来中国代表了美国政策中好的一面。在你来华初期，蒋介石就不希望你的使命获得成功，现在蒋介石已在准备大打，想把你拖下水。

周恩来的这些分析是相当准确的。既要继续援蒋，又想抑制蒋介石打内战的欲望，这正是美国政策中的致命矛盾。周恩来的话的确击中了马歇尔的痛处。现在我们才知道，原来马歇尔在使华之前，就相当担心蒋介石不一定会接受在他看来是合理的让步。为此，他曾向杜鲁门要了一张底牌。那就是如果蒋介石不愿让步而使得国共之间无法达成协议时，美国到头来是否还得支持蒋介石。对此，杜鲁门十分明确地加以肯定。而这一点恰恰很快就被蒋介石心领神会了。

6月份是谈判十分紧张的时期。月初，国共双方达成了一个停战15天的协议。党中央决定，我们党的基本方针是在不丧失基本利益的前提下"竭力争取和平"。由于国民党在军事上一时占了上风，在谈判中，他们的条件也不断升级，逼迫我们或则破裂谈判，或则做出重大让步。不过。由于国民党的军队也未做好全部进攻准备，实际情况是谈谈打打。

在与马歇尔的会谈中，每当说到国民党军队背信弃义，向解放区发动进攻的时候，周恩来的气愤之情总是溢于言表。每逢这种时候，马歇尔就拿起桌上的香烟盒子请周恩来吸烟，以此缓和谈判气氛。周恩来平时并不吸烟，这时却会点燃一支，吸上几口，继续从容地与马歇尔周旋。其实谁都知道，谈判至此已谈不出什么名堂了。不过国共双方仍不断地提出各式各样的方案和对案，美国人则提出一系列所谓"折衷"案。对我们来说，真正的困难是，既要设法避免谈判的破裂，又不能放弃原则。只有既坚持原则，又表现得合情合理，才更有利于为最后的决战争取时间，赢得人心。这种谈谈打打的局面一直维持了三个月。

"中国的人心向背是决定一切的！"

9月底，国民党军队分三路进攻张家口。

周恩来马上致函马歇尔转蒋介石，声明：如果国民党军不立即停止对张家口的进攻，中共将认为国民党政府已公然宣告和谈破裂。10月11日，国民党军队占领了张家口。同时，国民党政府宣布即将召开一党包办的"国大"。换言之，蒋介石明目张胆地显示要以武力消灭中共，并彻底埋葬政协决议。国共谈判已到破裂的最后关头。11月15日，国民党一党包办的"国大"终于开幕了。国民党内战

章文晋为周恩来和马歇尔做翻译

独裁的道路已经没有回头的余地。

11月16日,周恩来召开中外记者招待会,慷慨陈词,向国内外庄严宣布中国共产党的正义立场,并严正谴责国民党祸国殃民的罪恶政策。10日,周恩来率领中共代表团返回延安。

历时一年之久的、由马歇尔斡旋的国共谈判实际到此就结束了。

42年过去了。我耳边依旧回响着周恩来最后对马歇尔所说的话:"蒋介石想用武力解决一切,我们不会屈服。中国的人心向背是决定一切的。"

周恩来和我家四代人[*]

周恩来总理与我家人的交往始于我的父亲章以吴。民国初年，家父与周恩来同是天津南开学校的学生，父亲年长一岁。那时，话剧刚刚传入中国，人们管它叫"文明戏"，很时髦。学校里成立了剧团，父亲和周恩来都是积极分子，常常一道排演。听说在一出戏中，最初由我父亲饰女主角，后来家中要他回去完婚，就由周恩来接替了这个角色。大抵由于这个原因，以后他们虽然二三十年没有什么来往，恩来同志对我父亲仍留有较深的印象。

总理让父亲请他吃喜酒

父亲大半生在金融界做事，与政治无涉，但思想颇开明。抗战期间，父亲辗转来到重庆，曾去八路军办事处拜访恩来同志。谈话间说到各自家人的情况，父亲向恩来同志表示，能否把我调到办事处工作，当一名公开的共产党人。不过事实上，我从昆明调到重庆与此事并无直接关系。1944年冬，南方局决定把我们一批从西南联

---

[*] 原载香港《紫荆》1991年6月号。原编者按：这是章文晋为纪念周恩来诞辰93周年的讨论会准备的发言稿。修改未完，他不幸病逝。这里发表的是其中的一部分，小标题系编者所加。

1963年周恩来与南开学校同窗旧友章以吴重见于北京

周恩来与章家
左起：张颖、章以吴、邓颖超、吴婉容、周恩来、章文晋、章梅

大毕业的党员撤退到延安，途经重庆时，因八路军办事处外事组正需要外语干部，就把我留下来了。抗战结束后，长期为恩来同志做翻译的龚澎同志另有所任，就由我接替了她的工作。从重庆至南京，我在恩来同志身边任翻译兼秘书，直到中共代表团撤回延安。

解放初期，父亲自愿放弃了在上海金城银行的高级职务，到宁夏平凉人民银行去做一名普通职员。按当时的政策，这就是参加了革命工作，可以享受二十七级也就是最低一级的干部待遇。1956年，因精简机构，父亲和我继母一起返回北京。那时，他们结婚不久，我继母的前夫曾定夫医生是恩来同志的故友，在重庆时一直为恩来同志的父亲周老先生看病，所以我继母也认识恩来同志。大约在1958年初，一次偶然的机会，周总理遇到他们二人，听说他们结为伉俪很是高兴。他打趣地说："你们两人非常般配，能结合到一起是个大好事。你们应请我吃喜酒啊！"听了周总理的话，我父母都不知如何回答才好。他们心想："你是一国的总理，我们怎么好请你呢。"恩来同志见他们不说话，便笑着说："那么还是由我来做东吧。"几天后的一个星期日，周总理邀请我们全家去西花厅吃饭。席间，总理问起我父母的生活情况，是否还有收入，我继母说："现在我给一家储蓄所做代理，有一点补贴，每月25块钱，大概还应付得过来。"总理听后连声说："那不够，那不够，我还是让负责这些事的同志们想想办法吧。"不久以后，文史馆就吸收我父亲做了馆员。此后直至"文化大革命"，他们的生活都很安定。时至今日，每逢提及此事，我继母仍感慨不已。

总理特别关照外祖父朱启钤

周总理对我的大家庭非常了解。我的外祖父朱启钤先生是中国现代市政建设的创始人之一。清末民初，他对北京市政机构的建立和最早的交通管理花费过不少心血，还筹划开发了北戴河海滨避暑地。朱老先生的才干当时颇受袁世凯器重，南北议和时出任过北方总代表，后来又任过北洋政府内务总长等职，还短时间代理过内阁总理。那时，青年周恩来曾发表文章抨击他。袁世凯称帝失败以后，朱老先生离开仕途，转而专心做学问，在古建筑、漆器研究方面有很高造诣。我祖父章一山是清末的一个翰林，与朱老先生是至交，两家很早就为子女订下亲事。我少年时赴德留学的经费亦是由朱老先生提供的。解放前夕，朱老先生因为对共产党不甚了解，从生活了几十年的北京移居到上海。

进城不久，周总理听说我准备到上海探望父母，特地把我和爱人张颖叫去，嘱咐我们说："朱启钤先生是个实业家、建筑学家，他可以为新中国服务。请你们转告他，人民政府欢迎他回到北京来。"总理还特别嘱咐：对老先生不能只讲大道理，不能勉强，要通过你们的言行取得老先生的信任，让他看到，共产党人通情达理，使他自愿、高兴地回到北京来。到上海以后，我们遵照总理的指示，多次去老人处请安问候，向他转达了周总理的邀请。不久，朱老先生就返回北京，还当上了全国政协委员，以后，他对北京的市政建设和古建筑的保护提出过不少宝贵意见。

60年代初，朱老先生是全国政协委员中年事最高的一位。有一年，在政协举行的为老年人祝寿的招待会上，周总理亲自给朱启钤先生敬酒，祝他长寿。几天后，周总理和邓大姐又专程来到朱老家中，与他全家人见面，照相留念。这天，总理夫妇也和我父亲一家照了一

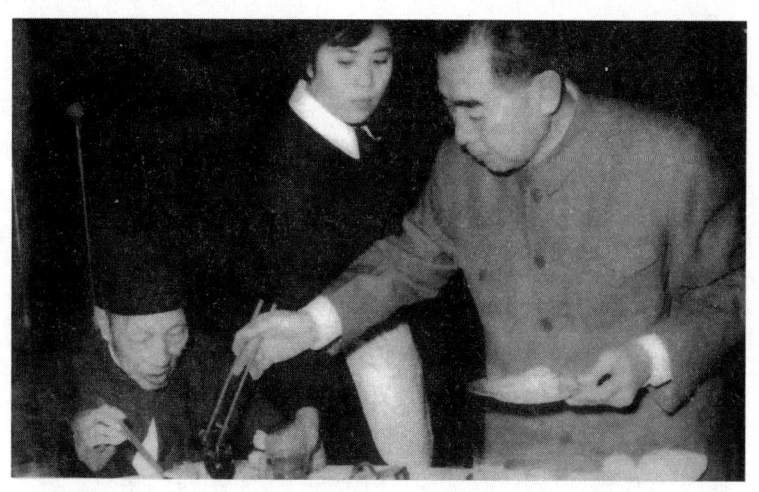

1963年元旦，周恩来宴请70岁以上全国政协委员、全国人大代表等，祝老人活到一百岁，并亲自为最年长者朱启钤布菜。

张合影。后来"文革"期间,"造反派"批判我是"地主资产阶级的孝子贤孙",一定要我拿出一张全家的照片,我确实没有别的照片,只好把这张交了上去。结果,他们说我是拿周总理作挡箭牌,把照片退了回来。回想起来,真是非常可笑。

有一次,周总理前来探望朱老先生。谈话中,我外祖父忽然非常严肃地提出:"我知道你们共产党人不讲究生死之道,但我是个老人,和你们不一样。身后我是要去北戴河的。这不违反你们的规矩吧?"周总理知道朱家有片墓地在北戴河,老人希望离世之后能与夫人合葬。他立即点头表示同意,并说:"当然可以,这种事情我们尊重本人的意愿。"听了总理的话,朱老先生还是不放心,又提出:"对我来说这是一件大事,空口无凭,请你立字为据。"此言一出,总理笑了,望着在座的儿孙辈,他宽慰老人说:"我的话你还信不过,那还有你的儿孙在旁为证嘛。"对周总理的种种关怀,老人内心十分感激。他曾对我说:"未料到脱离政府近四十年,晚年竟与共产党领导人有知遇之恩。"

1963年,朱启钤先生过世。周总理派了一名负责干部来协助处理丧事,并特地请铁路部门考虑如何运送棺木。可能是因运输有困难以及其他一些原因,经与朱老先生的儿女们商量后,还是决定将棺木葬在北京八宝山革命公墓。

总理关怀张学良胞弟

在我朱家的亲属中,六姨夫张学铭也是深受周总理关怀的一位。他是张学良将军的胞弟。天津刚解放时,他因曾在旧政府任过职而被军管会定为管制分子,被监督调查。那时,我正好在天津外事处工作。一天,六姨朱洛筠来找我,表示很为张学铭担心。我只能向她解释,共产党历来实事求是,主张治病救人,要她放心。

大概在1949年秋冬之际,周总理恰好与负责统战工作的徐冰同志一起到天津来。在市里举行的联欢会上,徐冰同志遇到我,就询问我在天津亲属们的情况。正当我们谈到张学铭的问题时,周总理也走了过来。我向他们汇报,张学铭被管制心里不服,强调他本人并没做过坏事。总理听后说:"要知过、要改才好。不过,不看僧面

1962年周恩来来看望朱启铃及张学良亲属。

左起：周恩来、朱洛筠、谢雪萍。右起：张鹏举、邓颖超、张学铭、张允冲

看佛面，他兄长是有功之人嘛。而且我听说，这位张二爷倒是个公子哥儿，当官也不管事吧。"说着，他就把市公安局长许建国同志找来，问明情况，认为可以解除对张学铭的管制，还要我向姨母朱洛筠转达他的问候。

不久，张学铭进入北京社会主义学院学习，后来又回到天津工作，还当上了全国政协委员。他对政治活动和政治学习颇为积极，逢人便说还是共产党的办法好。六姨朱洛筠多次对我说，张二爷只是在解放后才过上了一个真正的独立的人的生活。张先生晚年也为国家做了一些有益的事情。"文革"期间，总理特别关照有关方面保护他们夫妇。

出国赴任前夕与总理的难忘会面

1973年春，我被任命为中国驻加拿大大使。临行前夕，总理说："早就答应见一见你们全家人，现在你们夫妇就要离开了。趁孩子们都从外地回来送你们，也让他们一起见一面吧。"其实，那几年，我经常与外交部的其他同志一起来总理那里汇报情况、研究工作、陪

见外宾，我们夫妇见到总理的机会是比较多的。当时，我们都能感到国内的政治气氛很不正常，也知道"四人帮"企图插手外交部的工作，正打着"反对投降主义"的旗号开始整周总理，想切断他与外交部的联系。事实上，我的这次任命就并不很正常。在这种情况下，总理从繁忙的公务的间歇中抽空约见我们全家，这多少使我感到意外和不安。直到他逝世之后我才知道，在前一年的一次例行体检中他被发现患了癌症。他约见我们全家人时已自知将不久于人世。

会见是在8月初一个星期日的傍晚，天气闷热，我们抵达西花厅时，邓大姐在门口迎接我们。她说总理还在开会，要等一会儿才能回来。大姐看着我们的四个孩子，一眼就认出了我们的大儿子百家。

在我们的孩子中，总理和大姐对百家最熟悉。百家是1948年初从延安撤退后东渡黄河时出生的，身体很弱，刚满月又随我们从黄河边向西柏坡转移。行至三交镇，驮着孩子和行李的毛驴从一座独木桥上掉到河里，驮子顺流而下冲出几百米，幸好被河里的一块大石头挡住，孩子才捡了一条性命，等我们把小孩救上来，收拾停当，部队早已走远了，我们只好暂时在三交住下。这时，恩来同志恰好随总部机关到达三交，听说我们的情况，就带着发给他的奶粉和一些营养品来看孩子。他嘱咐我们等孩子好些再随后续部队前进。几个月后，我们一家三口平安抵达西柏坡。邓大姐听到了我们路上的艰难情景，就说："过去小孩子生下来要穿百衲衣，这孩子是一路吃百家饭长大的，就取名叫'百家'吧！"

1949年，我们随解放军进入天津。年底，周总理从那里路过，特意让人把张颖和百家接去。那时，百家已快两岁了，长得挺结实，还有些调皮。当着总理的面，妈妈让他唱个歌，他不肯，自告奋勇要表演翻跟头，说完便不顾妈妈的劝阻在地毯上歪歪扭扭地翻个没完，那滑稽可爱的样子逗得总理开怀大笑。他感慨万分地说："当年那么瘦弱的孩子居然闯过了道道难关，成长得这样好，新生力量真是不可估量啊！"以后，总理数次在报告中以"小百家"为例，比喻新生的人民共和国现在虽然还比较弱小，但一定能战胜重重困难强大起来。

我们等候了大约20分钟，总理带着满脸倦意回到家中。看到我们，他露出笑容，拍了拍百家的肩膀说："有十几年没见了，已经是个大人了，还当了解放军。"接着，他一一问了每个孩子的情况。我说，您这么忙还抽空见我们，影响您休息了。总理答道："和你们坐在一起聊聊天，对我来说就是最好的休息了。"

落座以后，我们先汇报了去加拿大的准备情况。总理并没有像以往那样仔细地询问什么，只是叮嘱我们：现在国内、国外情形都很复杂，到了新环境，既要有所作为，又要小心谨慎，多请示多汇报，不能凭老经验办事。随后，总理便和我们一家人聊了起来。

那时，百家是解放军总政文工团的学员。这个文工团曾多次跟随总理出国访问演出，总理对这个文工团非常了解。他马上问起自己熟悉的那些演员、作曲家、指挥现在是不是还留在团里，近况如何。然后，又说起他最喜欢的歌曲、最喜欢的舞蹈，问现在这些歌曲还唱不唱了，舞蹈还跳不跳了。兴致所至总理还对作曲家们的风格做了一番评论，某人的曲子他很欣赏，某人的则不然。评论之后，他又补充说，这只是他作为一个听众的个人喜好，嘱咐百家千万不要把他的评论传出去。谈到这些事情，总理显得挺高兴，但随后，他又不无惆怅地说，现在文艺界的事情他是不好管了。

回想起来，这次谈话就好像老少三代人的难得一聚，天南海北，并无一定的主题。总理提起民国初年的往事，也说到了"文化大革命"；谈老年人，也谈青年人。记忆较深的是，总理从我祖父一个清末翰林的保皇谈到了当时另一个著名的保皇人物杨度，并以其晚年加入共产党的例子来说明，一个人一生思想是可以有很大变化的。他告诫我的几个孩子，作为青年人千万不要保守，青年人保守了中国就没有希望。总理还说："文革"开始时有一个口号，叫"敢想、敢说、敢闯"。现在人们已经不怎么敢说了；不过，人的思想总是无法禁锢的，想还是要想的，只是不能说了。他认为，对青年人还应该提倡敢想敢说，但不能乱闯；青年人做事情要尽可能征得老年人的同意。后来，总理又谈到青年人的恋爱和婚姻，问百家有没有女朋友。然后他说，他主张青年人在谈恋爱时要多交一些朋友，多了解一些不同性格的人，但不要一下子就把恋爱关系确定下来。他还说，对青年人的婚事，父母不要搞包办代替，不要干涉太多；但年轻人也要征求父母的意见，尊重父母的意见，老年人的阅历总是更丰富一些嘛。最后，总理又问起我父亲和继母的近况，提起章士钊曾把我父亲称为"民父之子，民子之父"就笑起来。说完这段戏言，总理又说，这次没能请你父母一起来，等你们回来我还要请你们全家来吃饭。

总理游龙门石窟是第一次，也是最后一次

一个多月以后，我们陪同加拿大总理特鲁多来华访问。在北京会谈结束之后，总理和特鲁多一起去洛阳龙门石窟参观，我们亦随同前往。那次，总理对我们说，他以前没到过龙门，今后出来走一走的机会恐怕越来越少了。当时，我们真没想到，他的健康状况那样糟糕，而他以后的处境竟那样艰难。

1974年春节，"四人帮"终于打出"批林批孔"的旗号，公开把矛头指向了周总理。是年6月，他离开了生活二十多年的西花住进医院。我们身在万里之外，听到传来的种种消息真是忧心如焚而又万般无奈，只盼望回国述职之际尚能再见上他一面。哪里想到1976年1月8日晚上，我们从飞机场回到家里，刚刚放下行李，听到的第一个消息就是那让人难以置信的噩耗……

总理离开我们已经15年了，每当想起多年来追随总理和他相处相交的往事，思绪万千而又无从落笔。大约要倾吐对一个自己最敬重、最熟悉而又最相亲的人的情感总是这等困难吧。这里拉拉杂杂记述的只是总理与我家四代人交往的琐事。这些事我当时并未特别留意，以往也一直犹豫着要不要把它们写出来；因为在总理光辉伟大的一生中，这些事情实在是太小太小了。然而，细细想来，或许正是这些琐事更能反映出周恩来内心蕴藏着的那种平易深邃而又炽烈的爱，正是这种爱使亿万普通的中国人能永远把他作为一个可亲可敬的人而非一个神来怀念。

走在西花厅的小路上

5月的北京，美丽可人。风沙已过，寒意退尽。和煦的阳光暖暖地照着，还不觉炎热。中旬的一天，我又走进中南海邓大姐住所的院子，只见院内的各色月季花已竞相开放，芍药的花蕾也绽出点点洁白粉红。满园春色正象征着主人明朗的心绪和蓬勃的精神。我高兴地走上台阶，踏进了前院的"朝阳"厅。今天，邓大姐在这里宴请日本朋友真山美保先生和她的助手及演员们。我进得门去，见邓大姐已穿着整齐，等待客人。她虽然步履有些微迟缓，但仍是神采奕奕。

真山美保是日本新制作座的领导人，这次专程从日本来北京，特意向邓大姐问好致意。因为她第一次到中国来访问是1956年，至今正好30周年了。30年前周恩来总理接见了她，并对当时年轻的真山小姐给予很大的鼓励，促使她30年来，自强不息，获得了很大的成功。这些年来邓大姐也曾和她不断相会，结下了深厚情谊。这天在邓大姐家的聚会，充满了热烈的气氛，人人都激动得泪光闪闪。这灿烂的友谊之花，是周恩来总理生前播下的种子繁衍而来的。

邓大姐说："我只在这间大客厅里宴请过西哈努克亲王。你就是我第二位客人了。"真山美保连连点头说："我太感谢啦，我仅是一个普普通通的日本人呵。"邓大姐回答她："你同样是我们真正的、值得尊敬的朋友。你们专程来看望我,也太感谢啦。"她接着又说:"恐怕在座的中国同志,也没有谁在这里吃过饭吧。"邓大姐首先问我,因为我大概是来得较多的一个。我回答大姐:"我来这里吃过饭,但不是招待外宾。"

"是的,1964年我和恩来在这里会见了南京前线话剧团的全体同志们,还一起照相吃饭。"她的思维还是那么敏捷,记忆力也真好啊。

举目看看四周那熟悉的隔扇门窗,多少往事涌上心头。记得1964年,南京前线话剧团到北京演出《霓虹灯下的哨兵》,恩来同志和邓大姐都很喜欢这出戏,曾多次和作者、导演、演员们见面,谈论修改意见,恩来同志和邓大姐认识每一个演员和他们所扮演的角色。那天,大家特别高兴,恩来同志与每个人谈他的意见,有赞许,也有批评:小陶演出了农村姑娘可爱的气质,连长的性格表现得过于急躁……恩来同志饭前像是很认真地对大家说:"今天你们是到我家里来做客,可不是国务院请你们。用的是我和大姐的工资,你们可以心安理得地好好吃这顿饭。不过,粮票可是得交,不然这一顿就把我一个月粮票都吃没有啦。"几句平常的话像一股温泉悄悄

周恩来邓颖超工作居住过的地方——中南海西花厅

地流过了每个人的心田。正是一件件一桩桩平凡小事，积累成一个整体的品格，一个伟大的领导者，难道不是以具体的模范行为来影响着所有的人么？我们党良好的作风，也是无数党员的具体模范行为所汇集而成的啊。

时光流逝。这所院子，如今看来虽然面目依旧，但那些年它曾经历了多少沧桑，也成了一段历史的见证。那天我回到家里，思潮起伏，往事萦绕，于是又拾起笔来。

一

1964年春天，偶然的机会我知道恩来同志将陪同西哈努克亲王去重庆，并过三峡，这触动了我多年的心愿。我多么希望再回到重庆看看啊。自1946年我离开那里以后，一直没有机会旧地重游。于是我尝试着与童小鹏同志联系，问他是否可以把我带上。他慷慨地答应了我的请求。那一次我回到重庆，真是感慨万端，除了重返红岩和曾家岩以外，还特别去了白公馆和渣滓洞。当年我们有谁曾想到是处在如此险恶的斗争环境之中？是恩来同志面对那样严峻复杂的斗争形势，坚持原则，挥洒自如，处处表现出大无畏而又乐观开朗的精神，感染着大家，鼓舞着大家，使所有在那里工作的同志，在最困难的时刻，总是充满信心。

重庆的3月，春雨绵绵，那是我第一次乘船过三峡，虽然被那雄伟的山河景色深深吸引，又为古往今来的多少英雄人物的悲壮故事所激动，但在我私心深处留着工作上思想上许多疑团，无处诉说，也无处求教。这时我突然想到应该找合适的时机向恩来同志倾吐。

到武汉以后，恩来同志即乘飞机返回北京。这是最好的机会了，我请求在飞行时向他汇报思想。整整两个小时，我向他汇报了1963年底在上海举行的华东现代戏会演的许多情况。在会演之前，中国剧协主席田汉同志要出席参加，却没有得到邀请。田汉同志还是去了上海，但遭到了异常的冷遇，甚至是歧视，任何活动都不邀请他参加。他是老一辈戏剧家，深受各地剧作家和艺术家们的敬重，他们自然会到他所住的旅馆去探望，听取他对某些戏的意见，这也引

1964年，张颖（左一）随周恩来、陈毅夫妇陪同西哈努克亲王访问成都、重庆时，在三峡游船上合影

起张春桥、姚文元等人的不满，以致他所住的旅馆房间都受到监视，以后谁也不敢再去看望他了。这也就把他孤立起来了。此时，我在上海观摩现代戏，了解创作情况，就劝田老早日返京，以避免出现更不愉快的事情。田老是位刚直的艺术家，他对张春桥等人的卑劣行为非常气愤，终于在会演闭幕前夕离开了上海。上海市委宣传部有位负责人找我谈话，因为是熟人了，他比较坦率地对我说，"中央"已对周扬、夏衍、田汉等人有看法，斗争很复杂，劝我不要卷入其中。我对他的关照表示感谢，也表示了我对上海这种做法的不满意。我说：上海与国务院、文化部像是在唱对台啊。此后我感到我在上海的行动，包括我向北京打长途电话汇报情况都受到了监视。现在回想起来，那实际上是张春桥等人在上海策划的一次对中央的挑战，可以说是"文革"的前哨战。当然，那时候我丝毫也没有这样想过。

从武汉到北京的专机上，我很激动地向恩来同志叙述了在上海看到的和遇到的一切，表示我对此迷惑不解，也愤愤不平。在我的记忆中，我还从来没有在他面前这样放肆过。那是由于在心里压着太难受了，只有一吐为快，也只有恩来同志在我做错了事或说错了话的时候，会严格批评我，而绝不打击。在飞行的两个小时中，他很少说话。他的眼神显出一点忧虑，看着我激动的样子，时时陷入沉思。我像连珠炮似的说了一个多小时，安静下来又有些心神不定。我等待着恩来同志对我说点什么，批评责骂都好。但他却沉默着站起身来，在小小的机舱里来回走了几步，站在那张小桌前说："顾全大局，要学会顾全大局。"声音低低的，沉沉的，像是对我说的，又像不是。那时我体会不到这句话的分量，我默默离开了。但这句话一直深深铭刻在我的心里。

在回顾往事的时候，每个人都可能清醒一些：1963年华东现代戏会演时，张春桥等人如此猖狂，也是有来由的。1962年在恩来同志和陈毅同志大力支持下，在广州召开了全国话剧、歌剧、儿童剧座谈会，那次会议的精神是要作家解放思想，百花齐放，不要过多的行政干涉；同时要切实改善党和知识分子的关系，要承认知识分子的地位，承认知识分子在社会主义建设中的重要地位。本来对这次会议，恩来同志是十分重视与支持的，并准备在会上讲话。但我去广州之前，恩来同志忽然把我叫了去，告诉我："广州会议我不能去参加了，陈毅同志的讲话也是代表我的。"当时我十分惊讶，原来他是那样积极支持，而且了解了许多情况，做了相当充分的准备，为什么突然改变了呢？我把消息传给文化部及剧协领导，大家都感到失望。在会议开幕前一天，3月3日，恩来同志忽然到了广州，把我们几个人找去汇报，并说他要做一次有关知识分子问题的报告，不仅为创作会议，还请了正在广州参加科学工作者会议的同志。这个报告考虑得非常全面而又极周密，与陈毅同志报告的那种辛辣和明快，成了极好的相互补充。我后来知道，那次恩来同志是为了别的事到广州的，可见他对知识分子问题的重视。而对广州召开的这次会议，上海的领导人完全置之不理，既不派人参加，会后又不向文艺界传达。到了"文化大革命"中，陈毅同志的讲话成了"大毒草"，广州会议也成了"大黑会"。如此种种，不是很值得深思吗？

1964年夏季，文艺界对夏衍、田汉、阿英等同志进行大批判。我受命为批判者，要在相当范围的会议上，发言批判这几位在国内外久负盛名的老作家，我始终尊敬的前辈。给我的题目是批判《关汉卿》《谢瑶环》等剧本，而且必须提升到"影射现实"的高度，我内心感到极大的矛盾与痛苦。作为党员，我必须按照上级的指示办，但这违背我的良心与意愿。特别是批判《谢瑶环》，这是在我主编《剧本》月刊时，向田老约的稿，他写完初稿就交给我看过，我非常欣赏这个剧本。随后他做了些修改，每改一幕我们发排一幕。中国京剧院也立刻排练了。演出十分精彩而又激动人心。时隔不久，我又怎能振振有词地去批判它呢？思想不通，又作不来假。我带着深深内疚的心情到田老家，把我写的批判稿给他看。当时他也在极度烦恼之中。看了之后，他苦笑着对我说："你这样批判还很不够啊，通不过吧。"我立时感到一股冷气往肚子里倒流，一句话也说不出来。忽然，他站起来迅速拿出一封没有封口的信交给我，让我读。这是给恩来同志的，内容既有检查又有申诉，写得辞情恳切，都是肺腑之言。我的眼泪再也不能抑制……他让我亲自转交这封信。

　　解放初期，我在天津工作，虽也经常有公事或会议到北京来，但我还没有去拜望过恩来同志和邓大姐。那是因为我感到他们公务极为繁忙，没有特殊要紧的事，我不应该去打扰，所以直至1955年，我调北京工作以后，才应恩来同志之约，和十几位曾在重庆一起工作过的同志，到他的住所西花厅吃饭。这些同志彼此已有多年不见，这天聚会在一起都十分快活，像离散已久的亲人，重又相逢一般，问长问短，欢笑之声洋溢全屋。在饭桌上，恩来同志指着我说："你常常到北京来，可就是从来不到这里。"我当即带点顽皮地笑着说："现在和解放前不一样了，您这里门卫森严，门槛高，我不易进来呀！"眼看恩来同志的脸色沉了下来，用严厉的语气批评我："你这是什么话，我们是共产党的政府，不是衙门，哪有高门槛？你这种自命清高的思想要不得，必须纠正。"我十分后悔说错了话。随后他把秘书叫来说："任何时候她要来，只要我们在，你们都不要拦阻，要告诉我。"当时我心里还真不好受。尽管恩来同志这样说过，我还是很少主动去看望打扰他们。

　　这一天，我手里拿着田汉同志的信，心中十分难过，我必须立刻把信亲自送去。我怀着不安的心情，走进中南海，走进西花厅小侧门旁左边那间小办公室，把田老的信送上。恩来同志随即把信看过了，浓浓的眉毛紧锁，神色有点不安。恩来同志的眼光向我射来，那时我也怀着满腹心事，不敢说，又难以抑制。恩来同志严肃地对我说："你有话就说吧。"我的话就像开了闸门的河水一样，把那时搞的批判，我怎样想不通，而领导对文艺的批评我也觉着不大符合事实，批评太过火了，诸如此类说了一通。说着说着，连我自己都吃惊了。恩来同志紧紧皱着眉，盯着我。我立即住嘴了。他严肃地批评了我，说我对待批评的态度不对，要从多方面来考虑，而不应该带着满腹牢骚，即使批评不当，也要正确对待。这立刻使我想起那次从武汉飞回北京时，他意味深长地说"要学会顾全大局"时的神态。他随即拿起办公桌上的毛笔，给田汉同志写了一封回信。恩来同志让我看看。我记得内容大致是，肯定田老多年来为戏剧工作的贡献，同时要他正确对待当前的情况，并希望继续写好他的剧本——田老当时正准备改编京剧《红色娘子军》。信的言辞比对我的批评婉转多了。恩来同志让我立刻把亲笔信带给田老。

二

恩来同志恐怕也未曾料想到，1966年就爆发了那样一场"文化大革命"。1966年下半年，在林彪和"四人帮"煽动下，"革命小将"卷起疯狂的巨浪，到了谁也难以控制的地步。林彪、"四人帮"攻击的目标始终是明确的。什么"新文革与旧政府的矛盾""打倒一大片""全面夺走资派的权"等等。火势蔓延到外交部，驻外的大使、参赞们纷纷被召回或揪回来。陈毅同志感到势头不对，出面批评那些"造反派"，这无异于引火烧身。我在运动开始之前已调到外交部了，在我的记忆中，动乱开始不久，可能是1967年初，外交部"造反联络站"与外语学院"造反大队"成立了揪陈司令部。他们联络"各路诸侯"，把外交部团团围住，安营扎寨，非要把陈毅同志揪出来才肯罢休。那时恩来同志常常出现在这被围的大楼里，也常把外交部的"造反派"找去谈判。恩来同志坚持只能小会批评，不许大会批斗，会议的标语也绝不能用"打倒陈毅"的字句。搞了三次批陈小会，恩来同志前两次都在场，并坐镇到底。第三次恩来同志因为有别的公事未能赶到，"造反派"即想把陈毅同志劫走，幸好受到保护脱了险。那时外交部的"造反派领袖"，就是风头极盛的、曾右手挽伟大领袖、左手扶江青的"红色外交战士"，他们非要开批陈大会，恩来同志坚决不答应。于是"红色外交战士"和恩来同志拼体力，谈判长达十数小时，通宵达旦，还没有结果。恩来同志说："如果你们一定要这样搞法，那就从我的身上踏过去吧。"最后由医生出面干涉，才把那些人劝走了。除了保护陈毅同志外，姬鹏飞、乔冠华也一直在恩来同志坚持下，继续主持日常工作。就在这同一时间，"打倒周恩来"的大标语也时时出现在天安门广场、王府井或西单这些最喧闹的地方，只不过很快就被撕掉了。

1967年8月7日，十年动乱中的这一天，全国没有震撼人心的大事件，而外交部古老的院落里，"造反派"们正气冲霄汉。他们刚集合起来，在传达"中央文革"夺取外交部大权的讲话，这后来被人们称之"王八七讲话"。我记得清楚的几句话是："二十几岁为什么不能当外交部长？可以当。不要听某些人把外交工作神秘化了……"意思是周总理和陈毅的外交大权可以夺，而且是打着"最高指示"的旗号。于是整个大院一片喧嚷声，准备砸政治部，夺大权。姬鹏飞、乔冠华很快被揪走了，由造反派押到大街上去卖小报。连续几天，所有的大使、参赞、司长们几乎都被揪斗，要人人表态拥护"王八七讲话"，而认真表态的却寥寥无几。

在那之前，恩来同志曾召集过一次会议，"当权派"也参加了。那是一次壁垒森严的会议。"造反派"恐怕已得风气之先，恩来同志看来也不无预感，所以面孔显得威严。他环顾四周，突然放开嗓子说："龚澎，你不要躲在角落那里，往前头来坐下，你不是走资派，怕什么！听说你的家被抄了，拿走你所有的记录本，有这事吗？谁抄走的立刻全部交出来，退还龚澎同志。"恩来同志指着另一个年轻人说："你是头头，执行命令，退回抄走的东西。"

不久，狂风几乎席卷了整个北京城，连续发生"三砸一烧"等外交事故。"王八七讲话"更是火上加油。在那以后，恩来同志对"造反派"的几次讲话中都曾沉痛地说过："在社会主义中国，发生这种事故有失国家体面。外交大权旁落四天，闹了这样大的乱子。告诉你们，外交大权不能夺，外交大权归中央，谁也不准违抗。"对于火烧英国代办处和"四十八小时事件"，恩来同志曾检讨过是自己的过火，对其他事故未能防范也深感不安。后来我在整理"文革"材料时，才了解到所谓"四十八小时事件"的内情，原来是几个人商议好的卑鄙圈套。他们趁恩来同志极度疲劳，已上床就寝，送上"特急件"要他首肯批签。为了达到不可告人的目的，这伙人真是机关算尽。就是在那种情况下，恩来同志仍然坚守在外交战线这一重要岗位，毫不妥协，所以才会有1971年以后我国外交方面得到的很大发展。

1968年初，不少领导干部被"解放"出来，大家也都盼望陈毅同志回外交部主持工作，于是有一部分中层领导经常在一起议论，想要用大字报的形式来表达这种愿望。那些天，"当权派"们来往频繁些，在研究那张大字报的写法，其实这件事完全没有秘密可言，更无什么后台。过了些天，大字报写好了，签名的有91人。这就是后来说的"91人大字报"。

不到两天，惊动了"造反派"，当然他们立刻给予迎头痛击。江青等人抓住这件事大做文章。各个战斗队立时揪斗这91人，并且一定要揪出黑后台，声称"中央文革"传达了"最高指示"，说这是有计划的阴谋活动，是现行反革命罪行，矛头是直指"文化大革命"和伟大领袖的。一夜之间，阴霾密布，外交部两个大院都变得死气沉沉，只听见"造反派"吼叫之声。91人每天都要罚站十数个小时，非要说出并不存在的"黑后台"不可。

也就在这关键时刻，恩来同志召集会议，把签名的91人都叫了去，当然也有"造反派"的头头。恩来同志开始先把这数十名干部严厉地批评了一通："你们都要各自好好检讨，接受革命群众的审查，至于是否搞阴谋活动，那要经过认真的调查核实。至于陈毅同志恢复工作问题，中央会考虑，你们这不是帮倒忙吗？每个人回去好好接受审查。但听说批斗十多小时，也不必吧。大多数是认识问题嘛……"

在"造反派"不断批斗、严厉审查91人期间，恩来同志借着接见外宾的机会，曾与几位参与其事的大使谈过话，了解了全部事实真相。这场风暴持续了许久，直到几年以后，毛主席出来说话了：这是红大字报，不是黑大字报，91人都是好的或较好的干部，这一段不小的风波才算结束。

在回忆这段历史的时候，同志们议论起当时的情景，对恩来同志关心和处理事件时的机敏和适度都深有感慨。

三

1970年秋末冬初，我从外交部湖南干校回到北京。一天，我接到电话，可以去看望恩来同志和邓大姐。我心情很不平静，经过那五年动荡的日子，真不知道有什么还能拾起来再谈的话题。记得那是一个星期日，我踏进那熟悉的院子，秋风萧瑟，显然比以往清静多了。进得门去，我看见邓大姐坐在一张较高的单人沙发上。几年不寻常的经历使她显得憔悴多了，但那熟悉的眼神依然炯炯发光，仿佛能洞察一切，包容所有。我紧紧握住她的手，不知该先说什么。刚坐下，恩来同志就进来了，他显得消瘦，但仍保留着谈笑自若的神态。他和我握手时，就好像这五年间什么事都没有发生过似的，轻松愉快地问我在湖南干校劳动的情况。当我说起在茶陵干校种茶采茶的种种事情时，他哈哈笑着说：好啊，那你们都要变成种茶采茶，至少是品茶的专家啦……

他坐下来后，突然有所思，对我说的是："田汉同志1968年病故时，还是在押期间。"他带着那样无限惋惜的语气告诉我："当知道他病势沉重时，已无法挽救了"，并感叹田老病危时，只有孙女园园曾去探望。说到这些事，恩来同志脸色变得阴郁了。我怀着忐忑不安的心情，不知该说些什么。恩来同志深沉地说："田汉同志是很有才华的艺术家，他的诗和词都写得十分好，《关汉卿》的《蝶双飞》更是一曲绝唱。"这时，恩来同志换了话题，突然问我："听说你还写过我们的黑材料，有这回事吗？"我不无疑虑地说："您两位相信我写过黑材料吗？"恩来同志听罢露出笑容，邓大姐解释说，有人打你的小报告呢。邓大姐又说到另一件伤心事：维世死去了，居然说是自杀身亡。邓大姐很愤怒，这是极少见的，她从来都很能够克制自己。后来我又去看望邓大姐，她才详述了当时的情况：邓大姐曾接到维世被抓走前嘱咐妹妹写来的信，说她绝不自杀，相信党能主持正义。没过几天，恩来同志接到维世自杀身亡的报告，他立即批示：解剖尸体，查明死因。但两天后林彪处送来报告，说尸体已火化，无法再查。那时，那伙人十分猖狂，是非颠倒，尽人皆知，但内在的尖锐复杂，是很难使局外人理解的。

在恩来同志家里，一般我只坐一小时左右即起身告辞。那天，邓大姐却把我叫住说："难得恩来同志今天有点空闲，应该让他换换脑子。没日没夜那么多烦恼的事，闲谈对他是最好的休息。"恩来同志问起文艺界许多同志的情况，其实我能知道什么呢？只是把造反派向我追问材料时透露的，小报上登的，加上道听途说的说了一些。恩来同志对一点一滴情形都听得入神，而且关切地追问。我可是十分不安，因为即使是那一点点，也只是耳闻，并未目睹啊。恩来同志问我是否遇见过曹禺，健康如何，精神状态如何？部队的作家怎样了？沈西蒙、陈其通、胡可，直问到刘川、漠雁。因为他对前线和总政话剧团的同志们特别熟悉，尤其关心。他又提到，听说连冰心都下放劳动了，巴金在上海地下防空洞搬砖，光未然的手臂曾经折断过，是否也参加劳动了，作协其他的老同志是否去了干校……我什么也回答不上来，因为我已与绝大多数同志隔断了联系。只见他眼神显得忧郁了，常常陷入深思，并发出低低的慨叹。他突然又问我："以群真的自杀了吗？"我肯定地点了点头，证实他已于"文革"初期故去了，从上海派来的外调人员也曾多次严厉地对我说过。恩来同志为这位对革命事业忠心耿耿、共事多年的战友之死，表现出难以抑制的哀痛！几乎是所有能记得起来的人，他都问到了，最后对我说："你从小报上还能看到点儿消息。那么多小报，我没空看，连我的秘书也没法看呀。"

我吃过午饭离开他们时，恩来同志还特别叮嘱我，要我多关心文艺界的情况，多关心那些朋友们，有机会就向他说一说。那几年，他对文艺工作完全不管，和文艺界的朋友们几乎隔绝了，但他心里却是时刻惦念着。

1971年春天，我在外交部恢复工作以后，有较多机会见到恩来同志。记得就在那一年，英国著名记者格林先生来我国访问，要求会见周总理并做电视采访。恩来同志在前一天听取了有关格林先生的情况，其实过去已不止接见一次了，恩来同志要详细了解近况：格林先生最新发表的文章及作品的内容，以及对各种问题的分析态度等。在采访现场，恩来同志从容潇洒，谈话的逻辑性很强，语言准确，20分钟采访，回答了当时国外普遍关注的重要问题。谈话记录由我们整理，两天以后，也就是格林先生离开中国的前夕，恩来同志突然把我和另一位同志叫去。他说，谈话中某些用语不够准确，特别是译成英文，可能引起不同的解释。他要再审英文稿，并和那位英文好的同志商量，共同议定用什么词句更为准确恰当。直到当天午夜，我们才把英文核定稿送到新侨饭店。格林先生又是激奋又是感动，他感叹地说，几十年做记者，从来没有遇到过这样的国家领导人，对人如此诚恳，对事如此负责。

恩来同志那时工作极为繁忙，日夜操劳，还如此细致地对待每一件具体的事情，这给我极大的教育。我同时又在想，这是在十分复杂的条件下，恩来同志的每一行动都格外谨慎。他也是时时处在逆境之中啊，所以不得不这样做，当然这样要耗费他几倍的精力。在这次接待格林先生的同时，我觉察到恩来同志非常关心在新闻单位工作的同志。虽然我对新闻界不熟悉，但恩来同志反复问到某些同志的情况，并告诉我，往后他接见外国记者时，要有新闻单位的老同志（指被"四人帮"揪斗的"走资派"，过去新闻单位的负责人）来参加，名字要见报。我很快就理解了恩来同志的心思。"四人帮"打倒了各个岗位上的领导干部，虽说那时也提出过"三结合"的领导班子，但真正能出来工作的好同志又有几人？多数还在靠边站、等待。所以有一段时间里，"名单学"引起了许多人的极大兴趣：谁的名字上了报，就意味着这个干部被"解放"了。那时新闻单位的老同志能出来工作的太少了，恩来同志在外事方面还有权威，即想到用这种曲折的办法让其他部门的干部尽快恢复工作。所以在接待格林先生以后，每次恩来同志接见外国记者，我都尽可能提出几个同志的名字由恩来同志衡量决定，甚至接见的消息稿，恩来同志都亲自审批，为的是不让总编室或其他人删改掉。有时恩来同志还亲自把陪同接见的新闻单位负责同志的名字，改写成副标题，以示重视。见到这样的情景，我心中真难过，整个国家处于危难时期，恩来同志要坚持党的政策中还算正确的一部分，也要费尽心机。

在那个年代，有多少革命老前辈、专家、学者、党的好干部被林彪和"四人帮"打成"叛徒""特务""走资派""反动权威"等等。几年之后，不少老同志纷纷向恩来同志提出申诉，要求查清问题，要求给予适当医疗条件，要求恢复人身自由，还有各种特殊问题希望得到解决……这种申诉和要求的信件，经我转交的也不止百件，通过各种渠道送到恩来同志那里的恐怕就难以计数了。恩来同志虽然工作极忙，处境也是岌岌可危，但对这些申诉，都要亲自审读，在力所能及的时候，想方设法给予帮助。有一件比较特别的事，使我印象尤其深刻。荣高棠的大儿子乐天，出生在重庆最黑暗的年代，有先天性心脏病，由于父母精心关怀，终于长大成人。十年动乱中，孩子的身心都经受了苦难和折磨。大约在1971年冬，乐天心脏病复发住院。他妈妈管平写了封信让我转交恩来同志，要求身陷囹圄的荣高棠去一次医院，与孩子诀别。但过了好几天仍无音信，管平希望我打电话问一问邓大姐。邓大姐告诉我，恩来同志已经批准，并交给有关方面办理。因为乐天的生命危在旦夕，我赶紧跑到恩来同志家求见。我见到恩来同志时，他极力忍耐着心中的纷繁忧虑，随即打电话给看管高棠的地方，叫他们立刻把高棠送到医院。他们全家已分散数年，重逢在那间小小病房里，乐天说话都已困难，只是泪流满面，全家痛哭。只过了一天，乐天年轻的生命就结束了……

几天以后，我又带着信件去见恩来同志，我尽量用平静的语调，简单地告诉他，高棠到医院见了乐天一面，乐天已去世了！看到恩来同志内心痛苦而又不愿表现出来的神情，我心中一阵阵难过。好像过了许久，我才把带来的信送到他手中。他怔怔拿着，又沉默久久，终于对我说："让高棠父子见上一面都这样难，你都看见了。"他指指手中拿着的那几封申诉信，慢慢地说："我知道，这些信你得送来，是受人之托嘛，而且每个同志都怀着多大的期待啊，我是十分理解的。我想你会看到一些了。'解放'这批老干部，我起不到多大的作用，只有几分之一吧。现在管这些事的有六七人，只要其中某个人批上对此人情况不了解，这就得压下来。"这样的话是恩来同志在极不得已时才会说出来的。他用忧郁的眼神看着我，内疚与难过使我沉默了。随后他接着说："这种情况常常周而复始，一两个月再轮一遍。有时要等上面特别点了头，才有可能解决。另外，有些同志则是在我说了话之后，受到更多的磨难……"

我离开他的办公室，拖着沉重的脚步走出中南海。从干校回北京以后，我听到了不少，也看到了一些，恩来同志内心难言的苦恼、沉重的负担，绝不是他用表面上的神态自若，甚或风趣的言谈所能掩盖得住的。但他那样具体地受到那么多来自各方面的逼迫，确实是我未能料到的。有几次我话到嘴边没敢说：恩来同志，你那样苦撑着何苦来呢？但如果他也倒下了，那么多干部、全国人民还能看到多少亮光，还有什么希望呢？在那些年月，我时时想起恩来同志那句话："要顾全大局啊！"

四

1973年8月，我们突然接到命令，被派往加拿大工作。当时我们都感到高兴，因为可以暂时离开阴云沉沉、又风又雨的北京城。但也有点吃惊，因为下令不到一个月即去赴任，这是不大寻常的。以后我们才知道，这是"四人帮"急于打倒周总理，以便夺权，把一些他们认为与恩来同志较接近的人逐渐调走，这叫作"扫清外围"。

离开北京前，我们全家去看望恩来同志和邓大姐。这本是"文化大革命"以前就约定了的，孩子们很久以来就渴望这一天了。我记得那天，当我们要辞别的时候，恩来同志忽然慨叹地对孩子们说："我第一次见你们，恐怕也是最后一次了。"当时我们都有点儿意外，都以为是听错了。我曾思忖过多少次：为什么恩来同志会有这样的感叹呢？发生了什么事，使他有不祥的预感呢？当我们到达加拿大

周恩来陪同特鲁多参观龙门石窟。左一为章文晋。这是周恩来最后一次陪同外宾参观，也是章文晋最后一次见到周恩来

不久，听到国内飘来一些消息：恩来同志已确诊患了癌症。"四人帮"知道他身患绝症之后，开始对他进行政治围攻和精神迫害。这位顶天立地的伟人，在怎样顽强地抵御着这一切啊！

当年10月，我们陪同加拿大总理特鲁多访问中国，又返回北京。看见恩来同志虽然又清瘦了些，但神采依然，我们才又感到一点点宽慰。他不仅参加了会谈、宴请，而且还决定陪同特鲁多总理到河南洛阳和龙门参观访问。我们心中十分高兴，也许那些都是谣传吧。在龙门参观的时候，我走近他身旁，轻声地询问："您这样繁忙，还来参观龙门，身体可好？"他没有正面回答我的提问，而是告诉我，他从未到过龙门，能欣赏一下这样辉煌的民族文化遗产，是非常需要的。何况特鲁多总理是难得的朋友哩。

另一天，我们一群人随同恩来同志去牡丹园，可惜花已凋谢。恩来同志问到那些年牡丹遭劫的情况，管理的同志说，"文化大革命"初期，整个园子的牡丹花，几乎被挖尽、绝种，最近才又从宾馆弄回一些，余下不到10个品种了。恩来同志难以抑制满心惋惜之情，回过头来问我："你还记得《镜花缘》中武则天在上林苑炭炙牡丹后，又把牡丹贬来洛阳4000株吗？4000株恐怕也不是4000个品种。"他有点风趣地笑了。我默默瞧着恩来同志，觉着他对生活各方面的情趣和往常差不许多。我心里一直猜度着恩来同志心中有许多不快之事，这时倒放下了点牵挂似的。

那几天，我们有幸能天天看到恩来同志。那期间我们也去看望过邓大姐，她并没有说起什么特别的事，但显然心情并不舒畅，言语不多，我们没好多问，快快地离开了她。

在特鲁多总理访问中国的最后一次宴会之前，恩来同志接见了随同来访的加拿大及各国记者，一起照了相，然后回答记者的提问。恩来同志双手抱在胸前，微笑着站着："你们怎么不提问呀？可以随便嘛，我是有问就答呵。"这一下气氛就热烈起来，闪光灯也开动了，数十名记者拥上前去，纷纷提问。恩来同志又说道："不急不急，一位说完再请另一位说，好吗？"他逐个回答了记者们的问题。

当时我站在最后边，忽然听到恩来同志问："你都认识这些记者吗？"当着那么多记者，恩来同志开起玩笑来："这位夫人兼参赞，还是你们的同行哩。生在从来没有见过冰雪的地方，现在到了贵国，是个多雪之国、寒冷之国……怎么样，习惯得了吗？"我只好简单地说："习惯，我很喜欢渥太华，也很喜欢雪。"恩来同志又说："不仅要习惯，而且要入乡随俗。听说在加拿大，人人都会滑雪，给你个任务，在加拿大期间，必须学会滑雪。"记者们都笑了起来。学会滑雪没那么容易呵，我有些为难，也只好答应一声："尽量努力去学。"他的眼光温和又炯炯有神地向我射来，好像他已察觉我对他有了什么猜疑，有意说几句风趣话使我们宽心似的。

在郑州送别加拿大总理之后，恩来同志和我们紧紧握手。这次一别，哪能料到竟是永诀！从此，他的音容笑貌，只在我的记忆中时时浮现，却是那样清晰，那样明朗，一切都好像刚刚发生在眼前。

五

恩来同志病重以后，我失去了再见他一面的机缘，这是我想起来就悲痛悔恨的一件事。1974年隆冬，恩来同志已病重住进医院，那时我们刚好从加拿大回北京。但我在北京整整过了一个月以后，才有机会去看望邓大姐。那天我悄悄走进恩来同志的住所时，那本是我很熟悉的地方，突然变得生疏了。邓大姐默默坐在那把高背沙发上，神情抑郁。我坐下好一会儿，才开口问候恩来同志的病况，并请求让我到病院去探望，哪怕只有两分钟。邓大姐告诉我，已经太迟了，因为任何人要去医院探望，都要经过王洪文等人批准，是很困难的。邓大姐告诉我，恩来同志在医院还曾多次问起你们是否已回到北京……我好悔啊！怎么不早来看望呢！……

1976年1月8日清晨，恩来同志与世长辞，我在当晚10点多回到北京。到机场接我们的同志悄声地秘密告诉我，恩来同志不在了！噩耗使我们惊呆了！那几天在国外听到许多传言，而我们还希望，也相信这位坚强的人，能战胜病魔和恶人。回到家，我立刻想到应该去陪伴邓大姐，她一定很悲痛，她身旁唯一的亲人……

我急忙跑到中南海西北门，自己打电话进去。邓大姐的秘书赵炜告诉我，邓大姐不想见任何人，她需要安静。这些天她太疲乏、太紧张了，往后她还有许多事要做哩。放下电话，赵炜跑到大门口。我们相抱悲泣。赵炜告诉我，大姐很坚强，在那些人面前，她一滴眼泪也没有流，身体也挺得住，叫我们放心。

过了几天，在北京医院后门的一间小小房间里，停放着亿万人民敬仰的周恩来总理的遗体。那一天阴霾片片，寒风刺骨，等待着与总理告别的人们从医院前面直排到长安街。但只有手持特殊证件的人才能进去。被拦在门外的有多少人啊，他们号哭、悲泣、哀求全没有用。我站在那长长的行列中，冷却的心又燃起满腔怒火。

在举行追悼会的前一天，外交部一间不大的会议室里，我国驻国外的大使、参赞们，不约而同地聚集起来，心里很不平静。恩来同志曾任外交部长多年，这里多数人是他的部属，对他满怀感情，为什么不能与他见最后一面？为什么不能去参加追悼会？大家难以抑制胸中的不平和愤怒。一位大使当场痛哭起来，要求外交部单独举行追悼会，让每个人都能表达自己的心声。而一个年轻的当权者居然说："你们要拿死人来压活人吗？"气势汹汹，可把大家激怒了。

那位大使是个直性子，当即拍案而起，慷慨陈词。众怒难犯呵。部长们又派人来解释：不可能每个人都去参加追悼会，可以多派几个代表，并声称以后外交部再举行悼念活动。这才使大家悻悻散去。

十里长街那动人心魄的情景，谁能忘却？它表现了人民的悲痛，也表现了人民的力量。

1976年初春的一天晚上，我得到邓大姐的消息，去看望她。在公共汽车上，我神思恍惚，仿佛又见邓大姐捧着骨灰盒慢慢走进灵堂的身影。她在追悼纪念会后，接见恩来同志的亲属和曾在恩来同志身旁工作过的部分工作人员，殷殷劝慰那些过于哀恸的老战友……这同样是一颗伟大的灵魂！她以巨大的毅力，压制悲愤、哀痛，面对爱和恨，她是那样的沉稳坚强。

当我走上中南海那段非常熟悉的路，走上有柳树荷花池的园子，我拖不动自己的脚步，我能对邓大姐——这位可敬的坚强战士，待我像母亲般慈爱的人——说出一句半句安慰的话吗？我走近大门，整个大院悄然无声。我推开那扇小门，直奔她住处的回廊。这时赵炜夫妇走出来，把我领入室内，也是悄无一人。邓大姐常坐的那把稍高的沙发是空的，这间往日洋溢着温情的起居室，空荡荡冷清清。赵炜指着大姐的寝室让我进去。邓大姐坐在门口靠里的小座椅上，一个人静静在沉思。我走进屋轻轻握住她的手，叫了一声。她抬眼看见我，泪水簌簌不断地落在我的手背上。她那冰冷的双手在发颤，我更抑制不住自己的悲痛，我真想说："您痛痛快快哭一场吧，吐一吐胸中的郁闷吧。"然而没有，她很快平静了下来。我在另一把小座椅上坐下。我告诉大姐，天气转暖了，我们到天安门散步，看看老师和孩子们……邓大姐沉重地说："我还有许多事要办。这里静悄悄地无人了，只有老赵和小赵，他们帮我整理东西。我必须把恩来的东西，尤其是他批阅过的文件，安安全全地移交给中央，这是我的责任。"她哪有心想到过自己呢，她不忘的是人民对她的重托。这时赵炜走进来告诉我，邓大姐收到全国各地成千上万人寄给她的信，不少人寄来钱，要为周总理建纪念碑、纪念堂，她都一一回绝，将钱退了回去。人民的爱戴使大姐的心暖了。大姐留下的纪念品只是天津数百名纺织女工每人一针一线缝起的一件棉衣，她们说这是女儿们缝制的，留下这点心意吧。邓大姐收下了，拿出较大数目的钱，寄给她们，感谢她们，鼓励她们。啊，这就是我们廉洁奉公、毫无个人私利私欲的革命老一辈！

一个晴朗的下午，我又来到西花厅，向邓大姐辞行。她正在恩来同志的书房和办公室帮着整理书籍文件。她的精神在亢奋中，掩盖了极度疲乏的脸容。她告诉我，文件已经清理就绪，等着中央派人来清点。交接清楚后，她就可以放下最大的一件心事了，她怕江青一伙会下毒手或滋生事端。我倒是带着一种兴奋对她讲述天安门的情况，她好像知道，但又显得闭塞。这所院子曾经住满了人，那时多么热闹，而此时又是多么凄凉！没有多少人来向她说点外边的事情。但她听着这些却眉头深锁，脸色严峻，无半点高兴的样子。我向她辞别，她伴我走到廊子外边，走下两级台阶，我抑制不住内心的激动，紧紧抱着她瘦弱的身躯，眼泪湿透了她的肩头："大姐，您一定要保重啊，明年我们就回来，一定要再见。健康就是一切，保重啊。"我觉得自己在喊叫，我要笑着说这些话，我相信真理一定能够战胜邪恶。我感到大姐的身体在颤抖，她也是在笑着的，和着泪水，夹着哭声。我不忍心再次回头看她，奔出了那熟悉的大门。

4月4日，孩子们大清早拿着照相机走了，早饭前我也悄悄乘上公共汽车到前门，然后又绕回来。天呵，北京的人都挤在这儿了。人们的脸色是庄严肃穆的、坚定的，在互相的对视中，似乎感到了心与心的碰撞，此处无声胜有声啊！

不到9点钟，我回到家里，正巧接到政治部的电话："呀，你在家！"接着查问我的家人是否都在家，并命令全家不得去天安门，说这是为了保卫工作的需要。不到12点又来了一次电话，又要我清查家里的人数，孩子们是否全都在家。不到几分钟，我听到赵炜从电话里传来的声音。她问我什么时候离开北京，其实这是她早已知道的，接着又说："你来看望邓大姐没有谈到周总理的治疗情况，什么也没有谈吧？"听着这些话我一时懵了，随即我就完全明白，大声回答她："我只是向大姐告别，什么也没有说，什么也没有谈过。后天我们就离开北京，清晨6点就离开，我什么也没有谈过，什么也不知道……"天呀！这是什么样的讯号啊。邓大姐那里的空气一定十分紧张,她受到了无形的重压。我心中充满一种说不出的悲愤,周恩来同志这样一个无私的伟大战士,半个多世纪,备尝艰辛,死而后已,在长期病痛直到弥留之时,都没有听到一句慰勉的话;他与世长辞了,留下的唯一的亲人,这位也是半个多世纪以来历尽沧桑、为国辛劳的革命者,也没有听到一句慰藉劝勉的话,那群魔鬼们,却把巨掌向她压下来!

4月6日,我们在东京听到中央人民广播电台发出的警告声,对天安门事件做了颠倒黑白的报道,把觉醒的群众作为反革命分子抓进监牢,还居然把已被打倒在一旁的邓小平同志当作黑后台。一切还在颠倒,颠倒!我们心中特别惦念着邓大姐的安危,她会再遭到风暴的打击吗?

六

一切又回到1986年5月中旬的那一天,邓大姐送走了日本朋友,回过头来,她抚着我的手,突然对我说:"去年我回到重庆,对曾家岩的工作人员谈起一件对谁也不曾说过的事,就是关于你的、我们大家的那个孩子的故事,你没有忘记吧?"我头脑中一闪,连忙回答:"我没有忘记那个孩子,倒也从未对人谈起过。"邓大姐又说:"这也不是小事,这可以说明两个不同社会制度啊。"这位垂暮之年的革命家,竟然没有忘怀45年前发生的一件事,这怎能不使我这个当事人深深动情!

1941年隆冬,重庆下了一场大雪,这在山城是极少见的。那天我约会一位朋友,所以大清早出门。刚踏出门外,忽听见微弱的婴儿哭声,而曾家岩那小小窄巷并无一个行人。我正觉着奇怪,哭声又从近处传来。我俯首一看,就在我们50号的门前那小石墩上,放着一个小小的、用毛巾包着的婴儿。我猛然一惊,又不知所措:是谁把婴儿弃在我们的门口呢?我犹疑片刻,就把婴儿抱进门去了。进门碰着勤务员小李,问我抱着什么又回来了。我告诉他是穷人弃下的孩子,门外太冷就把她抱回来了,并让小李拿条被子把孩子裹上,我又匆匆赴约去了。

1977年章文晋、张颖在西花厅拜访邓颖超

1978年邓颖超与章文晋、张颖摄于西花厅海棠树下

过了一个多小时我赶回家来，这时大家正围着那个拾来的孩子，大概已有一个同志给她喂了一点米汤或糖水，小小的眼睛已经睁开。大家正在议论该如何处置这个弃婴，有同志说，可能有什么政治目的，应该警惕，最好交给警察当局；有的说不宜收养，否则以后婴儿都放在我们门口，成育婴堂了。我真不知道该怎么办，只说不能让这孩子冻死在门口不管啊。人家偏偏放在这里，也许正是认为共产党才能给她活路吧。这真是让大家犯愁的事，那时住在曾家岩的女同志，除了邓大姐和晓梅同志之外，就只有三个未婚的姑娘，男同志又都是单身汉，谁能养活这个孩子呢？

这时恩来同志和邓大姐走进门厅，见大家围着个孩子，又听见议论纷纷，他望了一眼邓大姐，像是征求大姐的意见，回过头来再问大家："婴儿既是放在我们门口，也许真是她父母无奈中的一片心意。你们谁愿意领养这个孩子呢？"我带着迟疑的声音说："我愿意，可以吗？"邓大姐和恩来同志微笑着点点头，说："为孩子领一份津贴吧。"

刚才大家七嘴八舌，这会儿都高兴起来。曾家岩有了第一个孩子。女同志们分别寻找一些旧花布衣裳，为孩子改造成小被子小棉袄。天晓得，我们三个姑娘，谁都没有抚摸过这样一个小小婴儿哩。

在忙忙乱乱中，总算平安地度过了一星期，孩子的脸色也开始有点红润了。我们给她起个名字叫小幸，因为她是幸福的。但我们工作整日繁忙，常常外出，抚养这个孩子总不是办法，于是大家商量决定，把小幸寄养在当地老乡家。我立即四处奔走找熟人，托朋友，终于在化龙桥到沙坪坝的路旁，找到一户只有夫妻二人、无儿无女艰难度日的村民，他们很愿意代养我们的小幸。我说自己就是孩子的母亲，因为工作忙不能自己抚育，我将每月送钱给他们，衣服和营养品我也会送来。

每隔十天半月，我都去看望小幸。转眼过了半年，小幸虽很瘦小，但活泼可爱，咿呀学语，很讨人喜欢。我每次去看望她之后回到曾家岩，都得向大家汇报情况。不料祸从天降，由于山城频受空袭，气候也乍寒乍热，小幸得了肺炎，那户贫苦人家没能及时带去治疗，待到我去看望时，孩子已高烧昏迷两日了。我即刻把孩子抱到医院急救，只挨过一晚，她就离开了人世。小幸的夭亡使曾家岩的同志为之嘘唏感叹不已！邓大姐在45年之后，忽然又提起这件事，她没有忘掉不幸的小幸。我们又怎能不为今天真正的幸福而高兴呢。多少革命者奋斗牺牲，不就是为了换取今天吗？

　　一些与邓大姐和恩来同志相熟的人，有时谈论起来都为他们两位没有孩子而感到一点儿欠缺。这种谈论偶尔被他们听到了，这两位总是哈哈大笑地说："为什么一定要有自己的孩子呢？我们的孩子有千千万万，我们都爱。"其实他们不是没有过孩子。记得在1940年秋季，邓大姐的母亲曾对我说起过，邓大姐曾经有过孩子，那是在1927年大革命失败以后，国民党疯狂追捕、屠杀革命党人，邓大姐第一个孩子正要降生，但由于生活极端紧张，不稳定，缺少医生，更无医疗条件，这个婴儿没有降生到人世就夭亡了。从此邓大姐也不能再生育了。但这件事他们两人从不谈起，也从未因此而感到遗憾。他们为革命事业贡献出自己的一切，而他们内心那父为母的慈爱之情用在更多更多的孩子身上了。在重庆红岩村，荣高棠有两个孩子，叫乐天、乐妹，恩来同志和邓大姐就自称大乐天，有空时就把两个孩子抱在怀里，还有许涤新的孩子"小火车"，还有我们的小幸，他们都喜爱……

　　恩来同志和邓大姐对年轻一代也是关怀备至，对我们这些在他们身旁工作的青年人的一星半点长处，都给予鼓励，若有缺点则是谆谆教导乃至严格批评。他们总是处处严格要求自己，同时又以父母般的热情与爱心去爱护青年人，是他们的行为感染了他们身边年轻的一代人。也许正因为如此，曾有过许多善意的传言：说这个或那个青年人是恩来同志和邓大姐的干女儿，也曾不止一个同志问我："听说你也是他们的干女儿么？"我先是客气地笑笑，然后总是严肃地声明：根本不是，而且从来也没有过这样的事。据我所知，恩来同志和邓大姐对许多革命烈士的子女体贴入微，用长辈的感情培养教育他们，因此也获得了这些青年人的敬爱，有时甚过自己的亲生父母。这本来是人生中极小的事情，那些传言在我心中不知怎么的，总有一种亵渎之感。我，我们那一代青年人，对革命老一辈的崇敬心理，是出自共同的伟大理想、共同的事业。人与人之间那么一点点即使是真正的血缘关系，其实也是微不足道的，倘若再蒙上一层世俗的概念，那将近乎羞辱了，还是全部把它抛弃吧！

周恩来晚年外事活动漫忆

在外交战线上我是普通一兵,在周恩来同志领导下做外交工作不过几年,但有些事却常常牵动我的思绪,久久难忘……

一

我初到外交部新闻司工作已是"文革"中期,不久后的一次任务是参加基辛格秘密访华的接待班子。大约是1971年五六月间,我们住进了钓鱼台国宾馆。周总理、叶剑英元帅第一次召集我们到4号楼开会,宣布接待任务,并随即宣布保密纪律:这次任务不许向没有参加工作的任何人透露。我们住进钓鱼台4号楼之初,偶尔可以请假回家取些换洗衣物,但不久就完全不许外出了,除非有特殊任务。集中住在那里的工作人员的任务,主要是尽量全面翔实地了解美国各方面的情况,尤其是外交方面的,包括尼克松总统的思想与性格,当然也包括基辛格本人的理论、思想及性格。叶帅具体领导这项工作,经常到4号楼来了解大家的工作情况,并加以指导。6月以后,周总理也几乎每天晚上来听取汇报并和大家一起讨论。后来我们的工作更加紧张,除了研究业务,还要准备具体接待工作。

那时，我们首要的任务是拟定周总理与基辛格会谈的内容，包括议题和我方观点及如何阐述我方观点，还要草拟基辛格秘密来访公告以及准备以后尼克松来访事宜等等。有一段时间，大家常常讨论到半夜。本来周总理的身体很好，但"文革"期间过度劳累，身体逐渐有了毛病。周总理的卫士长成元功告诉我，周总理那时心脏不大好，平常稍憩时都不躺在床上，而是斜靠在沙发上。大家讨论过的提纲或某些内容都必须及时向毛主席汇报请示，毛主席指派了外交部两位干部为联络员，在钓鱼台参加工作，有什么需要请示的，大多由联络员去，周总理就在他的房间里靠在沙发上等待，有时从午夜等到清晨三四点。联络员一回来，周总理立刻召集大家到会议室听取指示，然后修改甚至重新讨论再重写。这种情况不是一次两次，所以在准备阶段，周总理对此花了许多时间和心血。

周总理对美国情况向来都十分关注，他经常利用报刊、书籍以及接见来自美国客人的机会进行调查研究。记得1971年5月，美国朋友威廉·欣顿（中文名字韩丁）正好来中国访问。周总理即利用这个机会，召集当时在中国的美国专家和朋友，如寒春、阳早、柯如思、艾特勒、马海德等到人民大会堂，共同研究关于美国工人和农民的生活状况、经济发展、工人运动以及马克思主义在美国的影响等问题。周总理非常真诚地、仔细地倾听每个人的谈话，特别是刚从美国来华不久的韩丁，周总理不断地向他提问，有时还发表些议论来引导大家畅谈。总理还特别提到如果美国总统尼克松来中国访问，在美国人民，特别是美国左派中会引起什么样的反应，会产生什么样的影响。大家都放松自如，畅所欲言。当时有几位朋友认为，美国总统访华对美国左派运动肯定有很大打击，也有的认为有促进作用。总理诙谐地说，美国总统来之前，许多美国朋友不都可以先来吗？这也是有好处的嘛。

周总理对世界发生的事态都十分注意，对国际形势的发展时刻都在研究观察。这次中美关系的变化，是关系到世界格局的变化，关系到中国外交战略转变的大事，当时国内情况正处在非常复杂的时候，所以周总理对有关的事情都是慎之又慎，与基辛格会谈的内容、阐述的方式等都反复斟酌后，才由某个同志写成文字材料送毛主席审定。

周总理和基辛格会谈的时候，不像基辛格那样带着有半尺厚的材料和发言稿，周总理习惯于先熟悉总的会谈方针，成竹在胸，然后根据对方的具体情况来进行会谈。

第一次会谈是在基辛格下榻的钓鱼台5号楼进行。在基辛格到达的当天中午，周总理从陪同人员处得知基辛格颇为紧张，且有顾虑。因此，周总理准时到达，带着亲切的笑容与站在门口相迎的基辛格、霍尔德里奇、洛德等一一握手。坦率而热情的握手，使得本来拘谨的客人很快放松了。周总理陪着客人进入一楼的大客厅，请他们在已摆好的长桌旁坐下。他没有立刻把手中拿着的卷宗打开，而是又重新再认识一下每位客人。当再次和洛德对话时，周总理带着高兴的语调说：您的夫人是中国女士，这一次您是来到岳丈大人的家了。一句话引得大家都笑了，会谈的气氛顿时轻松起来。这时，周总理才对客人表示欢迎，然后请基辛格先发言。

谈判中，周总理渐渐深入正题，在阐述观点的过程中，逻辑清楚，态度从容，入情入理，完全征服了对方。基辛格在以后曾多次说过，周恩来是他曾见过的、给人印象最深刻的外国政治家。我想总理的这种魅力，并不仅仅来自于他敏捷的才思和超人的记忆力，更是源自于他长期对世界战略的研究和经验的积累以及独到的分析能力。周总理自身渊博的知识和对我国外交方针路线的深刻理解，达到了炉火纯青的境界。一个没有深厚根基的人，是不可能在任何场合都能做到那么挥洒自如的。

周总理对接待像基辛格一行那样非常敏感的客人，尤为周到细致。他特别交代我们，在外宾的居室里不要放任何宣传品，仅放英文的参考消息。我们出版的中、外文报刊，只放置在门厅、客厅、休息室等公共场所，由客人自由取阅，也可以随便取走。周总理认为，如果把宣传品放进居室，就有点强加于人了，不放是表示对客人的尊重。总理还具体指示，在客房中放的烟、茶、糖果等每天要换。我们发现基辛格一行抵达的第一天，房中的东西没有动，周总理知道后说，照样放上。第二天，我们就发现烟和糖都少了许多。他们走后，室内的糖果竟一扫而光了。大家笑着议论，客人是来时摸不清底细，不敢乱动；走时心情轻松愉快，行动也就随便了。多年以后，我在美国遇到洛德夫人时，她告诉我，他们当年带回来的糖果，都作为珍贵礼物送给了亲朋好友，因为他们的亲友有20多年没有尝过直接带回美国的中国物品了。

周恩来作为一个大国总理，确实异常繁忙，而对具体小事却从不忽略。曾有人认为这是"事务主义"，抓小不抓大。美国前总统尼克松对此倒有客观深刻的理解，在他的回忆录《领导者》中特别提到这一点说："周还有一种既注意细节又避免陷入烦琐的罕见才能"；又说："就周而言，'伟大是注意小节的积累'这句箴言确实有道理。即使他在亲自护理每一棵树木时，总能够看到森林。"

二

1971年，基辛格第二次到中国是公开来访，为尼克松1972年春天来中国访问做具体准备工作，为尼克松访华准备联合公告等事宜，来访的地点决定去上海和杭州，同来的有总统新闻发言人齐格勒。关于地点、航行、汽车等事由外交部礼宾司负责协商解决，而关于新闻记者及新闻发布则由新闻司负责。由于我从准备基辛格秘密访问就参加了接待组，这次也顺理成章的由我代表新闻司与齐格勒商

1984年在中国驻美使馆　左起：冀朝铸、张颖、基辛格、章文晋

议新闻发布有关事宜。

尼克松总统来访时，因为不能间断与美国的联系，所以美方要带来地面卫星，以便随时可以和美国联系。我国当时还没有这样先进的设备。因为卫星站主要是通讯联络，所以我方除了新闻司参加谈判外，还有邮电部的申光，但第一次会谈后即改由刘澄清具体负责。

齐格勒手下也有个新闻和通讯小组。在第一次会谈后，我们了解到，要解决两大问题，一是美国记者来采访的人数和接待，另一是卫星站的设置问题。因为采访记者人数比较容易解决，所以，第二次会谈就先解决这个问题。美方提出，500名美国记者随尼克松总统来访，另外还准备邀请其他西方记者，如英、法等欧洲记者100名。我们听后很是吃惊，哪里有这样庞大的记者团？中方认为无此必要。美方却认为中美两国改善关系必然会影响到世界政治形势发展的趋向，必须扩大宣传。然而在中方看来，中美关系解冻固然是件大事，但也不能因此为美国造势，还要顾及第三世界人民的感受，而且接待如此庞大的记者团对我们来说也实在难以承担。双方为记者团人数争议半天，未有结果。会后我们接待组和新闻司研究，认为美国记者团只能限在300人以内，其他国家记者来访由我方自行解决。方案报请周总理批准同意，美方也接受了，最终来访的美国记者有288人。

关于建立地面卫星站，美方要求在机场附近设置地面站，只要我方同意并指定地方安放设备就可以，相关的具体事宜由刘澄清再与美方商议。我完全是外行，只坐在一旁听就是了。但这件事关系重大，在外事活动中还从未遇过，所以我们提议暂时休会，等我们研究后再讨论。

我们谈判小组经过全体商议，决定即刻向周总理汇报并请示意见。很快，我们和周总理见面，把情况详细报告了。周总理稍做思考，随即对刘澄清和我说，这是比较重要的事情，美国把通讯卫星安放在我国境内，这涉及主权问题，必须要妥善解决。你们谈判时必须申明立场，美国卫星站不能设立，尤其是不能由他们来主持和运作。周总理又沉思一会，想出一个方法说：你们下次谈判时，首先要阐明立场，这是侵犯中国主权的严肃事情，然后可以提出来，我们可以考虑买下美方的设备，由我们来主持，只需要他们传授一些技术给中方人员就可以了。

在第二次谈判时，我们遵照周总理的指示，提出这一立场和要求，齐格勒当即回答，你们要买下这套设备价格非常昂贵，需要数千万美元，而且你们在天空也没有通讯卫星，地面站用不上啊，你们再考虑吧。在会谈休息空隙，我立即给周总理办公室通电话呈报情况。周总理随即指示，目前买地面站可能有困难，可以提出租用，这就是和美方做买卖，他们没有理由拒绝。租用期间主权属于我方，运作也属于我方，租期15天（其中包括安装和拆卸）。会后你们再具体研究。于是我们提出租用方案，否则就不安装了。美方也无理由拒绝，提出租金也需300万美元至500万美元。我们表示第二天再决定。

晚上，周总理再次召集我们开会，大家都感到数百万美元还是太贵了。周总理提出，先不管钱多少，我和你们共同来计算一下，按国际现在行情，每使用一次按时间收费是多少美元，同时还可以估算一下，数百名外国记者加上官方使用都要收费，这样计算一下，租金百万美元，我们能收回多少。于是我们先从邮电部了解了收费标准，然后分别估算数百名记者可能使用的次数，估算了租用时间，再计算中方在租用时间内可能收回的成本。周总理和我们在紧张地计算，最后大致算出，我们可能收回100万美元以上。

周总理经过一番思考，当即决定，可以用100万至200万美元租下地面卫星站，让美方人员培训我方人员操作，这样，我们还可以学习一些先进技术。以我为主，即使花掉一些钱也值得。

第二天谈判，美方基本同意我方的方案。他们离开中国时，双方都感到满意，通讯人员之间还建立了友谊。

三

1973年春，墨西哥与我国建立外交关系不久，埃切维里亚总统即到中国正式访问。4月19日，埃切维里亚抵达北京，周总理到机场迎接。那时，我们的欢迎仪式都比较隆重，在机场内有上千名青少年载歌载舞表示欢迎。当周总理陪同埃切维里亚总统乘坐的汽车行至天安门广场时，数千群众挥动花束彩带，情绪很是热烈。埃切维里亚总统要求从汽车上下来，走向群众，周总理陪同着向群众中走去。鼓掌、握手，他们和群众融合在一起。埃切维里亚总统很兴奋又非常感动，他说中国政府得到人民如此爱戴真是难得；人民群众对外国客人很热情、很有礼貌，中国人民确实是可爱的人民。总统夫人与女青年们热情拥抱，她向陪同人员说，墨西哥人民和中国人民一样热情好客，使她感觉像是回到家里一样亲切。对这天的接待，保卫工作人员提出了意见，认为让外国元首和我国领导人下汽车走到群众之中，不符合安全保卫的规定，给保卫工作带来被动与困难。周总理为此也曾说过，我们不是主动要这样做的，但客人一定要下车，也不能硬阻拦。最主要的是要相信群众，并对群众经常进行教育，提高人民的爱国主义思想和遵守纪律的作风，而不能完全采取防范的态度，更不能粗暴。

埃切维里亚总统是一位很有个性的人物，他访问上海的时候，参观市容，步行到南京路上最热闹的地段，忽然走入一家餐厅，声称要和中国老百姓共进午餐。这使上海的保卫人员大为震惊，手足无措。好在北京随同前来的工作人员已有经验，就让这位总统在南京路上一家"人民餐厅"吃了顿午餐，使得这位总统非常高兴而且念念不忘，同时也成为当时随行采访的100多位记者报道的最佳话题。

墨西哥与中国虽然相隔遥远，但两国人民之间一直有着友好情谊。两国建交后，埃切维里亚是第一位访问中国的墨西哥总统，因此除了增加相互了解、进行沟通、建立高层的关系外，还需要给墨西哥人民，尤其是各方人士带回去一些实实在在的东西。在埃切维里亚总统与周总理会谈中，双方关于国际形势的分析与观点有许多方面通过讨论达成了共识，如维护国家主权独立、反对霸权主义等等；也有某些问题双方的看法并不一致，比如对战争与和平趋势的估计上有分歧。周总理在这种情况下，尤其是对待发展中国家的朋友，绝不强加于人。周总理认为我们的观点不为对方接受时，最好的方法是求同存异，经过一段时间，各自取得经验也许终能取得共识。在两国双边关系问题上，如科技、体育、文化交流、发展两国经济贸易方面，按当时的情况条件并不成熟，但由于墨西哥方面比较迫切需要签订一些协议，周总理经过认真考虑，认为体育、文化的单项交流，可以签订协议，关于发展两国科技和经贸往来则签了意向性协议，还发表了墨西哥总统访华共同声明。埃切维里亚总统感到十分满意。这是访问成果的体现。随行记者向世界各国及墨西哥国内做了充分报道，影响很好。

周总理常常对外交工作人员讲：我们做外交工作就是国家之间能够坐下来对话，交换看法，互相补充，互通有无，有时可能分歧很大，进行争论，互不相让，这是正常的，经过谈判达成共识，各自达到满意的目的，这是外交上的成功。倘若达不成共识，争论不休，分歧很大，那也是正常的。我们要坚持原则性的斗争，但也要讲究斗争艺术，善于听取并理解相反的意见，不要把话说绝，而是要处处留有余地，这是外交谈判最应掌握的。

我曾多次参加周总理会见外宾或是高层谈判。他总是采取真诚、平等的态度，即使是完全对立的意见，他也总是心平气和，从不表现出傲慢或是咄咄逼人的态度，而是以理、以礼相待。客人离开的时候，即使没有解决问题，心情也是舒畅的，留下的记忆也是美好的。我想这也许就是周总理使人敬重和难忘的魅力吧。

四

周总理不仅对国家元首的接待工作考虑得非常细致周到，对接待一般外国朋友也是一样。他总是为对方着想，满足对方合理的要求，使他们处处感受到每一次来中国访问都有收获，不虚此行。

1970年，我从湖南省外交部"五七"干校回北京，分配到新闻司工作，领导交给我的第一件具体任务是接待美国作家韩丁。这位韩丁先生不是第一次来中国，早在抗日战争年代，他就曾到过西北解放区，并且参加过土改工作团做调查，写过一本书《土地》，并已译成中文出版。这次再来中国，他准备写《土地》的续篇，所以他提出一些要求，使我们感到比较难办。他一定还要去当年土改过的地区，而且要去那个村庄，要找到当年村庄的支部书记和支委会的成员，还要找到被批斗过的地主，找到当年为他做翻译的同志。从1947年到1970年这么长的时间，中国农村经历过多少事，有多大的变化，要找回原来的一切几乎是不可能的。我们新闻司的同志曾几次和韩丁先生谈话，希望他能根据实际情况，改变一下计划。但他毫不理会。没有办法，我们只好打了一个报告，层层上呈，直到周总理办公室。

周总理找我们去他办公室谈话，说韩丁先生的要求也有合理之处，应该尽可能满足这位朋友的要求。他当年的翻译戚云已病故，可以告诉他；至于找原来去过的地方和人物尽量满足吧。总理指示我具体去办，去一趟晋东南打前站，找地方也找人。于是，我和美大司的小孙同志立即出发去山西。抗日战争期间，晋东南是我八路军太行山根据地和游击区，八路军总部也设在那里。而晋东南的长治市，"文革"期间是全国闻名的小商品生产批发的主要城市，临近河南省北边。

我和小孙立即整理行装坐上火车先到了山西省会太原市。当时省外事办已经基本没有办公机构了，由省委宣传部接待。我们向宣传部的负责人说明缘由，他们很快就安排一辆吉普车送我们去长治市（地委专署所在地）。从太原到长治相当遥远，即从山西省中部直到南端，公路是有的，但许多路段年久失修，估计最快也需两天的时间才能到达。山西省委派了一人陪我们前去。沿途我向他介绍了详细情况，并说明是周总理的批示，要尽可能满足外宾的要求。

长治专署指定一位李副专员专门负责。据韩丁说他当时在晋东南参加土改工作的村子名张庄，离当年白求恩大夫住过的地点不远，于是我们就根据这一点线索寻找。在广大农村地区，叫张庄李庄的不少，因为有老支部书记的名字，还有一位当年还很年轻的民兵队长，或许能寻找到。第二天，我们四五个人吃过早饭就开始走上寻找的路程。真是天公不负有心人，第三天我们居然找到了这个张庄。原支部书记老张头还健在，那个年轻的民兵队长现在当了村里的负责人。我们真是万分高兴，就在张庄待了两整天，了解详细情况。

老张头居然还记得韩丁当年确实曾经在此地参加土改、斗地主分浮财的事情。在晋东南，这个小村子不太贫穷，村民不住窑洞，而是有的住砖瓦房，有的住土坯房。房子还算整洁，就是粮食非常短缺，每人每天平均只有一两粗粮，村民（包括中农）的粮仓都空了。当我们和村委会商议时，他们极不愿意接待这位外宾。我答应回北京后报告上级再做决定。

我和小孙赶回北京，立即向总理汇报了情况，建议最好不去张庄，那里条件太差了。总理思考片刻，还是决定让韩丁全家（他的夫人和小孩共五人）去张庄，并吩咐我立即再去张庄准备接待韩丁一家。他把秘书叫来，让给山西省委打电话，让长治专署给张庄村民发粮食，每人每天一斤计算，共发一个月，并让小孙监督此事。周总理说，难道中国的"文化大革命"不能让外国人参观、了解吗？

第二天，我单独一人再去太原。因为赶时间，省军区特别调一架安-2飞机送我去长治。说起安-2飞机，现在恐怕很少有人知道了。飞机很小，驾驶舱和客舱在一起，只有驾驶员和我两人同去。他问我怕不怕？虽然我心里很忐忑，但只能当好汉了，表示：不怕！飞行高度只有3000米，往下看什么都清清楚楚：树木、房子、田野……我全副武装，戴着飞行帽、眼罩，穿着棉大衣什么的。飞机发动机的隆隆声把我耳朵都快震聋了。飞行了五个小时，到达长治市时，还不错，我下了飞机站得稳稳的，只是什么都听不见。

当晚，地委副书记陪同我到达张庄。我睡在老张头家的炕上，还像是在安-2上，晕晕乎乎地过了一夜。第二天清早我召集村委会成员，告诉他们外宾要来张庄做调查，国务院已经决定由省委调拨粮食给村民。我们立即开始筹备，首先要解决来宾的住房，要做村民的思想工作，让他们消除顾虑，并说明到时我本人将陪同外宾一起住在张庄，有什么事情都可以商量着办，这下村干部似乎放心了。

我们开始到全村各家探访，主要是要找到可以安排韩丁一家的住处，同时也向大家宣传一下外宾来访的注意事项，好在村中有几个老农民还记得韩丁，我也觉得心里有些底。但房子不太好找，如果让村民让出房子给韩丁住，那不妥。村子总共也就40多户人家，两条交叉的小街。最后村负责人想起在村头有一座旧的天主教堂，原来有牧师住过，有三四间房子可住。我们立即过去，房子比较完好，韩丁一家、翻译、陪同都住得下，于是决定让韩丁他们住天主教堂里面。我请村干部立刻打扫清理，找来木板架上几张床，弄张桌子几个板凳就行了。

第二天一大早我就赶紧回北京了。

周总理直接听取了我的汇报，做出决定，让韩丁去晋东南张庄体验生活，指定我为主陪，还有美大司小孙、翻译邢绎。随后总理又思考一下，决定在韩丁一家去山西前，接见他全家，并请外事秘书做准备。我也赶快通知邢绎等人去张庄，可能要去一两个月吧。

去张庄之前，周总理召集大家开一个会，秘书告诉我，是与韩丁等人见个面，征求他的意见。那时正是"文革"中期，红卫兵之乱刚过去，正在搞大联合，周总理非常忙。见面定在晚11时，在人民大会堂福建厅。我到达会场时，已坐了两三排近20人，仔细一看都是美国朋友。我认识的有寒春、阳早（韩丁的妹妹和妹夫），卡玛和阳阳（韩丁留在中国的子女），还有马海德大夫以及一位美籍老作家等。钱秘书告诉我，因为周总理有好长时间没有见过这些朋友了，趁这个机会一起见面谈谈。我在后边坐下。韩丁的夫人是南美圭亚

1971年韩丁在张庄与村民合影。卡玛（右四）、韩丁（右五）、韩丁夫人（右六）、老张头（左三）、村负责人（左二）

那人，为人朴实谦和，生了两个男孩，也一起到中国来了。

周总理准时到达福建厅，和在座的朋友亲切握手，然后微笑着坐下来，向各位问好，并歉意地说："文化大革命"以来一直忙，许久没有和诸位聚谈，非常抱歉。今晚因为韩丁先生一家人又来到北京，并且马上就要去晋东南体验生活，所以一并请大家来聚谈。总理先向大家介绍了当前"文化大革命"的情况，也说到国际形势，使我印象最深的是谈到中美关系，那时美国总统特使基辛格已秘密来访，尼克松总统也决定访问，但双方还没公布。总理问韩丁，如果有一天中美关系改善，美国总统来访问中国，你有什么看法呢？美国进步人士或工人阶级会如何反应呢？韩丁是左派代表人物，立刻表示：一是美帝国主义头头不可能来中国；二是中国人民和美国人民都不赞成帝国主义头目来访问，中美两国是水火不容的两种不同制度的国家，根本没有可能和平相处。他发言相当激昂。接着，几位美国朋友发言，他们虽然语气较温和，但大部分朋友认为中美关系很难改善。总理听了这些发言之后，讲了话，主要是从国际大形势说起，当时是大三角（中、美、苏）在国际上起作用，但可能会有新的情况出现。他仔细分析了美国的情况，还特别感谢美国朋友提供的情况及他们的看法。其实，总理是在做细致的思想工作，

他担心如果形势发展了，这些美国朋友思想跟不上。座谈会开到凌晨4点才结束，周总理和美国朋友一同吃夜餐，其实已经是早餐了。最后总理与韩丁握手告别说，到了晋东南遇到任何困难，可以随时通过陪同人员向他汇报，也可以随时回北京来见面。

会见后的第三天，韩丁夫妇二人和两个小男孩，还有大女儿卡玛从北京出发去张庄了。

五

英籍女作家韩素音是中国的老朋友，她父亲有中国血统。她曾经写过许多有关中国的书，在世界各国都颇有影响，对宣传新中国有不少贡献。"文革"期间，韩素音多次到中国访问。大约是1969年她来访问时，周总理接见了她，并谈论了不少有关"文

革"中的情况和问题，她表示要写一本书介绍毛主席领导的中国"文化大革命"。周总理表示十分支持，使她很顺利地到中国许多地方，包括到井冈山革命根据地进行采访，收集了不少材料。1971年，韩素音再次来访，带来了她的新作《早晨的洪流：毛泽东与中国革命》初稿，请陪同过她的朋友们阅读，征求意见。作为一位外国作家对中国"文化大革命"有那样的观察力，并相当准确地反映了当时的真实情况，应该说是颇为难得的。但使我们这些先读到书稿的人最为难办的是，书中用较大的篇幅写了林彪，材料当然多来自井冈山革命博物馆。那些材料是在特定的环境下，由林彪等人制造出来的，完全违背了历史事实。那时又恰值"九一三"事件发生不久，这些材料传播出去当然不好。我们很快把情况向周总理汇报了。周总理也颇觉为难，因为那时"九一三"事件的真相在国内知道的人尚不多，对国外还是绝对保密的，而且对外一时也难以说得清楚。此外，周总理考虑得最多的是，如果这本书的内容不修改，对韩素音本人最为不利。因为她是国际上知名的作家，又被认为是最熟悉中国情况的专家。在"九一三"事件之后，她的书中还对林彪做那样描述，会有损她的声誉。总理考虑唯一可行的办法是让韩素音主动修改那些不符合事实的内容。周总理和大家商量后决定，在韩素音第二天去成都、西安、武汉等地访问时，由我和另一位同志陪同。周总理亲自向我交代，沿途和访问休息时，让我和韩素音多谈谈国内各方面的情况，尤其是有关国内革命战争时期的情况，告诉她在"文革"期间收集到的许多材料都不可靠，也

1970年张颖陪同韩素音游嘉峪关

可以侧面地多谈谈林彪。她的书稿让我看了,所以也可以适当地结合她的书稿谈点意见。周总理的指示非常细致又具体。但我是否能影响韩素音则是另外的难题。虽然我已经几次陪同她到外地,还算比较能交谈的,但她是个很有个性的人,而且她已经是位成名的作家,自信心很强,有时近于固执。我按照周总理的指示,在路途和访问中与她交谈,一般说来她还是愿意听的,但当我谈到她书中的某些材料有失实之处时,她就大不以为然,有时还争辩起来。一路上她没有表示要修改书稿。

我们到达武汉的第二天,北京来了长途电话,周总理亲自和我通话,询问韩素音的情况。我如实做了汇报。周总理像是料想到似的,明确地告诉我,在她离开中国前,要把"九一三"事件的基本情况告诉她。这样如果她到香港或美国以后听到什么消息,也能有精神准备了。韩素音恐怕是第一个了解"九一三"实情的外国人。我在武汉飞往广州的飞机上对她谈了"九一三"事件的情况,她非常吃惊,始终沉默着。我一直送她到深圳,在罗湖桥畔,她紧紧地握着我的手说,一定要告诉周总理,她非常感谢总理对她的信任和帮助。后来,她的书在出版时做了不少修改。

周总理去世多年以后,韩素音撰写了一本有关周恩来的专著《周恩来和他的世纪》,书中充满了对周总理崇敬与真挚的感情。她在序言中写道,"本书试图公正地表明周恩来始终以大局为重,心里权衡的是所有政策和行动的最终目标。特别重要的是:他一生中每时每刻都具有强烈的责任感。他要对他治理的国家负责,要对他的人民的切身利益负责。为此,他受到了全世界的钦佩和尊敬"。"时至今日,想起他,想起当时我们会面的情景,我就感到无限哀伤,无比凄凉。听到他逝世的噩耗时,是我一生中最悲痛的时刻,甚至超过了我父亲去世时我难过的心情"。

六

1973年8月,我们得到通知,章文晋被任命为驻加拿大大使,我亦被任命为驻加拿大大使馆政务参赞。

我们离京赴任前的一个星期日，周总理办公室打来电话，让我们带着孩子们去西花厅，周总理和邓大姐要见我们。我们全家都非常高兴，尤其是孩子们，这是他们盼望已久的事。早在"文革"前周总理曾说过，要在西花厅接见我们全家，包括文晋的父母。

那天下午4点，我们带着四个孩子准时到达西花厅，邓大姐很高兴，和孩子们一一握手，老大年幼时她曾多次见过，还是邓大姐给起的名，叫"百家"。这天见面，她拍着百家的手臂说：你长得这么高大了啊！我倒想起你还是瘦弱得像只小猫似的。邓大姐招呼我们坐下，和孩子们谈起"红卫兵"的情况。不一会儿，周总理从外边进来了，他对文晋说，我今天算是了却了一桩心愿，和孩子们见了面，你的父母只好等以后再说了。在我的记忆中，从来没见过周总理这时的脸色，那样疲倦。当他和我握手时，我禁不住说：您很忙，真不应该来打扰。周总理却说，对孩子们我是必须实现诺言的。走到孩子们跟前时，周总理高兴起来，孩子们都长大了。他拍着大孩子的肩头说："你是百家吧？长得很健康嘛。你这条命是拣来的哩，知道吗？"总理又逐一地问了孩子们的名字和兵种，高兴地说，有文艺兵、卫生兵，还有侦察兵。不错呀。当得知百家在总政文工团工作时，周总理饶有兴趣地问起文工团的近况，问起这个单位的

1973年章文晋大使、张颖政务参赞拜会加拿大总理特鲁多

领导，其中一位是参加过长征的老剧作家，还有延安时代的作曲家、指挥，还有导演、歌唱演员，以至年轻的舞蹈演员。总理记着每一个人的名字、每一个人的创作和演出。总理说，我现在不管文艺工作了，但你们单位我很熟悉，也很关心。你把我的问候带给他们吧。你是文艺新兵，青年人，要努力学习毛主席思想，深入工农兵。老一辈为你们开创了道路，今后还靠你们年轻一代走下去。记住要努力学习，要革命一辈子！当卫生兵的女儿是军医大的工农兵学员，于是，总理又问到西安军医大的情况。周总理的习惯就是这样，无论见什么人都要问清楚，还要从每个人那里了解单位的情况，哪怕是仅见一面的小青年。

那一天，周总理几乎没有谈我们即将去加拿大赴任工作方面的事，只对文晋说，现在国际、国内情况都很复杂，去一个新地方要多思考问题，遇事要多请示汇报。

我们坐了一个多小时即告辞，周总理还没站起身来忽然对孩子们说了一句："今天是第一次见你们，恐怕也是最后一次了。"我望着他苍白的面容十分吃惊，以为自己听错了。他觉察到了，带着一丝笑意对我说：你现在身体不错嘛，有没有信心活到21世纪？我愕然不知所答。周总理又接着说：去加拿大应该学会滑雪，那最能健壮体魄。我木然地点点头。我们离开西花厅时，每人都怀有心事没有说出来。孩子们的记事本上都记下了总理的这句话。

到加拿大仅仅两个月，我们于当年10月10日陪同特鲁多总理访问中国又回到了北京。在北京机场的欢迎仪式上又见到了周总理。他精神显得还不错，对特鲁多表示很热情。随后两国总理的会谈真诚、坦率，也有成效，签订了多项双边协议，其中我国进口加拿大小麦签订了长期协定，中国出土文物展到美洲第一站是加拿大，这使特鲁多十分满意。周总理对特鲁多很有好评，说他是西方国家领导人中，很早就能比较客观地了解并认识中国的人。60年代初期特鲁多就写过批评"黄祸"论的书。在加拿大国内处理民族问题上，特鲁多也有好成绩。10月14日，周总理陪同特鲁多去洛阳龙门参观，临行前还接见随访的加拿大记者，并回答了他们的提问。访问成功，皆大欢喜，周总理对什么都想得很周到。

我们离开北京不到两个月，我的心像是还没有离开过，我时常想起周总理那句不祥的话，也隐约听说他身体有病。在龙门石窟参观时，他上山坡走得很慢，特鲁多已在河南省领导陪同下走在前边。我特地加快脚步走到周总理身旁问道：总理，我听说你身体不好，又那样忙，为什么要来洛阳呢？他笑笑说：我从来没有来过洛阳，中国有许多历史文化胜地我都应该看看，也应该陪同特鲁多，年初我还陪埃切维里亚到过大寨哩，你还去了，忘了吗？随后他又说了一句：我还能坚持住。

没想到，这次与周总理的见面竟成了永别。

周恩来与江青、维特克事件

1976 年"四人帮"垮台后,我即单独被从中国驻加拿大使馆召回到北京。我心里清楚,这与 1972 年江青见维特克之事有关。这件事虽然事实清楚,但并不简单。

我回到北京两三天后,外交部王副部长和一位女同志到我家,这是罕有的事。我尊敬严肃地问他们的来意。王副部长开门见山地说,现在调你单独回国是为了弄清楚维特克采访江青的全部情况。你要写两份材料:一份关于维特克采访江青的全部材料,另一份是关于周恩来总理的。我有些茫然,为什么要写周恩来总理的材料?她说,如果没有周恩来总理的批准,江青能会见维特克吗?我立即反驳:你们都看到周总理的批示的,批示上清清楚楚写着礼节性会见一小时,但江青不照批示办,见了那么长时间,周总理能有责任吗?可能是我太直率了,有点不够尊重领导,于是我又补充说,请领导放心,我一定会如实写出我所知道的一切情况。于是我在整理全部情况和记录后,又特别写了周恩来总理的批示,以及向中央汇报的情况。这篇文章的内容就是根据那次汇报写成的。

1992 年我从美国回来不久,忽然接到美国友人陈香梅女士寄来的一篇文章,登载于美国《中文时报》周刊。读了以后真是令我万分惊讶,原来 20 年前江青与维特克谈话的这一公案,还被利用来造谣。这篇文章开头说："在大陆，凡稍微了解一点'文革'中期历史的人，很少有不知道《红都女皇》事件的。宦国苍先生通过访问当年肇事的维特克教授，揭示了所谓'周恩来策划离间毛泽东与江青的内幕'。"文章接着写道："按照维特克的假设，在与江青集团的斗争中，周恩来利用江青好出风头的特点，刻意安排了维特克教授来访江青，并且让自己的亲信张颖陪同在侧，了解全部内容。随后周恩来以审查为名，扣留录音带并指示张颖，据此写成《红都女皇》一书，并且匿名在香港出版，然后周恩来将此书做重大事件的物证转呈毛泽东，激怒了他，从而使毛、江疏远……"

事情已过去20年了，居然有人有兴趣把旧事重提，而且造那种谣言，真是荒唐至极。对我个人来说是一种诽谤，是法律所不容许的。20年前的事，虽然我不可能淡忘，但不曾想再重话当时。现在我醒悟了。我必须把旧事说清楚。当然啦，每个人写回忆录都带有自己的看法观点，记忆也不可能绝对准确，但历史事实却是不容窜改的。

"文化大革命"中期，也就是1972年，曾经发生过一件事，在北京当时可以说是街谈巷议，无人不知，在全国甚至国外也广有传闻，那就是江青与《红都女皇》事件。根据当时的传说，毛泽东看了由香港出版的一本书《红都女皇》，大发脾气，批评了江青，而且江青也就从此"失宠"了。在国内，我们许多人都曾经听说过，"文化大革命"期间，毛泽东曾多次批评江青他们是"四人帮"，那是由于在一些重大问题上，"四人帮"违背了毛泽东的原则，而绝不是因为一本《红都女皇》。这些情况到现在当然都已真相大白。当时在香港也确实出版过一本名为《红都女皇》的书，"文革"以后我阅读过这本书。书中极力吹捧江青，而许多事实都属子虚乌有，稍微知道江青的人都会认为那不过是胡吹乱捧，不是事实，写作水平及文字也拙劣得很。此书在内地很少见到。

无独有偶，美国有一位女副教授，名洛克珊·维特克，于1972年夏季在中国访问期间，曾采访江青，谈话时间长达60多个小时。她回到美国以后，曾多次发表有关江青或中国问题的谈话，又在1977年出版了一本书，名为《江青同志》。维特克这本书与《红都女皇》是风马牛不相及的两回事，但直至如今仍是非颠倒，甚至以此造谣生事，这倒是我始料不及的。

维特克来中国访问期间，特别是与江青的所有接触，我作为主要陪见人员（另外还有六人）都是参加了的。当时我的职务是外交部新闻司副司长，是由外交部领导决定派去工作的。本来外交部干部被指派去陪见外宾是很普通的事情，而这次陪见却非同寻常。

1972年8月12日，乔冠华副部长告诉我，当天下午3点，江青要接见一位美国客人——洛克珊·维特克，派我去陪见。那时江青已经"声威"大震，随便说句什么话就能置人于死地，所以谁都不愿意和她的什么事沾边，我当然也不例外，于是就找借口推辞。但乔冠华说这是他们几位副部长共同研究决定的，并耐心地向我解释了一番，我只好服从。

维特克是美国纽约州宾翰顿大学的中国现代史副教授，这次是根据她本人的要求，经我驻联合国代表团推荐，由对外友协邀请她于7月19日至9月1日来华访问的。按照惯例，一般都不安排江青单独接见外宾，因为她的工作与外事无关。但维特克一再要求采访江青，友协只好请示周总理决定。周总理于8月10日批示："江青同志，如你这两天精神好，可以见见此人，谈上一个钟头就可以了。如不愿见，也可不见。"江青见到批示，立刻决定会见。

会见在人民大会堂江苏厅进行。外交部除了我，还有翻译小沈、礼宾司一位副科长和一位速记员，友协来了负责人老丁和陪同老陈、小俞。姚文元也来了，坐在

维特克著作《江青同志》封面

江青身旁。

谈话开始不久,江青就问维特克:"我听说你回去以后准备写一本书……是吗?"维特克一时不知所措,因为她从未对任何人说过要写书。迟疑片刻后,她说:"如果有足够的材料,能够写一本书。那是我最高的向往,我将会尽力去做的。"江青高兴地说:"很好呀,我们也希望有一本由美国人写的书……我们合作吧,我给你说,你来写……你写我,写现代的中国,那就是第二个斯诺,你将举世闻名。"她说的是维特克,想的显然是她自己要在世界上扬名。

周总理批示的是礼节性会见,只谈一个小时,江青却兴高采烈地东拉西扯了整整一个下午,完了还在江苏厅大摆宴席,又边吃边谈了一个多小时。回去后,我们分别向部领导和友协汇报了这些情况。17日夜,周总理召集所有陪见、接待人员开会,说江青已飞往广州,走前留下话,要把维特克接去广州继续谈。看来那时周总理对江青的事也颇感棘手,后来又在19日晚和24日半夜找我们去谈了两次,最后表示,江青一定要把维特克接到广州去,你们还是原班人马陪同吧。他让我们到广州后立刻把他的意见转告江青,再见一次就够了,只谈谈文艺,不要谈其他,还说维特克的签证是28日到期,不要再延期了。

但是,江青根本不理会周总理的指示,从25日到31日,她一连在广州与维特克谈了60多个小时,不仅大谈个人经历、私人生活、文化艺术,而且大谈解放战争的"历史",甚至说西北战场就是她和毛主席亲自指挥的……还谈了不少党和国家的机密。我们都不知道该怎么办才好,向部领导请示汇报,也一次次不得要领。回到北京以后,江青又催逼着我们反复整理修改几十万字的谈话记录,说要送交周总理和张春桥、姚文元审阅,然后寄给维特克。我们加班加点一直忙到10月底,大家商量,无论如何应该向周总理汇报一下了,并推我去。于是我给总理办公室打了个电话,请秘书转达我们的意愿。

第二天下午,周总理在西花厅接见了我。总理正忙着批阅文件,让我先说说重要的情况。我说:"如果要简单地说,那还真说不清楚。我们去广州前,总理的交代,我都转达了。但江青同志没有那样做。她和维特克谈了60多个小时，什么内容都有。现在还要整理成记录稿，翻成英文，寄给维特克。我们都感到这样做不妥当。所以要向您汇报请示……"我上气不接下气，一连串说下来，倒惹得总理笑起来："我看你要说的话恐怕不少，别那么急。今天我确实时间不多，你先向邓大姐说说吧。江青同志的情况我也知道一些，以后找时间再谈。"他说完朝客厅那边喊邓大姐，我随即走进客厅。邓大姐见是我，就问道："你从广州回来啦，想必又是那位维特克女士的事吧。你慢慢说，我来听。恩来太忙了，但江青的事，他还得管。没办法啊。"

我和邓大姐很熟，所以谈起话来也没有什么顾虑，说错了她会指正我的。那天下午，我和邓大姐谈了整整三个小时。因为她也接见过维特克，所以一些情况她是了解的，但她没有想到江青会这样做。我说江青见维特克的最主要动机，是为她自己树碑立传，而许多话没有事实根据，胡乱吹牛。比如说到西北战场，她说是她和毛主席共同指挥的，这些传到外国去，不成了大笑话吗？她还谈到抗美援朝，说五次大战役都是毛主席指挥的，有一次彭德怀不听毛主席的就吃了败仗，又根本不提朝鲜人民军，还要把朝鲜作战地图送给维特克……邓大姐听得比较仔细，不时还问几句。我告诉邓大姐："现在江青正要我们整理记录，准备送给维特克。她自己列了10个大题目。而在谈话中她还常说，她的谈话记录将来都要经过周总理审查，因为这些都是中央的重大事情……这些情况我都向外交部领导汇报过了，他们都说他们也管不了。所以这几天我想来想去，还是应该来向周总理汇报。最重要的是，我们都觉得这些记录稿不能送给维特克女士，那影响确实太坏了。"邓大姐听完后，也表示不能如此。她说将会把这些情况告诉给周总理，但目前我们只能照江青说的去做。

没过几天，一个下午，周总理在国务院召开一个专题性会议，外交部不少同志参加了，我也在座。会议很快结束了。周总理的目光却远远朝着我，并向我招手。我赶紧过去随周总理进了一间办公室。一张大桌子上堆满了书报和待批办的文件，最显眼的地方摆着我们整理的铅印好的江青谈话记录稿"西北战场"部分，江青亲笔写上了"请周恩来同志审阅修改"。我轻轻坐在周总理对面的小椅子上。周总理说:"那天我实在忙,没有听你的汇报,不过小超同志已经告诉我一些情况,现在你们是否还在整理记录呢?"我点点头说:"周总理,我认为这些谈话记录最好不要送给维特克,这不仅是我个人的意见,参加会见的几个同志都这样认为。江青同志的谈话,内容很庞杂,且有许多不恰当之处,有些谈法影响也不好。"

"你们大家都这样认为吗?可是江青同志亲自答应维特克女士了,不给不好吧?"周总理说话时态度凝重,他一直在思考着什么。我当时感到周总理对着一个下级同志,也只能这么说。

"维特克女士当场做了笔记,而且有关江青同志个人历史部分,我们已经送给维特克女士了,她要写文章,材料是足够的。"我见周总理在默默深思,说完后就悄悄地退了出来。

又是一个夜晚,送给张春桥和姚文元的两份铅印的记录稿一字未改退了回来,只在第一页上各写了"已阅"两个字。周总理那一份也退回来了,上面写了行字,大意是与事实不符之处做了些补充,错字都已经改过。我心想,周总理看过的,连错字都改了,而张春桥和姚文元则无一字修改。这两人既不愿意得罪江青,又不愿意负责,把责任都推给周总理一个人了。

江青、姚文元会见维特克,左三为张颖

一本又一本的记录整理稿送到周恩来总理的办公桌上。

某日下午，周总理召开会议，专门讨论维特克与江青谈话的记录如何处理问题，把所有参加过接待维特克的有关人员都召集来了。周总理征求每个人的意见。绝大多数同志表示，这份记录无须送给维特克，因为她本人当场做了记录。而维特克只表示要给江青个人写传记，有关江青个人的家庭情况、经历已经给维特克提供过一份详细材料。后边江青与维特克的谈话，涉及各方面的情况和问题，倘若要逐一核实，得耗费许多时间和人力。而且江青谈话内容中，有许多是不宜公开发表的。周总理当时一言未发。对任何一件事的决定，他都做仔细思考，并广泛听取意见，尽可能做得完善些。会议结束前，他说："对这件事情，你们每个人都发表了自己的看法，这很好。但今天还是决定不了，还需要商量和请示。"

1972年的岁末，周总理又召集接待维特克女士访问中国的有关人员开了一个简单的会。周总理只简单宣布：已经请示毛主席，记录不必送给维特克女士，一切工作都停止，所有记录稿全部清理封存，一份归入档案。

第二天，我们把所有的记录（仅是在北京的）草稿、铅印修改稿等，全部归总在一起，清理出一份完整的交给外交部档案室归档，余下的全都放进一个保险箱里，加上封条，交给了外交部保密室。

1973年8月，我调到加拿大首都渥太华任中国大使馆政务参赞。在岁尾年初之际，国内来了一个代表团，团长是老同事、老朋友了。他把国内的情况告诉我们：现在在搞批孔、批大儒，这是公开地向周恩来总理发起全面攻势了，但对江青的不满和闲言也挺多的，因而攻势也弱了下去；又说现在国内正闹着《红都女皇》，为这事江青还挨了批评。他又说美国有个女记者采访江青后写了这本书，现在全国都在追查谣言什么的。

他问我《红都女皇》是怎么回事。我告诉他，据我所知那是在香港出版的一本书，可能是一个女华人写的，吹捧江青，说江青将要成为一个女皇了。但这与维特克采访江青完全是两回事。维特克是个美国人，她采访江青以后要写的书还没有写出来哩。他又告诉我，国内盛传毛主席批评了江青，这恐怕是确有其事的。现在国内

江青在广州时送给维特克的照片

也正追查谣言,说那个美国人采访江青就是谣言。我说这不是谣言,因为江青会见维特克这件事,新华社和《人民日报》都登载过,当时我也在座,这都是事实,怎么会成为谣言呢?

1974年秋末,我们从加拿大回国休假。全国追查谣言的事还没有完全平息,所追查的确实是维特克与江青的谈话内容。据说是《红都女皇》那本书从香港进入以后,引起一些不良影响,江青也被批评了。但这和维特克又怎么联系上的呢?有一天我到外交部去了解,才知道前些时候不知是谁把江青与维特克谈话中有关《红楼梦》部分传抄出去了,说这是江青对中国古典文学的看法,要学习什么的。这时,恰恰《红都女皇》也传开了。可能是江青怕把两件事搞混了,于是立刻要收回有关《红楼梦》的讲话。那么一传,就把《红楼梦》那段说成是谣言了。那时是完全否认江青有过这么个讲话,连外交部也在追查,真是莫名其妙的事情。其实有不少人是知道内情的。尤其使我吃惊的是,我们当时保存在保密室的江青与维特克谈话的记录材料,全部都被江青取走了。后来听说是外交部乔冠华副部长批准取走的,因为部长也不敢违抗江青。随后我还听到,江青不仅取走了全部记录材料,并且全部烧毁了。对于这件事,我真是百思不得其解。那时周总理病情已渐重,江青还有什么顾虑吗?我想那时邓小平同志已经复职,这当然对江青十分不利,也许正因为此而使江青感到一点压力吧。

1976年,我们再次回国休假,正是1月8日。一下飞机就听到周恩来总理去世的消息,真像晴天霹雳啊。

1977年,维特克在美国出版了以江青谈话为主要内容的一本书,名为《江青同志》。该书没有见到翻译成中文本。这一客观事实也说明不能把它与《红都女皇》混为一谈。

最近我又粗略地翻看了一下《江青同志》这本书。该书共分为五大部分：一、早期生活的开始；二、从上海到延安；三、五十年代北京与莫斯科；四、登上政治舞台——文化大革命；五、江青成为中国艺坛的霸主。该书还列出了江青各段生活的年表。

这本书出版时，江青一伙已经垮台了，中国的政治环境已经截然不同了，所以作者并没有盲目地一味吹捧江青，而是根据她的一些分析和看法，还补充和修改了江青谈话的一些内容。至于这些内容是否准确，只有留给别人去考证评论。但当时江青谈话中的许多细节，作者都做了相当具体详尽的记述。

全书基本上是按照江青谈话的内容梗概来撰写的。江青的本意是希望把自己树立为一个有各方面才能的中国领导人的形象，既是军事家、政治家，又是艺术家的全才。她曾多次提醒维特克她不仅是文艺家，而她最热衷讲述的则是所谓"西北战场"那一段。但由于她根本不懂什么军事，也无任何战争经验，所以她那段谈话纯是胡编乱造。而维特克本人倒是一直比较实际，她再三声言她不懂战争，只想写江青个人的历史，她的兴趣也仅止于此。所以该书大量的篇幅是描写江青个人的历史，尤其对江青30年代的情况，包括哪些男人追求她，以及到延安后如何成为毛泽东夫人，都有不厌其烦的叙述。就像维特克常常说的，这是外国人最关心而又最有兴趣的事。

该书作者也没有忘记江青的愿望，用了不少篇幅写西北战场，但江青本人根本就不可能对维特克谈清楚什么西北战场，书中自然也就说不清楚。维特克女士有一点是说清楚了的，即江青之所以那么强调又费劲地谈西北战场，是要说明她本人不是为毛泽东织毛衣，而是参加了那场有着决定意义的战争，她对新中国的建立有不可忽视的功劳。而江青被许多人冷落了，没能够得到中国领导人的位置，于是她心怀怨恨。在"文化大革命"中，复仇的火焰使她完全疯狂而失掉理智，最终得到被中国亿万人民唾弃的必然下场。

广州会议

1962 年在广州召开的全国话剧、歌剧、儿童剧创作座谈会，距今已过去几十年了。往事已多年，但还时时萦绕脑际，就如昨日发生的一般。

一

广州会议的召开，有着特定的历史背景。1958年、1959年以后，社会上出现的经济暂时困难的情况不能不影响到文艺界，文艺创作上出现了各种困难，许多作家思想上受到重重束缚，加上棍子帽子满天飞，话剧创作困难重重，几乎不敢接触现实斗争的题材。江青和那个"理论权威"下令各地戏曲剧团演出一些未经整理的传统剧目。到1961年，戏曲舞台上出现了几乎是前所未有的混乱现象，坏戏大量演出。当时文化部和文联（特别是剧协）想方设法改变这种状况，解决有碍繁荣社会主义文艺创作的问题，使戏剧能反映社会主义现实，坚持"双百"方针。于是剧协提出要召开戏剧创作座谈会。但当时正是三年困难时期，食品匮乏，召开全国性会议须得到国务院批准，还不能在北京召开，大家认为要开成这个会还得我来筹办，因为我有可能直接找到周总理批准这件事。于是我接受任务向周总理汇报当时戏剧界的情况，并请示想召开一次全国戏剧创作座谈会。

一天晚上，我找到总理办公室主任童小鹏，请他安排我去见总理。他告诉我，紫光阁正在开文娱晚会，让我也去，说很可能总理也会去，这样就可能解决问题了。我知道紫光阁这种娱乐晚会，主要是为了让一些领导同志能在过于忙碌疲劳后得到一些休息，而事实上周总理常常利用这个机会见到一些不常见面的同志，解决许多工作问题。我从来没有去过中南海内举办的舞会，这次只好硬着头皮去参加。

我大约晚上8点到了紫光阁，看到不少首长已经在那里了，有朱老总、少奇同志、周总理等近百人。我进了会场，躲在一个角落。一会儿，总理见我坐在一旁，提高嗓门笑着喊我：好像从未见你来过呀，恐怕是有什么事想要找我吧。我有点不好意思地走过去，陈老总坐在他旁边。我把想找总理汇报的事简短说了。总理哈哈大笑起来说："陈老总，你是秀才不出门能知天下事呀，当然你不是秀才啰。"我有点茫然地望着这两位领导。总理说："陈老总早就想到这种情况不应该继续啦，开个会是好主意嘛。你好好向陈老总汇报情况吧，开会时陈老总还要来做报告哩。"陈老总认真听我谈起一些地方领导干部干涉创作、对作家打棍子等情况。我因为毫无准备，谈得杂乱无章，直向陈老总道歉。陈老总又哈哈笑起来，"我知道一点，还是你了解得比我具体啊"。总理和陈老总谈论起有关创作的许多问题来了。我心情很激动，陈老总管外交、军事，这就够他忙的了，对文艺还那样关心，他真是把文艺当成党的不可缺少的事业啊！最后总理表示，这是件好事，但会不能在北京开。正好主持中南局工作的陶铸也在舞会上，周总理立即招呼陶铸过来，对他说，文化部门想要召开个创作会议，我看只有广东有这样的条件，可以招待一二百个作家去开会，你看如何？这就叫就食广东，你可得让他们吃好住好才行。陶铸哈哈大笑：这还有什么问题吗？难得有那么多名作家到我们广东来啊！周总理当即对我说，既然陶铸同志欢迎作家们去广州开会，你们可以去。但准备工作要充分，你们应该把全国剧作家的情况及各级领导的情况做比较详细的了解，了解得差不多时再向我汇报一次吧。

我离开紫光阁，心里既感动又不安。总理、陈老总领导着全国各方面的工作，日夜操劳，好容易有这片刻休息，我却把时间占了，而他们还那样关心着文艺工作。我们看到想到的，他们也早已想到了，而且比我们还周到得多。我们国家的繁荣、社会主义事业的进步，多么需要这样的领导啊！

过了几天，周总理把周扬、齐燕铭、林默涵三位部长，加上我，叫到他办公室谈创作会议的事。他说既然要召开这个会，就一定要开得有意义，真正起到促进创作的目的。他指示我们一定先要做好调查研究，了解全国各地作家的创作情况，特别是思想问题、有关创作的思想负担等，并当场决定要派几个小组到东南、华南、东北、西北等地去了解情况。

根据总理的指示，文化部和剧协立即组织了几个调查情况的小组，分别到几个大区、省市了解有关创作的情况，并据此印发情况简报，及时送给总理、陈老总和有关领导。我记得当我从南京、上海等地了解情况回到北京，不久就得到总理的指示，让我去汇报。他看了每期简报，但觉得还不具体，批评我们的工作不够细致。他那样地关切、那样地深入思考着全面问题，他要了解有关作家和行政领导各方面最具体的情况。

我到总理的住处，他不要听一般情况，而是要我具体汇报一个作家和一个剧本在创作过程中遇到什么难题。正好我思想里有一个解不开的疙瘩，就向总理说了：南京部队话剧团有位同志写了一个剧本，反映部队进入大城市后，有个别基层干部（排长）受资产阶级思想的"香风"影响，变了，要和农村的妻子离婚，后经过大家的帮助还是改正了。我看过剧本后，认为剧本写得生动，有思想，有人物，很不错，反映了人民内部矛盾问题，而且正确解决了。但这样一个剧本，有些领导却认为是毒草，不能演出，说是描写了部队的"黑暗面"，"难道我们人民军队的排长会这样吗？"总理一边听一边笑起来，说："难道我们的部队干部都是铁打的，没有思想感情吗？连个排长都不许有缺点？难怪作家叫苦啊。"我又告诉总理，这位作家还让我替他保密，他是把剧本偷偷给我看的，否则领导知道他不死心，还要搞这个剧本，恐怕又要挨批啦。总理考问我："你怎么回答他的呢？"我告诉总理，我对他说："我认为剧本是好的，而且很有教育意义，个别缺点可以改好。"我还跟他开玩笑地说:"你的戏南京不能演,可以到北京来演,让北京的领导同志做最后裁判如何?"总理批评了我一句:"你就是嘴快,南京部队的领导也会改变看法的嘛。当然,如果到北京来演,我首先去看。"接着,总理又问了我一些别的。总理在沉思,在考虑着有关文艺创作的问题,也考虑着其他更多更多的有关问题……过了一会儿他站起来对我说:"我们看看陈老总去。"

陈老总住在总理住处旁边不远的一所旧院里,我见他案头摆了各种书,我想他可能正在研究什么问题吧。还没有坐下,总理就对陈老总开起玩笑了:"听说你领导的队伍连排长都不能有缺点,那你这位元帅就可以高枕无忧了。"陈老总一时摸不着头脑,总理把南京的故事简要给他说了,陈老总认真起来,"真是乱弹琴,一个娃娃子排长,就那样了不起了,一点毛病都不许有,我看这种瞎指挥要不得。怪不得人家知识分子满腹牢骚"。我站在旁边,听着两位领导人、两位亲密的老战友的谈话,多么坦率,多么自然,只有曾经同生死共患难的战友,才能有这种深厚的感情。突然总理对我说,你们的广州会议就请陈老总去打头炮,做报告,然后让大家畅所欲言,这样才能振奋一下人心。总理还准备在广州开会前找在北京的部分作家谈谈心,这就是后来在紫光阁开的预备会议。

二

1962年3月初,总理刚到广州的当天晚上,已经8点多钟了,总理和陶铸突然来到我们的住处,要探望一下与会者。我向总理汇报,由于住得太分散,总理要看望这200来人,一晚上也跑不过来,请总理和陶铸就在这院里走两处,我去把别处的同志们都请来,一起坐着谈谈也热闹。总理点点头。一直到将近10点钟,我才把100多位作家找来,坐在一间不大的屋里,挤得满满的。大家知道总理来看望都非常高兴,也非常激动。总理走进来时,大家想站起来,总理却很快找个地方坐下,无拘束地谈了起来。不少从各地方来的同志,总理还不认识,就逐一问起他们的情况,从姓名、籍贯到创作,谈得又亲切又愉快,就像久别重逢的朋友一样。大家都很兴奋,把时间全忘了。半夜已过，总理的秘书提醒我，我站起来说，已经12点过了，应该让总理休息了，改天再谈吧。哪知总理脸上显出老大不高兴，用眼睛瞪着我说，我难得和大家一起谈谈天，你倒干涉起来了。我便和秘书打了个招呼，只得又坐下来。又过了好一阵子，陶铸同志才把总理劝走了。这一晚连同第二天，同志们心里真像春天开了花，在作家们住的房间里都在谈着总理那样平易近人，真是一见如故，又是那样关怀备至，事无巨细都要深入了解，我们党有这样的好领导真是多么幸福啊！

过了两天，总理和陈老总又在广州他们的住处把几位负责同志和我们找去，再一次详细询问了作家们还有什么新的情况，并告之陈毅同志和陶铸同志都要在会议上讲话，一定要让大家解放思想，畅所欲言，思想问题解决了才回去。总理自己只能做一次报告，和同时在广州开的科学工作会议一起谈。由于工作忙，总理不能在广州久住，他希望文化部和协会的领导一定把会议开好，如有什么问题回到北京仍可继续解决。总理和陈老总如此关心，领导得又如此具体细致，使我们每个人都深深地感动和感激。

广州会议是开得成功的，会议中所接触到的及解决的问题，以后的事实证明不仅在繁荣戏剧创作上，而且对整个文艺战线都产生了巨大的影响。会议前期大家听了周总理、陈毅同志的报告，以及其他一些领导同志的谈话，在思想上引起了很大的震动，特别是有关知识分子的问题、创作题材问题、作家的创作自由问题、领导的艺术民主问题，等等。那几年大家的思想上真是问题一大堆，解不开的思想束缚，这下子可解决了。陈老总说得真好：在共产党领导下，经过13年的思想改造，我国的知识分子是为社会主义建设服务的（个别例外），是无产阶级的知识分子。陈毅同志非常强调加在知识分子头上的资产阶级帽子要坚决摘掉，行"脱帽礼"。他说得多好呵！他说如果经过十几年我们党还没有把这些知识分子争取、改造过来，那只能说明我们自己无能，而且是与事实不相符合的。解放十几年来，绝大多数知识分子为社会主义建设创造了极其可贵的财富。在谈到艺术创作和艺术领导时，他是个真正的内行，他大声疾呼要给作家选择题材的自由、创作艺术风格的自由、探讨艺术问题的自由。他批评那些冒充内行的领导者,要他们不要瞎指挥,胡干涉,要尊重作家的劳动,要尽可能给作家良好的创作条件,否则只能扼杀作家的创作积极性。陈毅同志的谈话非常正确地发挥了毛主席的文艺思想,而且那样深刻,那样充满着对社会主义文艺的热爱,对作家的真诚关切,真是把话说到人们的心坎里去了。在讨论陈毅同志的报告时,大家心情十分激动,有些同志含着眼泪感激党,决心要为社会主义文艺努力工作一辈子。会议期间,大家精神振奋,心情舒畅,踊跃发言,毫无顾虑地交换意见,讨论问题。多少年后有些旧友重逢,大家还忘不了这次会议的深刻印象。

我还想提一件小事,也许不算小吧。人家都知道,总理非常爱看戏剧,而且看过许多剧种的演出。早在抗战期间,重庆的许多文艺演出,总理就常去看的,有时甚至看许多遍。但他从来不要剧团,甚至是他的朋友、同志给他送票留座,而是要给他买两张票。常常是在他晚上工作之后,带着一位警卫人员,悄悄去剧院,坐下就看,也从不惊动剧团的朋友。解放以后,他还是这个老习惯,经常买票看戏,事前也不跟剧团打招呼。有时因为太忙,一出戏分两三次才看完。有时甚至剧团的同志都不知道他已经看过他们的演出了。总理的一生都是生活在人民群众之中。我记得他说过:就有人爱搞什么首长席,那是什么意思啊,我们党没有这个作风。他对搞个人特殊是极厌恶的。

在广州会议期间举行了一次粤剧晚会,就正遇到了这种情况。记得是在交际处的小礼堂(或宴会厅)里为广州会议的作家演粤剧,由于职责,我先到会场,一看情况,我就预感到要坏事。宾馆的同志也许根本不知道总理的习惯,在那间长方的大厅里,前大半部分摆着五六排大沙发,中间还有茶几放上烟茶,而后半部分却紧紧摆着近百张小坐椅。因为有近百人看戏,这样的形式太使人看不顺眼了,前边首长坐在大沙发抽烟喝茶看戏,后半部是作家们来观赏戏剧。这怎么行呢?我急得没法,找宾馆的同志吧,说不清楚,他们只想到今晚总理来看戏,当然也是出于爱戴和尊敬,好像如此才能使总理看得舒服。我坐在一旁发愁。不出我所料,总理来得最早,他进入大厅巡视一遍,我简直不敢站起来看他那紧锁着的双眉。忽然他发现我坐在那里,他几乎是喝叫着我的名字:"这是怎么搞的?

是你在管这件事吗？又不是招待外宾，招待外宾也不需要这样嘛。今晚是招待谁看戏？一大堆沙发让谁坐呀？告诉你我是不坐的。"照惯例，我知道总理发火后很快会忍耐下来。他知道骂我一顿也不一定对，他也知道不是我在这里指挥摆座位。当时我心里真是难过，我是有责任的，为什么不预先告诉他们呢？宾馆的同志在一旁也愣住了，他们并不知道总理的习惯啊。我立即对宾馆的同志们说，赶紧把前面的沙发撤掉，茶烟都不要，后排座位往前推。这时作家们已陆续来到会场。宾馆的同志固执地还要留下两排沙发，也就只好如此了。总理坐在后边的椅子上，同志们都去和他谈笑起来。戏快开演了，广东省的负责同志请总理往前坐。总理半开玩笑地说，你们今晚是请谁看戏啊？我可不是作家啊。于是总理一个个请那些年纪大的作家们在前面沙发上坐好，这场小小的风波才算平息了。这虽是小事，但总理把自己作为人民的一员，生活在群众之中的优良作风是多么值得我们学习、怀念！"四人帮"那样飞扬跋扈且不去说，现在还有不少大小首长搞特殊化，也喜欢别人为他制造特殊化的条件，这多么值得我们深思啊！我们党一贯的优良传统，不正是要依赖我们的领导干部以身作则才能慢慢恢复起来么？

我还想提一下有关广州会议的一段奇异插曲。本来这次会议是国务院批准的，由文化部和全国剧协召开的全国性创作会议，但上海市委却拒绝参加。直至会议开始才派一位文化局长来，据说还是来旁听的。会后，上海也没有公开传达周总理和陈毅同志的报告。1963年底上海举办华东话剧现代戏会演，也没有邀请中央有关的领导去参加。现在回想起这些事情，不是很耐人寻味么？说实在的，那次华东会演如果有些成绩，也是广州会议影响所及，因为演出剧目的不少作家和艺术家都是参加了广州会议的。本来这是不值一提的事，只是使我回想起来，张春桥、江青之流反对党中央、毛主席，对周总理、陈毅同志的刻骨仇恨由来已久，他们的气焰嚣张并不是从"文化大革命"才开始的，他们的阴谋酝酿已久了。

三

广州会议后，全国戏剧创作出现了一片繁荣的新景象，不少作家写出了反映社会主义建设时代的优秀作品，比如话剧《霓虹灯下的哨兵》《年青一代》《千万不要忘记》《第二个春天》《南海长城》等，还有一批优秀的革命现代戏曲……这样的繁荣情况，直到"文化大革命"前夕也没有稍减。

然而，在1966年以后的相当长的岁月里，几乎无人敢分辨广州会议究竟是黑的、白的，还是红的？大批文艺工作者被罩上了大而沉重的黑帽子。凡参加过这次会议的人都成了"黑帮"，至少是"黑线人物"。我自己在那几年里也为此受过数不清的审讯、批判，写的有关广州会议的"检讨""揭发"材料不下数万言。我把这看成是非常可贵的考验。广州会议曾使我千百次反复思考：为什么"四人帮"非把红的说成黑的？为什么要抹杀事实？当时我百思不得其解。以后的事实告诉我，他们捏造罪名把17年说成文艺黑线统治，矛头是直接针对周总理、陈老总这样一些忠诚伟大的共产主义战士的。开始我曾多次诚恳地对他们一些人说："广州会议是在周总理批准和直接指导下召开的，周总理的两次讲话——在北京召开的预备会上的讲话和广州会议上的讲话，以及陈老总的讲话，怎么看都没有错，你们的矛头不要搞错了。我不能违背共产党人的原则给你们胡写材料呀。"我真是太幼稚了！由于我积极参加广州会议的许多工作，后来也成了"黑线人物"和"走资派"。1972年，我参加外事活动，亲耳听见江青对一个外国人说："难道你现在还不明白吗？文化大革命首先要打倒刘少奇。周恩来经常和我们作对，他不是我们一边的，我就和他斗争！"她的语调中包含着失败者特有的那种怨愤。当时我真是大吃一惊，她怎么突然说出这样的话？在那次外事活动的十多个白天黑夜里，紧张的思想使我无法成眠。将要发生什么事呢？我把十几年的往事仔细回想，这确实是她在内心里隐藏了多年但又不敢公开说的真心话。她的权力欲望达到高峰而又得不到满足的时候，使她成了疯狂而毫无顾忌的政治恶棍。他们所制造的文艺黑线专政论，以及各种黑线专政论，其目的不就是要从马克思主义者手里夺权吗？他们始终是这样干的，直到他们毁灭的时刻。

上海"周公馆"

  思想是人类的精灵，我想回忆也是的。回忆是总结的起点，有价值的经验总结是胜利的翅膀。回忆和经验绝不是多余的。也许近来我太爱回忆了。我离开故乡——美丽的南国之都，已有数十年了，但很少有爱与美的怀念，当年国衰家亡，在那灾难的年月，有什么值得回忆呢？

  在这漫长的岁月里，随着革命队伍的洪流，南来北往，这些却时时处处都引起我无限的追忆与怀念。特别是解放以后，我曾多少次梦想能回到每一处到过的地方：在晋北最穷困的小山乡，和我们一起吃糠咽菜的老乡们，我多么想念她们呵；我这生长于南方的姑娘吃不惯糠窝头，房东喜旺嫂偷偷地在我的枕下放了两个滚热的山药蛋。深厚的情谊呵，使我直到如今吃着山药蛋比什么都更觉香甜。我能有机会跋山涉水、万里迢迢去到那穷乡僻壤探望当年曾为八路军献出了一切的人们么？1971年，我曾遍走晋东南，探望了八路军当年的根据地，探望了朱老总他们住过的小院子、小窑洞，那里房间倾倒了，屋门上了大锁，当年生产武器的兵工厂那排窑洞，一片黄土，留下一两座铸铁炉躺在那里，也少人凭吊。那里的秃山荒岭仍是那样穷困。几位年纪大的村干部和我一起走进那些小院，他们默默蹲在门槛上，相对无言。我茫然地站在一旁,想把眼泪咽下却反而簌簌流在了脸上。该如何回想起当年八路军和人民在那样极端艰苦的环境里,轰轰烈烈为祖国争下的这份江山和不朽的荣誉呢?

延安、重庆、南京……总是斩不断的怀念,可慰藉的是那些地方我总算回去过。为了不忘记过去老一辈革命家给我的哺育教导,党对一个少年的抚养和锤炼考验,我把一桩桩都刻在心坎里。想来也颇奇怪,唯独上海,解放后我曾不止十数次去过那里,却一次也没有踏进我们曾经在那里战斗过的地方——马思南路107号(今思南路73号)。

那样的突然,不久前报纸忽然登出"上海周恩来将军公馆"修复的消息。多陌生的名字呀,1946年上海确曾有一处公馆,我曾多次去上海的难忘影子一一闪过。

上海解放不久,我们到上海探亲,一到家,就急忙从徐汇区一直沿淮海路向东走去。这是一条多么长的马路,正是一颗热切的心,使我们忘了疲劳。走过了旧国泰电影院,这不远了。咦,真是多蠢,路名改啦,已去掉个"马"字。于是,沿着思南路走下去,两旁的梧桐依旧,行人仍像以往那样稀少,根据记忆我们在寻找。树荫下那深绿色或深赭色的大铁门,经常出入的却是一个小旁门,但107号的门牌却找不到了。我们在那样熟悉的门前徘徊,多少次想敲门进去,只不过要满足那么一点点怀念的心愿:楼前那片草地是否仍碧绿如茵?恩来同志每次到上海的时候,都在那里散步、沉思、和朋友们交谈、向工作人员布置工作的地方……那座三层楼的洋房,也许曾有过非常舒适华丽的摆设,但我们住的时候,除一楼会客厅外,却到处摆满了床,摆满了办公桌。人来人往,那里既是办事处,又是招待所。我们多么想看看它经过三年战火离乱之后景况如何。可惜院门深锁,也不知是否有看门人。我们就在那儿徘徊惆怅直至黄昏。

过了数年,我因公出差到上海,住在锦江饭店,离马思南路多近啊。我一人独步,又走到107号门前,听到里边有人声响动,我满心高兴,去按了电铃,又敲打铁门,果然走出一个中年人,却脸无表情,十分严厉地质问我:"侬有啥事情?"像是冷水浇头,我无

1946年7月18日，周恩来在国民党统治区最后一次举行中外记者招待会，章文晋做翻译

言以对，但我还是满心希望地说：我想进去看看这所房子，我们以前住在这里，是办事处。"嘭"的一声，门关牢了，我感到愤慨，但回到饭店也就心平气和了。难怪呵，他又知道什么！

又过了数年，出差上海，还是念念不忘要去看看107号，这次我严肃地向当地一位颇负些责任的同志请求，去看看那所房子，却得到了极其委婉的劝阻：不过是那么所房子，有什么可看呢？现在可能是什么宿舍或仓库吧。我又无言以对，眼睁睁地看着这位同志：难道你就不曾想想过去么？你也曾是战斗过来的呀！

这几日，我反复读那条"周恩来将军……"的消息，心想，下次我再到上海，当以人民的身份入门去参观，去瞻仰，去凭吊……历史总是历史。

1945年抗日战争结束后，因为连年战祸，人民盼望过几天和平日子，因此国民党也不得不仍打着"国共合作，团结建国"的招牌。当国民党的达官贵人们匆匆飞回南京、上海去劫收之后，不久，中共代表团也只好搬到南京去。其实，蒋介石仗着有美国为后盾，"和平"不过是他发动对解放区大规模进攻的烟幕而已。满天飞的劫收大员到处散布数月要全部消灭人民解放军，完成他们所谓统一大业的美梦。以周恩来、董必武、邓颖超等同志为首的中共代表团到南京后，内战之火已燃遍全国。恩来同志到了南京就被当时的军事调处三人小组纠缠住了，工作极端繁忙，还要为停战奔波劳碌。上海马思南路的周恩来将军公馆（大家简称它为"周公馆"），就是为适应这样的情况于1946年5月间设立的。恩来同志在南京及各地奔忙之后，有时到上海来领导各方面的工作，或稍事休息。"周公馆"实际上是用周恩来的名义而设立的内部办事处，是我党与上海各界人士联系的地方，也是那个时期各解放区人员来往联络的重要枢纽，当然也有到蒋管区工作的同志。

我在上海时，恩来同志多次到过上海，都给我留下深刻难忘的印象。记得大概是6月吧，上海已日渐潮热。当时我住在楼底的小玻璃房子里（那里原来是花房），一面靠墙，三面是玻璃，只能放下一张小床和

周恩来在"周公馆"内

小桌。我非常喜欢这间小房子，整天就像生活在茂密的树丛中一样，使人感到格外安静、舒适。一天，忽听得大家忙碌起来，原来是恩来同志要来上海。当时这幢小楼里住的人已不算少了。一层有两间较大的房间是留给周恩来和董必武来时住宿的，但恩来同志还未住过呢。因为他们不在时，过往的客人也常住，所以大家忙着打扫房子，客厅也布置了一下，大家都想到恩来同志来上海，人们会像河水一般川流不息，一间较大的客厅显然不够用，要想法隔出两个小间来。我跑去一看也帮不上忙，只好回到玻璃房里看报了。

将近傍晚时分，恩来同志才来到，我没敢去打扰。不一会，听到一群人和恩来同志走进来，我听到一个熟悉的声音问道："谁在这间屋住着呢？倒会享福呀。"我赶忙跑了出来，向恩来同志问候，他倒开玩笑说：这可不像绣楼暖阁呀。我只好说，大家都住得很挤，这小屋闲着也没用处。大家说笑着走到草坪上，走近南边的假山。他在察看这所房子哩。他边看边问，"管家馆长"祝华告诉他，这幢房子是花了不少金条"顶租"来的。他不无感慨——国民党的大小官员回到上海，明火执仗劫收，可一般人租间房子多么不易！他还问起在场的同志，从各地回来的朋友生活安排得如何？我忍不住告诉恩来同志，有一位朋友回到上海不仅找不到工作，而且没有住处，生活无着，前几天我送去两床棉被和一点钱，他已经到张家口去了。恩来同志两眉深锁，沉默了。我真后悔为什么在他能休息一会儿的时刻把这样不愉快的事情说出来。这时，大伙嬉笑起来，说假山边还有一股喷泉哩，这片绿草几乎四季常青，大家多么希望能给恩来同志在紧张工作之余带来一些清新和宁静！

恩来同志每次到上海，总是住上三五天就走。他对工作一点也不放松，哪能有片刻休息！他到达的当天晚上，就听取在上海工作的，连同南方各地来上海等待他的同志汇报，布置工作，第二天清晨开始会客。当时，在上海有民主党派的朋友，各界的进步人士，从重庆及各地回到上海的，以及原来坚持在上海地下工作的同志，他们都盼望能见到恩来同志一面。恩来同志从早到晚，丝毫不现一点倦容，总是向这些朋友宣传我党坚持和平、民主、团结、统一的主张。他也非常关心文化文艺界朋友们的情况。说来也够使人伤心的，好容易熬过八年战争的岁月，经过千辛万苦才回到上海，许多人却找不到职业，没有住处，甚至连吃饭都有困难。曾几何时，"八一五"那一阵狂欢的日子已烟消云散。偌大的上海，仍是十里洋场。朋友们已经感到失望、彷徨。恩来同志每次到上海，都要找文艺界的老朋友来马思南路谈话，鼓舞他们，希望他们在上海能立住脚跟，要和蒋介石继续斗下去，要斗出一个新中国来。那时，他那昂扬的意气，使朋友们的热血又沸腾起来，从头再开始，从新建立革命所需要的"根据地"。在一段短时间内，我们的工作又一点一滴开展起来了。这也是为以后解放上海打下基础啊。他那样繁忙，很少休息，有时偶尔在草坪上散步，脑子还在挂念着一些非常细致的事。有一次，他突然对我说："麒麟童（即周信芳）抗战时期坚持在上海工作，敢与日寇斗争，你应该去拜望采访。上海的绍兴戏（即越剧）很有群众基础，袁雪芬这些姐妹们也应该去结识。上海是个大码头，眼光应该放大啊！有一分钟的时间就应该做一分钟的工作。"我深感惭愧，而内心的激动却难以抑制：恩来同志，您每一个细胞都在为革命事业而跳跃着啊！

蒋介石依仗着美国的枪支、弹药、粮草，气焰十分嚣张，八九月间几乎在全国打起内战来，战火蔓延到山东以及大江南北。国民党加紧敲起了召开伪国大的锣鼓，根本无视各民主党派和全国人民休养生息、重建家园的愿望。国共合作难以继续。上海市面一片混乱，物价飞涨，人心惶惶。这时，恩来同志又来到上海。他刚从黄河岸边视察归来，风尘仆仆，没顾上休息，就把住在马思南路的同志们召集一起，以最简洁的语言向大家报告内战的紧张形势，要大家提高警惕，尽可能地更广泛发动群众，揭露蒋介石的内战阴谋，使广大人民群众在更困难的情况下，坚持斗争。恩来同志和大家一起商议要召开一次各界人士座谈会，报告形势，动员群众。他要求，这次招待会人可以多些，各界朋友愿意来的都可以邀请，这样特务的盯梢也就很难起什么作用了。

夏日的上海，天气炎热。吃过午饭，我们把能用的桌子、椅子都搬到一楼客厅里，准备好几壶茶水，等待着朋友们。两点还未到，许多朋友就陆续来到"周公馆"，那些盯梢的"狗"也在门前树下窥探。开始，我们还能招呼自己熟悉的朋友，过一会儿，人群已挤满客厅，熙熙攘攘，好不热闹。人们都在热烈地谈论着周先生今天要和大家谈什么。恩来同志还像平常一样潇洒自若，他首先向大家问好，又说没有什么惊人的新闻，只想和朋友们见见面，离开重庆以后还是第一次和这么多朋友会面啦。许多朋友我们并没有邀请，特别是各报记者，他们辗转听到消息就闻风而来了。

恩来同志和大家随便闲谈，问了大家的生活情况和国内形势见闻。当时大家都对国事忧心忡忡，倒不大想到个人的生活与安危了。接着，恩来同志娓娓地对大家分析国内形势，特别谈到全面内战势在必打。蒋介石靠着美国人的援助，要孤注一掷。我们党始终为中国的和平、民主、独立、统一而奋斗。与国民党谈判已经做到仁至义尽。这并不是我们害怕，谁要发动内战，我们奉陪到底。最使人难忘的是，他在回答大家的提问时说道："我们一定要回来的，我们一定会在上海再见的。时间嘛，快则一二年，迟则三五载，这就要看我们大家的努力啦。"在场的朋友们高兴得瞪着眼，甚至热泪盈眶。恩来同志的脸上充满了无比的坚定和自信。其实人们心里早已明白，国民党的根已经霉烂了。但是，这样快人民就能取得胜利吗？有些人心里也是半信半疑的。而当大家听了恩来同志这样鼓舞人心的谈话后，都信心倍增，对眼前那些虎狼之辈的威胁，又何足道！在这危难的关头，人们是满怀信心地离开马思南路的。这座小小的"周公馆"，由于恩来同志的存在和他的豪言壮语而震惊了整个上海，摇撼了长江两岸。

1946年7、8、9三个月，空气闷热得使人窒息。天上乌云密布，暴风雨即将来临，人民都在准备着迎接一场大风暴。马思南路的门前仍是那样平静，大铁门还是紧闭着。但在我们这幢小小的房子里，却是日夜紧张着。当时，长住的工作人员日渐减少，而匆匆过往的同志仍然不少。我们有责任保护每个路过的同志的安全，接送每一个同志都是紧张的战斗，有时，要走10倍的路程，不让那些盯梢的特务知道曾有人出入过107号大门。那时，和谈破裂已成定局。住在这里的同志都已经准备撤离上海。我们对这座虽只住过一年多的房子却是那样的依依难舍。当然，我们坚信还要回来的。

日夜在这里辛勤工作的是龚澎领导的对外宣传部门，他们日以继夜地把蒋介石破坏和平的真相以及我党一贯的主张，及时迅速地通过驻在中国的各国新闻机构传播到全世界人民当中。他们在这里工作到最后一分钟，然后撤离到香港。而有些同志则要留在上海，继续组织人民群众与

1946年张颖在上海

蒋介石做斗争。

南下到两湖、两广，东进去江、浙的同志也逐渐离开马思南路，走向新的战场。不管那时上海环境多么险恶，我们的工作仍然昼夜紧张。恩来同志、董老、邓大姐和我们在一起，还有什么不可克服的困难呢？恩来同志那气壮山河的话深深刻在我们每个人的心坎里：别看蒋介石现在像头饿虎那样凶猛，但长不了。少则一二年，迟不过三五载，我们就要打回来。我们一定要在南京、上海再见的。我们每个人都有长期斗争的意志，每个人都抱着必要时做出牺牲的决心，但我们更加坚信，胜利的曙光已经在望了。

1947年3月5日，在国民党军、警、特全副武装包围胁迫下，所有同志和正在上海的董必武同志，经过董老的严正交涉与对国民党的警告，终于告别了这所"周公馆"。这标志着国共合作全面破裂，全面内战已白热化了。但何须三年五载，仅仅两年之后，我们就回来了！上海，又是人民的上海了。

中国革命战争经过多少狂风暴雨。周恩来同志在无数次紧要关头总是和同志们在一起，和人民群众在一起。他那从容不迫的大无畏精神，以及卓越的胆识，总能给同志们以巨大的支持力量。而和周恩来同志一样的无数革命先辈们，也同样在长期残酷的斗争中，给我们留下了极宝贵的精神财富，使我们在今后长期艰巨的社会主义建设中得到教益。一间小窑洞，一间小房子，无须耗费人民的钱财去建成什么高楼大厦，只希望保存它，人民就可以从那里得到无限欣慰和力量。

董必武、周恩来托起国统区一片天

70 年对人生来说不算短暂，有些人和事回想起来却那样清晰、历历在眼前。

1939年5月，王明、博古、董必武、林伯渠等同志从延安去重庆参加国民党政府召开的国民参政会。他们带领了一群年轻人，从延安到重庆八路军办事处工作。我是其中的一员，时年17岁的丫头片子。虽然当时我已经去延安学习了一年多，但从来没有见过这么多领导人。当年延安很受尊敬的老革命"五老"——林伯渠、董必武、吴玉章、谢觉哉、徐特立，我一个也未曾见过面，这次机缘巧合，能随林、董二老同车去重庆，真是惊喜万分。我们从延安出发时共有三大卡车的人，挤得满满的，我却一个都不认识。车停第一站时，我看见有两位岁数大些的人从驾驶室下来，十分惊奇，这么大岁数了还和我们一起坐卡车，一路颠簸，据说要走十来天哩。但见他们精神健旺，谈笑风生。我们才听说这就是董老和林老。一路上他们经常和我们这批年轻人说说笑笑，问到我们的家庭和到延安后的情况，记住了我们的名字。董老特别对我说，不要叫小广东了，因为你要长大的，那就不好改正了，就叫名字吧。老人家真的记住了我们四个女同志的名字。

到了重庆红岩村八路军办事处后，董老他们都住在二楼，我在三楼机要科工作，除了给领导同志送电报，很少见到董老，有时早晨或傍晚在室外散步偶然也会见到，他总是关心地问长问短，使我们倍感亲切。

当时，周恩来同志因为手臂受伤到莫斯科治疗，直到1940年才回到重庆工作，这期间到重庆开参政会的一些领导人，如王明、博古、林老等人陆续返回延安了，只有董老继续留在重庆，和周恩来、邓颖超同志共同负责中央南方局的工作。恩来同志不在重庆期间，由董老负责南方局全面工作。

1939年秋天，我调到曾家岩50号周公馆，在文委工作，那时董老也住到曾家岩，主管统战部门军事、党派等方面的工作。我们同住一个屋檐下，吃饭都在一起，见面的机会就多了，好像真是一家人似的。这位前辈把我们当子女般看待，十分关怀。他还是我们的党支部书记，我们还同在一个党小组。有些往事虽然已经60多年了，我始终没有淡忘。

董老的生活作风与恩来同志相似。当年住在曾家岩50号的女同志不多，单身的有四个人：刘昂、龚彬、卢瑾和我。卢瑾在妇女组工作，她很想学英文，本来龚彬英文特别好，可以教她，但因为大家工作都很忙，不容易把时间凑到一齐，所以卢瑾的学习进步很慢，时常感到苦恼又无奈。这件事董老知道了，有一天他找到卢瑾说，你要学英文没有老师是吗？我来教你好不好？但你一定要好好学习，要有恒心，天天读，否则就很难进步。我的英文虽然不算好，但给你当老师还是可以的。卢瑾

张颖去延安前一年即14岁时摄于广州

听董老这么说，感动得差点哭出来。她立刻把这消息告诉我，说董老这么忙又年事已高，还为我这点小事操心。她呜呜地哭了出来。我安慰她说，既然这样，你还真得好好认真学习，不要让董老失望才是。卢瑾买了英语课本，还有练习本等，开始学习英文。董老非常认真，每周一次清晨早饭前给卢瑾上课，持续了相当一段时间。后来时局变化，董老工作太忙才暂时停止。

　　重庆的冬天有时下雨又有雾，相当寒冷。屋里不生火，我们坐在办公室都穿上旧的军棉袄，腿脚常常感到冷。我记得一年秋天，我和卢瑾商量，董老年事已高，一定比我们感到冷。卢瑾非常感谢董老对她那么好，教她学英文，无以为报。她建议给董老织一件毛衣，以表心意，我非常赞成。但我看见董老已经有毛衣了，就建议打一条毛裤。因为老年人腿脚会更感到冷。她很赞成。可是我俩没有钱买毛线。几位女同志听到这件事，一齐说大家凑钱买毛线吧。我们几个凑足了钱，把毛线买了回来。可是谁会打毛裤呢？在曾家岩女同志中我年纪虽小，但手工活还算好的，大家都说让我来打。我当然很乐意。可是我只会打毛衣，那还是在延安学会的，毛裤没有打过，而且男同志的毛裤和女同志的又不一样。大家你一言我一语，最终我还是勇敢地承担下来。我和卢瑾立刻缠毛线，预备开工了。在宿舍里我坐在床上织毛裤，一开始就遇到了麻烦，腰围应该起多少针呢？这件事我们是瞒着董老的，好给他一个惊喜，所以也不好去量他的腰围。我估算着过去打毛衣，男同志起针一般要200针左右，董老身材高大，看来也比较胖，于是我估计需要起280针，又考虑大点比小点好，就又改成300针。就这样，每天晚上我尽量早点回到宿舍开工，希望在冬天到来时，董老能穿上毛裤，可以暖暖和和地过冬。

　　当时打条毛裤对我来说真不是件容易的事。打到该分腿时，裤裆该怎么加针减针，臀部又该多大？真使我犯愁。我想起住在曾家岩的徐克立曾为陈家康打过毛裤，又不好意思向他借，于是卢瑾出面把毛裤借来一看，家康身材矮小，不能与董老相比。我们就商量着加针，反正大点比小了好。那时候我们连尺子都没有，大或小就用眼来看。经过两个多月的努力，我终于打成了一条毛裤。我和卢瑾高高兴兴捧着毛裤跑到董老的住房（兼办公室）说，我们为董老打了一条毛裤，天气冷了，希望给董老防寒。董老慈祥的面孔显得很高兴，说感谢我们的细心关怀，又问哪来的钱买毛线呢？他从抽屉里拿出一些法币给我们。那时候，我们每月发1.5元零花钱，董老也不例外，我们只好接了。我们请董老试试毛裤大小是否合适，如不合适可以再改改，我们都没有经验。董老指着我问，是你打的，是吗？我知道你的手工巧。我们不好意思地转身跑了。

第二天早饭后，董老把卢瑾和我叫到他的房里，拿出那条毛裤，笑着对我说，你们怎么把我当成大胖子了，这条裤子又肥又大没法穿，还得请你改一下。他拿出一条又破又旧的棉线内裤给我看，让我照这条旧裤子尺寸改就行。董老笑着说，你们是姑娘，哪会给男同志做衣服呢？我喃喃地说，在延安时我们为前线士兵做过棉军服哩，还做过军鞋。董老说，那都是一样大小，一个号码的呀。我们又笑起来，把毛裤拿走了。我们拆了又赶紧织好。当年冬天董老还是穿上了那条毛裤。

1940年，国民党右派掀起第二次反共高潮，在重庆中央南方局工作的所有同志都处于非常紧张的状态。就在这样危急时刻，在我们内部发生了一件前所未有的事件：南方局军事组一个相当负责的干部，突然失踪了。怎样失踪的呢，被特务突袭抓了？于是通过多种渠道打探，毫无消息。经过大家仔细讨论研究，这个干部由于对某件事不满意逃跑了。分析结果认为，他还不会投奔到特务机关做叛徒。那时南方局

1940年周恩来和董必武在红岩村

领导人多已撤回延安，只有周恩来、邓颖超和董老。他们焦急万分，于是和当时军事组其他同志做详尽细微分析，认为这个干部曾经在冯玉祥将军麾下做参谋，估计很可能在冯将军府或他的部下处。怎么办？恩来同志不便亲自去找冯玉祥，只好请董老出面去拜访。果然，这个干部躲到冯玉祥处。董老亲自向冯玉祥说明情况，并与那个干部谈话，晓以大义，做细致的思想工作，把那个干部劝回到办事处，内部来解决。最后经过党小组开会做思想工作，把他送返延安才暂时了结。

在1941年那段黑暗年代，工作极为紧张，又处在非常危险的境地，是董老、邓颖超协助恩来同志共同托起国统区那片天，使国统区始终能够看到红岩嘴山上那颗不灭的红星。

在曾家岩的那段日子，董老和我们在同一支部过党的生活。那时候工作非常忙碌，但董老总是非常认真地参加每次党小组活动。1943年延安已发起轰轰烈烈的整风运动，但在国民党统治区，由于白色恐怖的环境，当然不能和延安一样，但我们还是非常认真地学习、讨论"整顿三风"的文件，每个人要做自我检查，总结个人思想，接受互相批评。董老几乎每次都来参加，我们都非常感动。他还非常认真地给大家提意见。我记得有一次他批评陈家康，说他把许多时间都用在读"线装书"上，有时工作不负责，又批评过乔冠华傲气十足，不听取别人的意见，如果不改，将来吃亏的是自己。他们二人都是嘻嘻哈哈地搪塞过去。

董老对人对事都十分认真，一丝不苟。董老对我也有批评，但往往是在会后，他是怕我受不住当面批评才采取会后批评我的方式。他说我年轻努力工作不错，但就是娇气，尤其是爱哭的毛病一定要改。"你是从小被父母娇惯坏了吧？"我一听忽然鼻子一酸说，不是的，我父母都死了。我的眼泪真的要掉下来了，我强忍住。董老很不忍看到我这副样子，他强笑着说，不要哭，大家都给你起外号林黛玉了，以后不许这样了。你是革命者，怎么还能那样脆弱好哭呀。在整风时，我还认真做过书面检讨，批评我的娇、骄二气，决心改正。几十年过去了，我始终忘不掉这件事，这是董老对我们晚辈的教育和良苦用心。

1945年，反法西斯战争胜利后，重庆八路军办事处的一些工作人员迁到南京工作。大约是1946年5月，董老率领部分工作人员乘坐美军的飞机到南京，同机的有钱之光、陈家康、钱瑛等同志，还有我和一批年轻人。那天重庆的天气不错，早上8点多钟我们就到了白石仪军用机场，同机还有美军观察组的几个美国军人。我们到了机场，不到9时飞机即发动预备远行，但在空中转了一圈就降落了。机长说机器出了故障，需要进行小修理，让我们就坐在机内等候。大约过了几十分钟，机长说修好了可以起飞了，于是又发动升空。飞机在空中转了两圈又降落了，机长说机器没有完全修好还得再修。这次让我们下机休息等候。这时已经10点多了。又修了一个小时，叫我们上飞机，说这次应该没有问题了。于是，我们三十多人又上了飞机，再次起飞。但这次飞机没有转圈就又下降了，还得再修。这样连续三次起飞又降落，到底是什么原因？董老警醒起来，他对陈家康说，我们不能忘记刚刚过去的"四八"烈士飞机遇难，我们领导人牺牲惨重，国民党会不会趁机搞鬼呀。他让家康与机长谈话。同机的美军人也很恼火，和机组人员吵了起来：飞机不维修好怎么可以飞呢？你们的地勤人员怎么这样无能。看来美国人也不愿无辜死掉。陈家康也去找机长说：现在已到中午了，飞机三起三落，到底是怎么搞的。今天我们不走了，过几天我再与你们商量吧。随后红岩八路军办事处的人坐车回家了。

　　当天董老召集我们同机的一些同志开会，董老说，我们现在当然不能说"四八"空难是有人搞鬼，但这是惨痛的经验教训。这次我们也不能不防国民党特务搞破坏。机组和地勤不是统一领导，很难预料地勤人员不被特务掌握。大家议论了一个方案：每次飞机上不能只载共产党的人员，而要国共两党人员共同乘坐。当时有许多国民党官员要复员到南京。这件事就请钱之光与国民党有关方面商议。

　　国民党方面没有理由拒绝我们的要求。几天后，我们三十几人分成两次与国民党官员一起飞南京，我是首批跟随董老、钱之光等同志飞南京，没过几天其他同志也都到了。

　　到了南京以后，章汉夫到上海筹办上海《新华日报》，我也分配到上海新华日报社。即随汉夫同志到上海，而董老则在南京梅园新村住下了。他和恩来同志、邓大姐同住梅园，又共同与国民党继续斗争。到1947年国共合作全面破裂，恩来同志和代表团撤回延安，而董老一直坚持到国民党下驱逐令的最后时刻。

董老的夫人何莲芝同志，也是一位经过长征的老革命。1940年她带着大儿子滋生住在重庆八路军办事处，我曾和她相处过一段时间。听说她在长征途中是一位出色的红军战士，神枪手，能打仗能吃苦。她为人非常和善，和有些"首长夫人"很不一样。在重庆那段时间，她没有工作，只是带着孩子。随后红岩嘴办起了内部托儿所，她就带着孩子在托儿所工作了。有时候，她带着滋生到曾家岩50号来住一阵，那时滋生只有两三岁吧，很淘气，有时会跑到我们办公室来捣乱。董老两口子很严格地管教孩子，他不听话，何莲芝大姐又把他带回红岩村了。那时我们在重庆的生活是很艰苦的，衣服被褥都是供给的，有时会不够用，何大姐一边带孩子工作，还常常手里拿着针线活。我记得她经常拿针线纳鞋底做鞋，不仅给孩子做，给她自己做，还给董老做。她做的布鞋看上去又结实又舒服，董老穿上何大姐做的鞋很有些得意，还向我们说，你们看我老伴什么都能干，你们这些年轻女孩子什么都不会，当然你们还会干革命工作啰。

皖南事变以后，重庆环境恶劣，何大姐带着孩子回到延安，那时候延安被国民党胡宗南军队包围，生活更加困难，于是掀起大生产运动，人人都亲自动手搞生产，何大姐成为大生产的劳动模范。她在延安开荒种地，种了不少南瓜、西红柿，还有土豆。我听说何大姐生产的产品足够她全家的食用，不领取公家的任何东西。

1945年．董老从重庆回延安参加党的第七次代表大会，我正好回延安参加整风学习，我和重庆回来的同志曾经到王家坪（也许靠近杨家岭，记不太清楚了）董老他们家的窑洞探望。当时何大姐已经有了三个孩子。她神采飞扬，满脸笑容地接待我们，拿出她生产的南瓜、土豆，还有西红柿来招待我们。我们又说又笑又大吃，十分高兴。临走时何大姐还给每个人的衣袋里装上几个粉红色的大西红柿（粉红色的西红柿个特别大，又好吃）。董老和何莲芝大姐这对

1946年11月，周恩来、邓颖超、李维汉撤离南京前与仍留守的董必武合影

革命的老前辈、老夫妻互敬互爱，在我们心目中始终是敬仰的楷模。

　　1946年，我又随着董老到南京，董老住在南京梅园新村，和周恩来、邓颖超等同志领导南京中央分局的工作。他和恩来同志一样，时常到上海去与多方人士接触。当时在上海马思南路107号住的主要是外事组，龚澎、乔冠华，还有陈家康等人，还有一些常来往的路过上海到各解放区的人员。董老到上海，和恩来同志轮流住一间房子。有时他找大家开个会，听听汇报，谈谈形势。我因为在文委工作，也住在马思南路，能时常见到董老忙碌的身影。到1946年冬，恩来同志和谈判代表团的主要成员撤返延安，从这以后，中央南京局就靠董老大力支撑了。这时我调到南京新华分社工作，又得到董老的领导和帮助。那段时间国统区在四川发生了抢米风波，在上海发生国民党人的黄金大贪污案，在南京爆发南京大学生反饥饿大游行，我是新华社记者，都写了详细消息或特别报道。当时新华分社社长是梅益同志，但我写的稿子董老也常常要看，有时我把稿子送去，就坐在董老房间等候，他总是很详细地阅读修改，连标点符号都不放过，还常常笑着对我说，长大了还是那样粗心大意。

1947年3月，国民党下令全部在国统区的共产党机构，包括南京梅园新村办事处、上海马思南路周公馆、重庆《新华日报》等，都限时撤走。那时董老非常忙碌，要处理重庆撤退的重要事情，又要奔赴上海，与各界朋友沟通并辞行，回到南京是安排撤退，董老不顾年高劳累不已，一直坚持到3月7日我们全体人员，王炳南、钱之光、章文晋等20多人，在南京最后被国民党宪兵押送到机场，返回延安。

　　解放后，董老在北京担负国家领导人的职务，曾住在六部口附近的一所四合院中。我们曾去拜望，他和何莲芝大姐，还有孩子们住在一起。他们的生活一如既往，仍是简单朴素，只在客厅里多了一套沙发而已。他们为革命事业奉献终生，却不求任何回报，更没有享受，始终廉洁奉公，这就是我们老一辈无产阶级革命家的风范。

　　现在回忆红岩村的往事，虽然已经过去60多年，还非常清晰、历历在目。我父母早亡，15岁奔赴延安参加了八路军、共产党，这就是我的家。受到革命前辈的呵护和教导，我学会了做人做事。这个革命的大家庭在我一生中留下永远难忘的记忆：我们来自五湖四海，但革命的理想和事业把我们凝集在一起，同志之间的感情比父母兄弟姐妹的亲情还要亲，这才真真实实是个和谐的，每个人都无私奉献、关爱别人胜于关爱自己的大家庭，到今天我们大家不都还在为此向往吗？

雾重庆的文艺斗争

乌云滚滚、恶浪翻腾的1976年1月8日晚，我回到了祖国的首都北京，在机场就听到我们敬爱的周恩来总理因病去世的消息。真像晴天霹雳！难道是真的吗？周总理和我们永别了?!

那几天的清晨和傍晚，我多少次徘徊在天安门前，人民英雄纪念碑下。伟大的祖国人民啊，就像流不尽的长河，默默地流向纪念碑旁，手上的小白花已筑成一道道白色的花墙。老太太带着儿子和孙女儿，一家都在哭泣，低声地喊着总理呀我们的好总理。我的眼泪和千百万人民的泪水已凝成冰块，留在纪念碑上。

夜晚，收音机里不断播送着全世界人民对我们敬爱的周总理深切悼念的声音。播音员的朗诵充满着深情，怎能使人不悲伤！但是，中国人民的声音呢？为什么听不到中国人民的声音？在天安门前，在人民英雄的纪念碑下，在亿万人民的心里……多少往事涌上心头，记忆的长河，在那些难寐的夜晚，奔流而过……

一

1937年7月，日本帝国主义向中国发动全面侵略进攻，抗日战争的烽火弥漫全中国。我像当时许多青年学生一样，满腔热情从祖

1940年张颖从延安到重庆不久的留影

国的最南方投奔到革命圣地——延安。那时我仅是个15岁的女孩子。1939年夏初，领导突然告诉我，给我分派了新的工作，叫我立刻去杨家岭集合。我一口气跑到了集合处，是山下一列平房，已经有不少男女同志在那里热烈地谈话。不一会儿，一位领导同志随着朗的笑声走进来，同志们向他涌过去。我还不知道他就是周恩来副主席哩。一会儿他走近我，笑着问道：你是小广东吧？要把你调到蒋管区工作，怎么样？那时我心里真难过，委屈得要哭了。"我是从国民党地区来的，我要去前方打仗抗日。"我太幼稚了，引得恩来同志哈哈大笑起来，说：哪里都有工作，哪里都是抗日，你慢慢就会懂得的。于是，1939年7月，我调到重庆第十八集团军（包括八路军和新四军各部队）办事处。不久，我开始在恩来同志领导下做一些文化界的统一战线工作。

　　1938年以后的几年，抗日战争进入了毛主席在《论持久战》中所说的相持阶段。日本帝国主义对我国进行疯狂侵略。虽说当时是国共合作共同抗日时期，但国民党中大地主、大买办阶级的代表汪精卫一伙，已经投降日本帝国主义，还没有投降的另一部分以蒋介石为首的国民党政府也节节败退，半壁河山都快守不住了，退到了四川重庆。蒋介石政府虽还没有公开投敌，却和日、汪勾勾搭搭，明说抗日，实则反共。他们要勾结日本帝国主义，消灭坚持抗日的共产党和人民子弟兵。

　　那时，周恩来同志是中国共产党与国民党进行谈判的首席代表，长期在重庆，还领导党的南方局、第十八集团军驻重庆办事处和我们党在蒋管区办的机关报《新华日报》，工作极为繁重。面临民族危急关头，在国民党军警特务重重包围和控制下，恩来同志力挽狂澜，以大无畏精神，机智从容、坚定不移，又信心百倍地坚决贯彻毛主席"坚持抗战，反对投降，坚持团结，反对分裂，坚持进步，反对倒退"的正确路线，同时，在党内严厉批判了王明右倾投降主义路线。恩来同志曾亲自写文章批判王明"一切通过统一战线"的谬论，坚持独立自主的方针，并反复对所有同志进行教育，肃清右倾投降主义思想流毒，团结所有同志进行战斗。在国民党三次反共高潮中，顽强地进行针锋相对的斗争。在国民党顽固派严密控制下，恩来同志指示我们，当前最重要的任务是大力揭发国民党顽固派的投降阴谋，为了做到这一点，就必须大力宣传我党坚持抗日团结进步的方针，宣传毛泽东思想，动员最广大的人民群众参加到抗日团结进步的行列中来。要与蒋管区的各政治党派以及文化艺术、教育、工商、青年、妇女等各界人士进行广泛的统一战线工作，团结一切可以团结的力量，最大限度地打击日本侵略者，孤立国民党顽固派。

在那极度繁忙紧张的几年里，恩来同志对蒋管区的文艺统一战线工作、对文艺界朋友的思想改造工作极为关心。多少年来，恩来同志对文艺的各种形式都由衷地喜爱；他一直把文艺看成战胜敌人的有力武器。所以即使在最紧张繁忙的斗争中，他也总是把文艺作为党的事业的一部分，加以领导，加以应用，发挥文艺的积极作用，并对文艺工作者真诚爱护、关怀和耐心教育。当时，重庆文艺界人士大多数有抗日救国的思想，但对国民党明着抗日、暗里反共，有些人还认识不清。对国民党腐败无能，他们感到强烈不满，对毛主席共产党领导的解放区、八路军又不太了解，因此对抗战前途觉得渺茫，感到徘徊、苦恼，找不到出路。恩来同志具体分析研究了文艺界的情况，决定把这些朋友争取过来，要做细致的工作，关键是使他们了解我们党抗日团结进步的方针，宣传八路军、解放区，揭露国民党。《新华日报》当然是最好的工具，但在国民党严厉控制下，老百姓订购《新华日报》有"罪"，阅读《新华日报》有"罪"。恩来同志指示，在国民党猖狂反共的情况下，必须把合法斗争与非法斗争结合起来。因此，我们为文艺界朋友通过种种渠道传递报刊和解放区出版的书籍，还有表面经过伪装的毛泽东著作，使群众逐渐了解情况，不断改变看法。恩来同志还特别强调要在文艺界中广泛结交朋友，交朋友就可以沟通思想，互相帮助，逐渐深交，就可以团结为一支强大的力量，就能团结一致，共同对敌。

由于战争的原因，重庆的电影生产已很困难，所以不少导演、编剧、演员都逐渐转到演话剧上来。恩来同志根据当时的具体情况，认为应该利用国民党控制的文化机构团体，通过对剧作家、导演、演员做工作，把话剧这一武器夺过来，为我所用。当时，在恩来同志领导和激励下，在文艺界、戏剧界中，我们结识了不少朋友。恩来同志对这批朋友非常关心，只要他们提出想见见恩来同志，他在极端繁忙中都要抽出时间见他们，并且根据每个人的具体情况，他们的专业、年龄、爱好等，分别和他们交谈，每次见面都做非常细致的思想工作，对这些朋友讲解国际国内政治形势、国共两党以及抗日战争的形势、八路军解放区的情况，对朋友们提出的问题，有问必答，务必使朋友明白，同时又非常耐心地倾听朋友们谈到的多方面情况，做深入细致的调查研究。多少次难忘的夜晚，恩来同志与文艺界朋友的谈话，从晚8点直至次日清晨。朋友们每次和恩来同志详谈后，都心情激动，受到很大的启发和鼓舞，以后多少天都要彼此交谈，领会恩来同志谈话内容。逐渐，他们思想清楚了，斗争目标明确了，也看到光明的前途，充满信心。

恩来同志当时在重庆的住处曾家岩50号，成了蒋管区中要求抗日进步的各界朋友的活动据点。朋友们后来把曾家岩50号看作领导和传播革命的地方。他们把来到这里见到恩来同志看作光荣，是他们进步的标志。他们到这里受了启发，得到帮助，增加了斗争勇气。而当时到曾家岩50号是要冒着坐牢甚至杀头的危险的。

时间一天天过去，我们的朋友一天天多起来，这种难得的见面使同志们感到不满足了，自然地就采用了别的办法。那时，一些青年演员、进步的音乐爱好者、青年美术家，他们自己分别组成不固定的学习小组，不定期集会在一起。事先，我们把伪装过封面的毛主席的著作或《新华日报》刊登的主要文章送给他们传阅，到时候他们在一起交换意见，有时也讨论形势，研究各自在工作中遇到的问题和困难。恩来同志对青年朋友们自觉组合、要求进步的活动非常关心，非常支持。有一次，我们准备学习毛泽东的《新民主主义论》，恩来同志知道后很高兴，并让我约这几位朋友到红岩村来，因为红岩村比起曾家岩50号来既隐蔽又安静。恩来同志想得多么周到啊。

记得那是1942年初秋，一个炎热的下午，朋友们一个个来到红岩村八路军办事处。他们都是第一次来到这里，大家心情很激动。他们都说，这可是到了解放区啦！我和他们在一间小会客室里一起阅读和议论。在那样的环境下，他们说，能够有这样的地方来学习《新民主主义论》真是莫大的幸福啊！

重庆的初秋，酷热非常，太阳刚落，朋友们离开房子，散步到小山谷的尽头，那儿正是八路军办事处挖好的防空山洞，山边一条小溪水，小树林下堆着平整的碎石头。微风拂来些凉意，我们席地而坐，又兴奋地谈起来。突然，恩来同志沿着山边的小路走过来，随着朗朗的笑声向朋友们伸出手。大家高兴地紧紧握着他的手。恩来同志和大家一样，捡块石头坐下，问大家学习得怎样，提出了什么问题，然后和大家亲切交谈。最后，他鼓励大家多阅读鲁迅的著作，从中可以吸取许多有用的东西，还要学习鲁迅的革命精神、硬骨头精神。恩来同志的话使朋友们像在云雾中渐渐看见了阳光，鼓起勇气去迎接战斗。那一天直到黄昏，恩来同志和朋友们一起散步，并把他们送到村边才告别。

那时候，毛主席《在延安文艺座谈会上的讲话》在重庆《新华日报》发表后，恩来同志特别重视组织文艺界朋友们学习。在曾家岩50号临着嘉陵江的小屋，住七星岗《新华日报》营业部的小楼上，朋友们常常聚会，学习讨论。恩来同志不管是偶然遇到或事先知道，哪怕是很繁忙，或者是在两次约会之间的几十分钟，他都要和大家一起学习，谈一谈，给大家鼓舞。恩来同志数十年如一日，对每个同志和朋友都那样关怀备至，那样诚恳亲切，和他在一起的时候，感到愉快，没有任何顾虑，什么话都可以谈，心中有什么疑难都想向他倾吐。伟大的领袖人物和凡是接触过的群众都能水乳相融，这真是永远永远使人们怀念啊。

二

皖南事变后，国民党顽固派不仅对我们党的公开机关和公开人员进行封锁监视、特务包围跟踪，同时对倾向进步的或与我们有来往接触的朋友，也进行种种迫害。在这种情况下，恩来同志根据毛主席尽量保全力量的指示，具体计划部署把部分受到注意的，有被迫害可能的文化界以及其他各界的朋友，做妥善安排和保护。根据周恩来同志的具体计划，大致有三种情况：一是已经暴露的党员或骨干，不能再在蒋管区留下去了，这批同志经过八路军办事处送回延安或去新四军，参加解放区的各项工作；二是留在重庆已不适宜，但以后还可能继续工作，就送往别的地方，有去西南或香港的，到新地区还可以开辟新的工作；三是那些尚可留在重庆，或是工作需要的，就还留下坚持战斗。这样的具体做法，不仅是保存进步力量，同时也是对国民党反动统治的抵制与控诉。这种有组织的撤退，在很短的时间内，使曾有过一点抗战气氛的重庆变成一座"死城"，一时间各种活动都停顿了。

那时候的重庆，乌云压顶，风暴将至，面临着国共合作全面破裂的严重危险，曾家岩50号被国民党特务重重封锁，但恩来同志、董老和邓大姐仍然住在这里，和同志们一起坚持战斗。那时工作人员已不到20人，由于情况危急，斗争复杂，面临国民党特务随时进行突然袭击，因此每夜都有同志轮流值班。恩来同志住在小天井旁的小屋里，他常常紧张工作，通夜不眠。我永远忘不了那一个深夜，我正在值勤，警惕着四周的情况，突然恩来同志走出房门来到我的身边，问道：环境很恶劣，面临着严峻考验，害怕吗？我立即回答说：不怕。有您和领导同志和我们在一起！恩来同志用深沉的眼光望着我说，临危不惧是每个共产党员应有的品质，但为什么不怕呢？是有毛主席领导的党，有党领导的几十万军队作为我们的后盾，还有全国进步人民对我们的支持啊！恩来同志就是这样时刻教育我们，鼓舞我们。是啊，在那困难的时刻，我们向往着延安，想着党，想着毛主席，我们就有无尽的战斗力啊！

1941年底太平洋战争爆发以后，国民党受到各方面的压力，第二次反共高潮的紧张空气渐渐缓和了，重庆的文艺又逐渐活了，特别是话剧演出比较活跃。

　　那时《新华日报》对于话剧演出活动的评介文章比较突出。这固然反映了那时候文艺活动的实际情况，也是恩来同志利用话剧作为击败国民党高压政策的突破口。恩来同志常说：话剧比较易于结合现实斗争，能直接和群众交流，而且观众又多是年轻人，影响比较大。所以，恩来同志在十分繁忙的工作中还常常买票到剧场看话剧演出。对评介话剧的文章也很关心和重视，经常教育我们编辑人员。他常说，戏剧演出需要通过评论文章才能吸引观众和教育观众，也能把观众的意见转达给艺术家，使他们得以改进。评论也是有力的战斗。评论工作者是艺术家和观众的好朋友。同时，他还谆谆教导我们，在重庆这样的具体环境下，和解放区不一样，我们评论的标准也应该有所不同。凡是描写反帝反封建这一大方向的，或者是揭露国民党黑暗统治的作品，都应给予鼓励。反之，若是宣扬卖国投降、汉奸特务的，一定要严肃批判，旗帜鲜明。有时在一天繁忙工作之后，恩来同志还把我们叫到他的房间，研究编辑计划，讨论具体选题。他常常向我们提出，某一文艺作品还不错，某一出戏为什么没有写评论。他那种不辞辛劳的革命精神和对党的每一项具体工作都高度负责的态度，使我们受到深刻的教育。

　　一天夜里，周恩来刚从外面归来，便把我叫去谈起一位剧作家新编的剧本。他说：听说你们对这个话剧有不同看法，拿剧本给我看看。我知道他已经看过演出了，但对一个文艺作品，他总是非常谨慎，考虑再三，特别是对朋友的作品。他常教育我们，既要批评帮助，又不能挫伤朋友的积极性，提出的意见得让朋友心服，又可以取得教益。不久，恩来同志找了我们几个人一起研究讨论这个剧本和演出，鼓励大家充分发表不同的看法，耐心听取大家的意见，然后说了几句：主题尚可取，也反映了作者向往进步的思想，那就应该肯定，缺点也可以提出来，供作者参考；并指定一个同志根据大家讨论的意见整理出文章，他还做了仔细的修改，才刊登出来。这位朋友看了心悦诚服，和我们更接近了。

当年《新华日报》副刊登载的戏剧评论文章是比较多的，虽然大多数文章不是专业评论家写的，但很受读者和文艺界朋友的欢迎。他们都想听听出自爱护的真诚意见。

重庆当时在国民党严密控制下，朋友们要演出反映现实斗争或现实题材的戏剧是极为困难的，因此在1941年至1942年间，朋友们为揭露国民党的反动黑暗统治，表达出人民的一些心里话，曾创作演出了一些历史题材的话剧，歌颂历史上的民族英雄，歌颂人民的反抗斗争，在提高蒋管区人民的爱国思想、反抗精神方面还是起了积极作用的。郭沫若在这期间写了不少历史题材的戏剧，《棠棣之花》《虎符》等受到大家的欢迎，特别是《屈原》的演出轰动一时，在广大人民群众中引起了极大反响，在政治上也起了很好的积极作用。郭沫若以诗人的充沛感情，满腔义愤，借古讽今，给国民党反动派有力的抨击。

恩来同志和郭沫若长期以来是战友，也是好朋友。周恩来对郭老不仅在政治上、生活上十分关怀，对他的创作也是十分尊重、喜爱和关切。在重庆时期，郭老每写出一个新剧本，都要亲自念给恩来同志听。恩来同志还仔细阅读，经常提出中肯的意见，供郭老参考修改。对于演出《屈原》这个戏，恩来同志更是给予极大的支持和具体关怀。

当时在重庆是否演出《屈原》这个戏也曾有过争论。有人说剧本不符合历史真实，并提出了应如何评价屈原这个历史人物，以及对别的历史人物的评价等问题。恩来同志非常认真，反复阅读了剧本，又和专家们一起详细研究讨论。在大家充分发表意见后，恩来同志说，是否肯定这个戏不仅是艺术创作问题，更重要的是政治斗争。一个马克思主义者对于历史，应该从阶级斗争的观点出发，同时也应该是历史唯物主义的。但历史剧的创作，只要在大的方面符合历史真实，至于对某些非主要人物，作者根据自己的看法来评价是允许的。恩来同志的这番话不就是毛主席所说的"古为今用"和历史辩证法的具体运用吗？我正想着，恩来同志突然指着我问：怎么不说话？你的意见呢？于是我冲口而出："没意见，同意您说的。"恩来同志有点生气了，这是我从来没看见过的。他认真地说了我一顿：一个共产党员怎么可以没有意见呢？遇到问题你不思考吗？不懂的应该先学习准备嘛。我不喜欢你们一来就同意我的意见，那还要讨论做什么呢。你要学着提出不同的意见，甚至相反的意见。恩来同志停顿了一下，他也许意识到我还不能领会哩，又很和蔼地说：青年人应该善于思考，应该有自己的见解，还要敢于提出自己的看法，这是很重要的锻炼。只同意别人的话，你就会变成懒汉了。再说呢，领导者要善于听取各种不同意见，这样才能受到启发，才能全面看问题。领导人都那样聪明？都正确？好的领导是善于总结广大干部和群众的正确意见的。这就是我们党的优良作风嘛。恩来同志的这番话既是对我的关怀教育，恐怕也是有感而发，给我极大的启发，给我留下终生难忘的印象。慢慢地我就养成了习惯，遇到问题我都先考虑意见，不管正面反面的，甚至和恩来同志的意见完全相反的，他从不责备我，还表示高兴。

　　恩来同志还曾经到剧场看过几次《屈原》的排练，对《雷电颂》很欣赏。他曾笑着对一位同志说，屈原并没有写过这样的诗词，也不可能写得出来，这是郭老借着屈原的口说出自己心中的怨愤，也表达了蒋管区广大人民的愤恨之情，是向国民党压迫人民的控诉，好得很！恩来同志为了使这段戏充满更强烈的时代感情和政治效果，让我把两位主要演员请到红岩村，让他们念《雷电颂》给他听，反

《屈原》剧组人员在舞台上留影

复念了好几次，然后对演员说：注意台词的音节和艺术效果固然重要，但尤其重要的是充分理解郭老的思想感情，要正确表达，这是郭老说给国民党反动派听的，也是广大人民的心声，可以预计在剧场中一定会引起观众极大的共鸣。这就是斗争，我们的艺术必须为当前政治服务！《屈原》的演出，引起了极大的反响，恩来同志十分高兴，让我到剧场去多买几张票，让红岩村和曾家岩50号的同志都轮流去看，通过看戏了解人民的斗争。他还召集大家开座谈会，讨论这个戏的政治意义，组织文章大力宣传这个戏演出的成功和意义。

三

在重庆那段艰难的斗争岁月里，恩来同志不仅和许多民主人士、政界人物、工人运动及青年运动的领导人物结下了深厚的友谊，也和广大文艺界朋友结下了深厚的情谊。共产党代表周恩来这个高大形象，是非常亲切的前辈，非常知心的朋友，深深刻印在同志们的心中。以后的多少年中，当他们遇到困难、受到挫折时，这些同志多么怀念恩来同志啊；而当他们有了新的创作，获得一点点成绩时，这些同志又是多么希望恩来同志能分享一点点喜悦啊。几十年来这样的感情与日共增，永生难忘。而我们敬爱的周总理啊，那样繁重的工作重担，操持着国际国内的大事，仍然没有忘记这些朋友和同志，一个也没有忘记。1971年的某一天，他忽然问起我，1942年我们曾经送了三位青年音乐工作者去新四军，他们现在好吗？我心情万分激动，告诉恩来同志，他们都很好。两个在总政文工团，一个在南京前线歌舞团，都是领导骨干。恩来同志沉思着说：那时我们在重庆，日本飞机天天轰炸，在防空洞里，你们常常一起唱革命歌曲，这是很好的鼓舞啊。有多少精力、多少感情！总理心里装着的是每一个人，每一个中国人民啊！

1973年9月，我去看望恩来同志和邓大姐。告别时，我走到门口，恩来同志又转过身来问我：最近你见到文艺界的同志们吗？我说：将近十年，我和文艺界的同志们来往很少。恩来同志皱皱眉，显然不满意这样的回答。他没有批评我，只是说：不在文艺单位就不关心了？我听说某某同志身体不太好，思想上有些包袱，你去看看他，替我问好。当时我心里感到十分惭愧。恩来同志那样忙碌还记挂着这些同志，而我却没有想到。第二天，我立刻去看望这位同志，把恩来同志的问候带给他。他激动得流下了热泪，让我向恩来同志汇报他在"文化大革命"中受到的考验和锻炼，他对党的无限热爱和感激的心情！他表示将用有生之年继续为革命工作。不久，恩来同志又特别地问到了这位同志的情况，想到要为这位同志安排一些社会活动，鼓舞他更健康地工作和生活。

　　解放后，不少文艺工作者遵循毛主席《在延安文艺座谈会上的讲话》的教导，深入工农兵的火热斗争中去，写出了一些反映工农兵斗争生活的好作品，恩来同志一直是热情支持和倍加爱护的。特别是反映现实斗争题材的话剧，无论是1958年前后，还是1963年前后的不少作品，都是在他的具体关怀和指导下创作和演出的。不仅是北京各剧团的演出，就是外地来的剧团所演的剧目，只要是反映社会主义现实生活的，恩来同志都去看，还热情地提出意见。比如《万水千山》《霓虹灯下的哨兵》《杜鹃山》《青春之歌》《第二个春天》《龙江颂》等等。恩来同志不仅看演出，还和作者、导演、演员谈过话，共同研究讨论修改意见。恩来同志给社会主义的话剧园地浇灌过多少雨露，我们的这块园地也绝不是一片荒芜。

周恩来领导南方局文委

一

1938年,国民党政府迁都重庆后,第十八集团军办事处也由武汉迁到重庆。长江局、八路军驻汉办事处、《新华日报》及《群众》周刊等中共公开机关大部分人员也相继赴渝。1939年1月,周恩来、董必武等同志领导下的南方局在重庆成立。南方局是党中央的派出机关,领导国统区和部分沦陷区各方面的工作,下设组织部、宣传部、统战部和青委、妇委、文委等,分别主管各方面的工作。南方局主要是贯彻执行党在抗日战争时期的政治路线、方针政策,具体点说,是在抗日战争相持阶段,组织人民坚持抗战、团结、进步的方针,以争取抗日战争的全面胜利。在国民党统治区和部分沦陷区,与在共产党领导下的边区的环境和工作条件是完全不同的。南方局是在国民党和敌人的严密控制下进行工作,斗争极为复杂、尖锐和艰苦。斗争方式有公开的、半公开的,和完全属于地下的秘密斗争。

南方局是党的秘密机关,设在重庆第十八集团军办事处内,以公开合法的机构为掩护,最初在机房街70号。1939年5月初,日机大轰炸,机房街70号被炸毁,南方局、八路军驻渝办事处便迁到红

1978年邓颖超与红岩故人

左起：宋平、陪同人员、章文晋、祝华、邓颖超、荣高棠、刘恕、韩宗琪

岩嘴13号。我们的工作人员大多利用在国统区的公开身份进行工作。比如有十八集团军的参谋、秘书、副官等，也有一些同志以《新华日报》编辑或记者的公开身份进行工作。

在1939年至1945年间，我们公开的活动场所有化龙桥红岩村的十八集团军办事处、曾家岩50号周恩来的寓所、化龙桥虎头岩《新华日报》编辑部、七星岗《新华日报》营业部，以后在观音岩又增加一处《新华日报》记者的宿舍。

我于1939年夏天，从延安调到重庆红岩嘴办事处工作，1940年初到曾家岩50号。这幢房子是周恩来同志以个人名义租赁的，作为中共南方局在市内的一个主要办公地点。我在南方局文委做秘书、联络等工作。

南方局文委由恩来同志直接领导，日常会议都由他主持，重大的工作由他做决定。经常参加会议的成员有徐冰，他协助恩来同志管全面，也兼管文艺工作；冯乃超，他在国民政府军委政治部三厅工作，也可以说是我党与郭沫若的联络员，协助郭老进行工作；潘梓年主管新闻界；胡绳主管出版界；这几位同志是文委的基本成员。

文委小范围的会议两三周开一次，由各成员汇报主管方面工作的情况，然后提出问题进行讨论，做出决定，再分头去执行。会上讨论的都是方针政策等大事，比如，国统区和部分沦陷区的文化宣传工作的方针、任务，统战工作的方针、任务，如何与国民党反共政策进行斗争，以及《新华日报》各个时期的编辑方针，以至社论的题目和内容。

大约在1940年后，原南方局文委改称南方局统战部文化组（后文均称"文化组"），人员没有多大变动，恩来同志任组长，徐冰、冯乃超为副组长，以后又增加夏衍为副组长。我仍是秘书，做会议记录，办一些具体的事。后来因为徐冰工作很忙，就把文艺方面的一些工作交给我，我即以《新华日报》记者身份进行公开活动，了解文艺界的情况，广泛联系文艺界的朋友。

二

当时重庆文艺界的知名人士，多是在上海"八一三"后逐渐转移到重庆的。上海是30年代左翼进步作家和艺术家聚集的地方，抗日战争以后，除少数人仍留在上海坚持工作外，大多数经由广州、桂林、武汉转移到别的地方。有不少人辗转前线、敌后，到了延安或边区根据地，如张庚、吕骥、陈荒煤、蔡若虹、江丰、崔嵬等同志；一部分留在桂林，如夏衍、荃麟、田汉等同志，而相当多的人则到了重庆。

在重庆的这部分文艺家，为了工作和生活，分别在国民党的一些机关或群众团体里找了职业，安下身来，比较多的人集中在国民政府军委政治部三厅，郭沫若是三厅厅长。洪深、田汉、阳翰笙、冯乃超、张光年等人都曾在三厅任过职。

也有不少同志和进步文艺工作者在中华全国文艺界抗敌协会总会工作。这是一个有广泛群众基础的文艺界组织，只要是主张坚持抗战的都可以团结在一起。由茅盾、老舍、叶以群、葛一虹、梅林等同志领导或主持日常工作，出版了会刊《抗战文艺》。

上海沦陷以后，国民党在重庆建立了两个电影制片厂：一个是中国电影制片厂（简称"中制"），厂长郑用之。著名的导演有史东山、郑君里、石凌鹤等。名演员有舒绣文、秦怡、石羽、江村、周峰等。另一个是中央电影制片厂（简称"中电"），有孟君谋、陈鲤庭、白杨、吴茵、魏鹤龄等知名演职人员。但由于条件困难，在重庆很少拍电影，于是两家电影厂又各自成立了话剧演出团。中制组成的话剧团为中国万岁剧团，中电组成的话剧团为中电剧团。

原在南京的国立戏剧学校迁到四川江安县，中央音乐学院迁到重庆沙坪坝。抗战中期话剧蓬勃发展，戏校的毕业学生和老师成立了青年艺术剧社（简称"中青"）。曹禺和张骏祥都曾担任过戏校教授和中青社长，演员有刘厚生、耿震、沈扬等。其他还有戏校实验剧团、中央交响乐团、音乐干训班等，都有地下党员或进步人士在那里任职。

这些都是当时在重庆和国民党统治区比较有影响的文艺机构和团体，看起来是国民党的势力，但许多都为进步的文艺家所占领，在实际工作中受我党的政治影响或领导。当然，其中的斗争也是尖锐复杂的。其他的文艺机构则都在国民党中央宣传部控制之下。当时的重庆是国民政府的陪都，对于思想界、文艺界，国民党当然要极力控制。南方局文化组正是在这样的环境下进行工作，并在一定程度上使国民党的机构能为我所用。

1940年，南方局文化组经常召开会议，由恩来同志主持。会议常常是晚上10点左右开始，开到凌晨4点。每次会议大都有比较集中的议题，而文艺方面的问题，又常常占相当大的比例。我记得关于国民政府政治部三厅的工作，就议过不少次。内容最重要的是进步人士在这一阵地上如何站稳脚跟，并利用合法的地位宣传我党坚持抗战、坚持团结、坚持进步的方针，同时进行广泛的统一战线工作。

当时，为许多人所熟悉的抗日救亡演剧队，虽是穿着国民党军衣，但在队里却有我党的基层组织——党支部在领导。队长等领导人还多是地下党员。他们深入各战区和国民党的军队，利用各种形式宣传我党的各种主张，取得了很大成绩。

1940年前后，中华全国文学界抗敌协会的工作很活跃，为统一大家的一些看法，曾召开不少座谈会。如"文艺与抗日的关系""文艺的民族形式"等问题的讨论，对文艺界大多数人很有启发教育作用。南方局文化组总是首先对这些问题进行讨论和研究，并指定《新华日报》予以配合和指导。在开这种专题研究会时，往往扩大一些同志来参加，《新华日报》总编辑章汉夫、负责文艺的戈矛（徐光霄）等人都曾经参加这样的会议。经过充分讨论、研究后，由《新华日报》指定专人撰写文章，并组织文艺界朋友写稿，发表各种不同意见，并很快把文化组讨论的意见和情况告诉负责全国文协日常工作的叶以群。恩来同志经常会见他。全国文协组织的各种活动，叶以群都和徐冰事先商量，事后了解意见，总结经验。以群还常常把恩来同志的意见转达给茅盾、老舍，并征求他们的看法，以沟通思想，配合工作。实际上，以群在南方局和全国文协之间起到了沟通的作用。通过他的工作，联系文艺界持有各种不同见解的朋友，使之在大的方面达到一致。

当时，重庆的作家、艺术家队伍的思想状况比较复杂，大多数人有着强烈的民族意识，赞成并拥护抗日主张，其中有许多人在30年代就是上海左翼文艺运动中有影响的人物，他们和党的立场基本上是一致的。他们有时在某些具体问题上有分歧，但经过讨论或争论可以达到一致或谅解。另有一些作家、艺术家，他们虽然赞成抗日救国，但不愿意参与政治斗争；也可以这样说，他们既不赞成国民党的独裁统治，也不大了解和相信共产党，在民族大义的前提下，还是希望能为艺术而艺术。还有大量较年轻的作家和艺术家，他们满腔热情，希望投身到民族战争的洪流中，贡献自己的一切，但他们还不够成熟，不知道正义在何方。另外有极少数人，是国民党豢养的，甚至充当国民党的文化特务。

面对着这样一支文艺队伍，南方局文化组经常进行研究讨论，如何扩大文艺界的统一战线工作，争取更多的文学艺术家站到坚持抗战、坚持团结、坚持进步这一营垒中来。恩来同志要求文化组对这支队伍既要有全面的认识，又要做深入细致的具体分析。首先要团结最大多数人，在坚持抗战的旗帜下工作，又要有步骤地做深入细致的思想工作，逐步使更多的人能认识到：要坚持抗战就必须坚持团结反对分裂,坚持进步反对倒退;文艺家必须走在广大人民群众前面,引导和教育人民群众;文艺不能脱离社会生活,为艺术而艺术,在任何时候都是行不通的。

在重庆时,许多有名望和成就的作家、艺术家都是恩来同志的好朋友。郭沫若在重庆期间,无论是住在郊区赖家桥或市内天官府,恩来同志都经常去看望他,和他讨论工作或是谈论郭老的历史研究和写作问题。茅盾、老舍也常被请到曾家岩50号来,或是徐冰去看望他们,向他们请教,和他们讨论对某些问题的看法。至于阳翰笙、陈白尘、宋之的等同志,更是常来常往。这种交往,是在国民党统治区工作的一种必要的特殊方式,这不仅是个人之间的友谊,还通过这种方式,交流思想,提高认识,促进工作。恩来同志常常提醒大家,要广交朋友,深交朋友,要从交流思想中产生影响,通过广交朋友来扩大队伍。他常常教育我们,在国民党统治区,我们不可能发号施令,也不可能去指挥任何人,只能依靠正确的指导思想,依靠每个共产党员的榜样起作用。

1940年以后,我以《新华日报》记者的公开身份在文艺界活动。以群同志给了我不少帮助,比如经常通知我去参加文艺界的会议或其他活动,使我比较快地了解当时文艺界的情况,并介绍我认识了不少朋友。记得当时住在张家花园文协里的两位名导演史东山、

1980年代初,张颖(右一)与南方局老战友看望邓颖超,在西花厅合影。左二为许涤新

郑君里，就是我到张家花园和以群谈事情时初次遇到的。郑君里是一位非常热情的艺术家，长期参加进步的话剧和电影事业，抗战期间居住重庆，精神上感到苦闷，不知应如何从艺术上贡献力量，为国效劳。当他知道我是《新华日报》记者时，十分高兴，对我倾吐了心中的许多想法和疑虑。不久，我去采访他，并见到了黄晨，我们一起谈了整整三个小时。

在一次文化组的会议上，我汇报了君里的情况。恩来同志非常关心，很快约见了君里和黄晨。在曾家岩的小会客室里，他们从30年代电影明星的笑话谈起，一直谈到国家大事、艺术家工作的方向和前途。只见他们有时严肃地谈论，有时又哈哈大笑起来，足足谈了两个小时。许久以后君里都忘不了这次会见和谈话。后来我们见面时，他就热心打听有关政治形势，打听边区和延安的消息，常常要我把他的工作和想法转告恩来同志。有时他们又见面倾谈。像君里这样的朋友，以后逐渐多起来了，慢慢也形成了一股力量。

大约也是1940年，青年演员周峰拿着一封信到曾家岩50号找恩来同志。恩来同志很忙，匆匆见了面，随即对我说：你们都是年轻人，可以多谈谈。并告诉我，以后要多交些年轻朋友。原来周峰来找恩来同志是为了要去延安。他觉得要抗日，留在重庆太没劲，要去延安，去敌后，上前线。我们很谈得来。我也很同情他的要求，支持他的想法。当晚，我向恩来同志汇报了周峰的要求和想法。恩来同志一面点头微笑，一面思考，然后对我说，要求坚决抗日的都到延安去，重庆难道不需要工作啦？他让我说服周峰留在重庆。因为周峰思想进步，有活动条件，又有固定职业，不应该放弃阵地。

恩来同志非常关心重庆的广大青年艺术家，认为他们是一支很大的积极力量，像周峰这样的大有人在，要帮助他们学习，提高觉悟。不久，一些在戏剧界的青年朋友，如江村、孙坚白（石羽）、刘郁民、张立德、凌琯如等同志，渐渐形成了不拘形式的学习小组，且不断扩大。他们讨论政治形势、抗战进展、边区文艺，以及《新华日报》的重要文章。恩来同志还曾参加过青年朋友的讨论会。记得有一次在七星岗《新华日报》营业部二楼上讨论，恩来同志讲了话，并邀请青年朋友到红岩村八路军办事处，让他们了解到在重庆也一样可以为抗日战争做出贡献。恩来同志的讲话和这次活动,给他们留下了很好的印象。

差不多同时,在重庆有一批青年诗人,如邹荻帆、绿原、冯白鲁等同志,他们组织诗社,出版刊物《诗垦地》。南方局文化组从各方面予以协助,通过地下党员冯白鲁,对他们的工作予以影响。

也是1940年前后,音乐家李凌和版画家王琦从延安来到重庆。他们希望把延安、边区的艺术活动在国民党统治区做些交流。恩来同志和徐冰很重视,鼓励他们在国统区要先扎根,然后开展工作。那时,在国民党办的音乐学院或其他音乐团体里,也有我党的地下党员和进步人士,但为数较少。美术界也如此。不久,李凌和赵沨等同志组织了新音乐社,并出版了《新音乐》杂志,逐渐团结了不少音乐界人士,包括专家和青年。

就这样,通过公开活动,在一些地下党员以及许多知名的老作家、老艺术家的带领、影响下,重庆文艺界的大多数人士,能够团结在党的抗战进步的旗帜下,形成了一支进步的文艺队伍。他们开展了许多工作,使抗战时期重庆的进步文艺活动,蓬勃发展起来。

三

1941年春,国民党发动了震惊中外的皖南事变,围攻我在敌后坚持抗日的新四军,取消了新四军番号。国统区骤时笼罩着严重的白色恐怖,不少地方的地下党组织遭到破坏,地下党员和进步群众遭到非法逮捕。重庆进步文艺活动遭到查禁,已形成的一支进步文艺队伍也面临着危险。南方局文化组在恩来同志领导下,经过慎重周密的研究分析,从各方面采取了应变措施。其中,最重要的是如何保存力量,有组织地将文艺队伍撤离重庆。这样,一方面可以表示对国民党反共投降的抗议和抵制,使原来有点抗日朝气的所谓陪都变成"死城";另一方面又可以使文艺界进步人士到延安或敌后边区,以发展边区的文艺活动,也可以到别的地区开辟新的阵地。

当时,恩来同志领导文化组开会,往往连续几晚,通宵达旦,具体研究每个人的情况和他们所处的环境。有些很孚众望的同志,如郭沫若、冯乃超、阳翰笙等，估计国民党不敢轻率逮捕他们，可以留下坚持工作。一些同志也是有名望的，但色彩太浓或久已盼望去延安的，如欧阳山、艾青、草明、罗烽、白朗等，就尽快送到延安。另一些同志则先到香港暂留，等待机会送往其他地区开展工作，如茅盾、以群、金山、凤子、凌琯如等。夏衍等同志则从桂林去香港。从重庆去昆明，后来又转到仰光的有张光年、李凌、赵沨等。这些同志和朋友所走的路线都是经过文化组研究确定的，路费由八路军办事处特别经费支出。许多同志临行前，是我亲自送去路费，并告诉他们沿途接洽的地址和联络人员。有件事给我的印象非常深刻：恩来同志为了要打开由重庆经过上海进入新四军驻地的途径，经过非常细致周密的考虑，选派了从事音乐工作的青年地下党员洛辛、张锐等同志，和他们一起研究路线，研究如何摆脱敌人的跟踪，如何在上海找地下党的联络点，等等。这几位同志历尽辛苦和危难，经过三个多月，终于到达目的地——新四军驻地。当我们在重庆接到电报，知道他们安全到达目的地时，恩来同志非常高兴地说：路总是人走出来的！后来有不少同志就是从这条路线走进新四军驻地的。这次组织撤退十分成功，没有一个文艺界朋友落入国民党手中。

1941年夏天以后，国民党的反共气焰稍有收敛。恩来同志在一次文化组会议上提出，重庆这个"死城"把人民压得喘不过气来，国民党的严禁和封锁必须想办法冲破。留在重庆的文艺界朋友，也静极思动。为此，周恩来、徐冰与阳翰笙、陈白尘等同志几经商议，认为在戏剧方面有冲破的可能，而且戏剧界留在重庆的进步人士也多。剧团是国民党掌握控制了，但导演、演员不少是进步朋友，可以调动。于是由阳翰笙、陈白尘、辛汉文等同志筹备组织了一个民办的专业话剧团，这就是中华剧艺社。当时的政治、经济条件都极为困难。首先是要找到合适的人出面来筹办，政治色彩浓的人不行，还得有办事能力，有各种社会关系，热心公务，还要懂得艺术。最后选定请应云卫先生来组社，辛汉文、沈硕甫协助事务，而实际上是阳翰笙和陈白尘、辛汉文等同志在其中起支柱作用。他们真是白手起家，开始时固定演员只有刘郁民、郭寿定、张立德等数人，还有部分舞台工作者。这些基本人员都没有固定收入，都是义务劳动。

他们住在一间破房子里，睡着双层床，拥挤不堪。排演的第一个戏是陈白尘写的《大地回春》，由应云卫导演。女演员是借来的，我记得有秦怡、刘川（当年是儿童演员），还有几位基本演员。他们非常穷，我们也不能大力资助，怕国民党发觉了办不成，只是有时由我给他们送一口袋大米、白面、少许菜金和零用钱，否则他们就连大锅饭也开不出来。演出用的剧场是国泰大戏院。老板夏云瑚算是帮助文艺事业，答应演出以后有收入再还场租。作家陈白尘、导演应云卫完全是义务劳动，如果他们有点钱还得拿出来让大家吃饭。

《大地回春》这个戏是写民族资产阶级的爱国精神的，没有多少激进思想。中华剧艺社但求能够通过审查，能够演出，打开"一线生路"，参加排练和舞台工作的同志，都是勒着肚子为以后的生存而奋斗的。我十分清楚地记得，首场演出时，恩来同志让我去看望，并带了一筐点心、包子等食品，到后台去表示一点慰问的心意。他们常常吃不上饭就得上台。

《大地回春》的演出虽不算很成功，但却有重要意义。人民群众在沉寂中看到了一点生机，而中华剧艺社诞生了，被社会承认了，以后的工作就有了希望。

在排练上演《大地回春》的同时，阳翰笙已在积极为中华剧艺社创作第二个演出剧本《天国春秋》了。阳翰笙对太平天国的历史很有研究，曾经写过有关太平天国的作品。他写的这个新剧本，以

阳翰笙剧作《天国春秋》剧照

太平天国失败的经验教训为题材，寓意强调团结、反对分裂，以古喻今，引起人民对国民党反动派搞分裂阴谋的认识。阳翰笙曾经和恩来同志谈过剧本的构思，恩来同志给了他极大的支持，曾经和他一起谈创作计划。

为了使中华剧艺社能够站稳脚跟，必须连续演出几出好戏。阳翰笙夜以继日进行创作，演出组也很快筹备起来。为了使这次演出成功，为中华剧艺社奠定厚实的基础，在演员配备上也下了很大的力量。导演仍是应云卫，演员是从各剧团借来的名演员，他们也是来参加义务演出的。舒绣文饰洪宣娇，白杨饰傅善祥，耿震饰李秀成，项堃饰韦昌辉。这么多名演员荟萃在一个舞台上，是不多见的，这也为以后的演出创了先例。他们边创作边排练，在很短的时间内，《天国春秋》全剧就初排出来了。那段时间，我经常出入排演场、阳翰笙家和中艺那间破房子，了解工作情况和他们的困难，及时向恩来同志、徐冰同志汇报。大概当时国民党的审查官还没想到借古喻今吧，所以虽然经过三番五次地阻挠、删改，这出戏终于通过了。

《天国春秋》第一次连排后，我带着十分欣喜的心情向恩来等同志汇报说，这次演出一定会成功，剧本和演员都很好，极能吸引观众。没过几天，恩来同志到剧场去看连排。看完戏，他到后台去向演员们祝贺，与绣文、白杨、项堃、耿震等所有演员亲切握手谈笑，又向应云卫、阳翰笙祝贺。大家心情都很兴奋。

过了两天，恩来同志即约阳翰笙到曾家岩50号来，主要是谈阳翰笙这一新的创作，我坐在旁边听他们谈话。恩来同志赞扬了这一创作很富于戏剧性，能吸引观众，发挥演员的才能，也揭露、触动了国民党搞分裂的阴谋，总的来说很成功。恩来同志也提出一些意见供阳翰笙参考，即剧中过多地渲染了洪宣娇和傅善祥之间儿女私情的纠葛，这在一定程度上会减弱对太平天国失败教训的揭示。阳翰笙同意这一意见，虽感到这正是自己殊爱之处，还是尽量加以修改。

《天国春秋》演出是成功的，观众已经很久没有看到这样精彩的话剧了。随着演出的成功，中华剧艺社的经济状况也有了一些改善，剧场的租金能按时付了，大家也有了一些酬劳和收入。重庆第一个专业民间话剧团站稳了，并在观众中树立起一定的威信。

大约也是1941年的雾季，郭沫若修改了他的第一部剧作《棠棣之花》。当时，在重庆的文艺界朋友都感到戏剧演出能直接与观众交流思想感情，对人民群众有更大的影响力。而历史剧表面上与政治关系不甚密切，国民党的压力也还不算太重。郭老就在修改《棠棣之花》剧本时，尽量抒发了自己的感情。在郭老以极大的热情修改《棠棣之花》的过程中，恩来同志曾数次到郭老家，鼓励郭老，想方设法给予具体的支持，并对许多进步朋友说，郭老的戏只能成功，不能失败。

在这段时间，南方局文化组曾多次开会，研究如何抓紧时机发动文艺界冲破国民党的封锁，重新占领阵地，特别是戏剧阵地。中华剧艺社可以说是在党领导支持下建立起来的。除此之外，还要开辟并占领其他阵地。郭老《棠棣之花》的上演，就有着这样的意义。经过朋友与郑用之商议，由中国万岁剧团上演。恩来同志还与郭老、阳翰笙等议定，要组织最强的演员阵容，最合适的导演。舒绣文和张瑞芳（她不属该团）为主角，周峰、江村、孙坚白等都是中国万岁剧团的基本演员。这样也使郑用之觉得是自己剧团演出的，并非被他人所利用。《棠棣之花》在观音岩抗建堂剧场演出，出乎意料，盛况空前。排长队买戏票，在重庆也许是从此开始的吧。

当然，那时还有不少别的演出，如曹禺创作、张骏祥导演的《蜕变》，夏衍创作、贺孟斧导演的《愁城记》等，使得沉寂了一年的山城又活了，文艺界的朋友又走上了自己要走的路。

我记得就在那个寒冷的冬季，有一天吃午饭的时候，恩来同志对我说，他想请文艺戏剧界的朋友到曾家岩50号来玩一次，吃顿晚饭，问我能否估计一下有多少人可以来参加？他见我犹疑的样子，又补充说，只要不是坏人，谁来都欢迎。我望着他一脸高兴的样子，想着是恩来同志要慰问鼓励一下朋友们吧，便谨慎地回答，经常和我们来往的进步朋友至少有数十人，我想他们都会高兴来的。于是选定了大家都可能空闲的日子，我们便忙碌起来。演员们都有一个不成文的点线联系。中艺的老作家、导演，全国文协的朋友都容易请。没想到消息传出，不胫而走，已经被请的、间接请的、还没有请的，都纷纷表示很高兴到周先生的"公馆"来做客。恩来同志表示，来者不拒。约略算计一下超过百人。厨师和住在曾家岩50号的所有同志一齐动手做菜、洗盘子。恩来同志还特别提出，自己下厨房做他的家乡菜"狮子头"。

天刚黑下来，我已记不清都有谁了，阳翰笙、白尘、应云卫、陈鲤庭、郑君里、舒绣文、白杨、张瑞芳、秦怡、江村、坚白、周峰……这些都是老朋友、老熟人了；如果我记忆不错的话，还有与我们不太熟的张骏祥、贺孟斧、史东山等同志也都光临了。曾家岩50号那所房子，楼下总共四间小屋，加个小天井，大家挤在一起，欢声笑语，热闹非常。吃饭的时候，碗筷、板凳都不够。恩来同志、徐冰分别给同志们敬酒夹菜。大家听说"狮子头"这个菜是恩来同志亲自做的，所有筷子下去，一扫而光。长期以来大家被压抑得喘不过气来，这晚尽欢，人人振奋。虽然山城既黑又窄，但这群富有朝气、不畏艰险的人们，是当年重庆文艺界的精华，他们有代表性、创造性，他们会把雾沉沉的重庆激荡起来。多少年来，我常常想起这件事，我想这正是几年来我们工作的成效，是对国统区进步文艺队伍的一次检阅啊！

我之所以不避冗繁地叙述这些小事，是因为只有这许多具体的事实，才可以说明南方局文化组对国统区文艺工作的领导是毋庸置疑的。这支进步的文艺队伍，是经过恩来等同志的辛勤劳动，一点一滴凝聚起来的，是循着党的正确方向前进的。

四

1941年珍珠港事件以后，国民党投降的可能性减少了，皖南事变后疏散到各地的文艺界人士又纷纷回到重庆，还有香港沦陷后回来的，原留守上海的也来了。这时人才济济，特别是在戏剧界，有了1941年雾季的基础，这一年更显得活跃。郭老创作的《屈原》的演出，是这一年雾季演出的高潮。这个剧的演出，无论从政治上和艺术上都取得了极大成就。在创作和排演过程中，恩来同志与郭老常常互相切磋，已成为戏剧界中长远流传的佳话。

这一年中，还演出了不少好戏，如夏衍写的《法西斯细菌》、曹禺的《北京人》、吴祖光的《风雪夜归人》等。剧本内容和形式也多样化，有历史题材的，借古讽今；有洋为中用的，讽刺国民党腐败政治的喜剧；还有歌剧，热闹非凡。当年在重庆的人，当会记忆犹新的。

在南方局文化组领导下，重庆的进步文艺活动蓬勃发展。这当然引起了国民党的注意，他们加强管制，严格审查制度，多方刁难不准演出，或是对剧本大删大砍，各种手段都用尽了。但我们的作家、艺术家已经锻炼出各种应对的本领。你要删台词吗？可以。演员到台上照讲，审查老爷总不能天天坐在那里听吧？即使听了也无可奈何。

国民党当局什么都禁演也不那样体面，于是就弄出个把御用文人，写剧本唱对台戏。大家难以忘记的是陈铨的《野玫瑰》。这个戏鼓吹国民党的"曲线救国论"，歌颂女特务、女间谍。国民党下令由中万上演。当这个剧本交到剧团的时候，即引起导演、演员们的反对。剧团领导指定名导演、名演员来负责排练。消息很快传到我们这里，文化组为此还召开了会议，研究如何对付这场对台戏，决定有名望的导演不导，名演员不演（本来大家也都这样想过的，但怕势单力薄，受到压力）。这样就不是一两个人，而是所有的人都拒导拒演。当时剧团找过舒绣文、白杨、张瑞芳等名演员扮演那个女特务，但谁也不接这个角色。这样斗了一个来月，陈铨毫无办法，只好凑上几个人，演出了几场，影响不大，反受到进步人士的批评。从此，大家更感到这种无形的组织是一股力量。那段时间，真有一股好风气，演好戏一呼百应，不争角色，不争名次，两三个名演员同台演戏是常有的事。坏戏下来，一齐罢演。可以这样说，当时党的领导思想已经深入人心。

1942年，戏剧演出十分兴旺，许多作家都写剧本。郭沫若在两年间创作了六个历史题材的剧本，演出大都获得很大成功。茅盾、老舍等老作家也创作剧本。中华剧艺社成立以后，在短短的两个雾季已经演出了14个新戏，很受观众欢迎，已是很有声望的民间职业剧团了。但剧团没有经济上的支持，完全靠演出维持团员的生活，还是非常困难的。因此从香港回来的艺术家通过私人关系，资助一笔钱，又办了一个民间职业话剧团——中国艺术剧社。当时官办剧团固然也可以为我所用，但总是限制重重，自己组团则可以自由许多。所谓民办剧团,其实也是受党的领导。

中国艺术剧社在这种情况下筹办起来,由金山出面,利用私人的社会关系得到些资助,地下党员于伶、章泯、司徒慧敏等同志具体参与领导。有关中国艺术剧社的大事也常在南方局文化组讨论决定。

中国艺术剧社成立后,在重庆演出了不少好戏,其中有夏衍等同志创作的《戏剧春秋》、曹禺改编的《家》、茅盾的《清明前后》等。这些演出,当时在重庆也都是很有影响的。

在雾重庆的戏剧活动高潮中,应该特别提一下戏剧评论。因为那时的戏剧评论对推进整个戏剧活动起了很大的作用,成为戏剧活动不可缺少的组成部分。恩来同志以及南方局文化组对这一工作极为重视,在雾季演出期间,《新华日报》用不少篇幅刊登戏剧评论文章。虽然那时评论文章的理论和艺术水平还不高,但已经完全丢弃了过去那种"报屁股""捧角"的做法,而是严肃认真地探讨有关演出的各种问题,从演出的社会意义和艺术价值来评价演出,在观众、读者中起到了较好的媒介和教育作用。

那时《新华日报》刊登的戏剧评论文章,不少是经过集体讨论的。有些是由《新华日报》组织文艺戏剧人士开座谈会,而后写文章或发表纪要;有的由南方局文化组邀请一些同志讨论,然后写出评论。恩来同志、徐冰常常参加这种讨论,还常常和同志们一起争

1986年章文晋、张颖在阳翰笙家与翰老合影

论，发表见解。有不少评论文章是经恩来同志看过、修改过的。

1941年至1943年，重庆政治环境恶劣，恩来同志因受到国民党特务的严密监视，许多政治活动被迫停止了。这时，他就有较充裕的时间来了解和领导重庆的文艺戏剧运动，交了许多朋友。恩来同志在重庆时领导文艺工作，从来不是通过生硬的、命令的方式，而是交流思想，潜移默化。这样做，在广大文艺界中，影响更大，根子扎得更深。就是在解放以后的许多年，恩来同志对文艺的领导，仍然保持并发扬了这种优良的传统。

现在不少同志关心、讨论、总结抗战期间的文艺运动。我写下自己一些具体回忆，几十年前的事了，难免会有疏漏或不准确之处，希望大家批评指正。

组织抗战文艺大军

斗志昂扬的武汉抗日宣传周

1937年7月7日,日本帝国主义发动全面侵华战争,战火燃遍大半个中国:北平陷落,战火燃至上海,南京失守……中华民族处在生死存亡的危难关头,她的儿女们在觉醒。北平数万学生往南流亡,沿途用各种形式宣传抗战,到达长江重镇武汉。"八一三"以后,上海许多文化艺术界名流,组成10个救亡宣传队也来到武汉。南京和广州的学生以及文艺界人士纷纷北上抗日,也云集武汉。像北伐战争时期一样,武汉一时成为中国的政治文化中心。满怀壮志的各方英豪,在武汉整装待命,为中华民族的存亡奉献自己。

从1936年西安事变开始,周恩来既带着中国共产党中央的使命,与国民党谈判停止内战共同对敌,又奔走于民主党派及各方代表人物之间,终于促成了全国全民共同抗日的大好形势。

1937年9月,周恩来到达武汉,12月,设立八路军驻武汉办事处。之后,他不仅忙于政治、军事、统战各方面的活动,同时也与当时云集在武汉的文艺界相会,并从此与这支文艺大军结下了不解之缘。周恩来知道,要取得抗日战争的最终胜利,必须组织文、武

1938年春，周恩来（前排左二）、邓颖超（后排右四）和三厅厅长郭沫若同三厅部分工作人员合影

两方面的大军，而党领导好这支文化大军，将会起到难以估量的作用。

抗战初，蒋介石任命周恩来为军事委员会政治部副部长，这是表面文章，没有实权，但周恩来考虑至少可以利用这块招牌来做点实事。政治部中的第三厅专管文化宣传，这是个重要的阵地，因为在当时，向全国军民宣传抗日，唤起民众的爱国热情和信心至关重要。这个职务需要一位既受各方人士尊敬、有号召力，又具才能的人才能胜任。周恩来立即想到郭沫若。在1924年大革命及南昌起义时期，他们曾是战友，后因1927年郭沫若写了《请看今日之蒋介石》一纸檄文，蒋介石即悬赏3万元缉拿，郭沫若只得出走东瀛。抗战开始，郭沫若即回国，共赴国难。周恩来找到郭沫若商谈三厅之事，岂料郭沫若回绝说：不愿当国民党的官，即使当了受约束也做不了实事。周恩来再三说服无效，只得对这位老战友推心置腹说了几句重话：你不当三厅厅长，我当这个副部长毫无意义。我俩调个位置，我当厅长行不行啊？几经周折，郭沫若终于承当了军委政治部三厅厅长。周恩来以此为契机，他的才干、胸怀，加上郭沫若的人望，把当时已聚集在武汉的文化英杰，尽可能请到三厅里来，共同为民族生存、抵抗侵略而尽力。当时有胡愈之、张志让、田汉、洪深、范寿康、冯乃超、阳翰笙、冼星海、应云卫、张光年、马彦祥等人在三厅工作，使众多的人才有了用武之地。

1938年春，三厅成立后不到10天，周恩来发表了《怎样进行二期抗战宣传周工作》的文章，并与郭沫若及三厅人员共同研究如何做好工作并扩大宣传效果，提出的要求是：文字口头宣传具体生动，艺术演出通俗易懂、深刻感人。宣传周共六日，每日都有主要项目：戏剧日、电影日、美术漫画日、游行日等。4月7日，周恩来在宣传周开幕式上发表激发群情的讲话，要求把宣传周扩大到全国去。这时正好台儿庄大捷的消息传到武汉，一扫自南京失守后不少人失去胜利信心的低沉气氛。周恩来与郭沫若商议，立即派宣传人员赶往台儿庄慰问前线战士，使宣传深入军队。

在宣传日，艺术家们在汉口市通衢大道演出街头短剧，学生们发表演说，画家们的漫画贴满街头。入夜举行火炬游行，在长江之上、武汉三镇之间，抗日画灯火炬和几百条船组成的歌咏队延绵数里，抗日歌声响彻云霄。人民的抗日情绪热烈高昂，为多少年来所少见，尔后通过新闻媒介将这种昂扬的情绪传遍全国各地。

组织更为广大的文艺战线

抗战初期，利用政治部三厅的官方渠道组织一支文艺大军进行抗日宣传工作，固然很重要，但这支队伍主要以当年上海左翼人士或进步青年为骨干，应该说从团结全国各方人士的角度看来，还是不够广泛。比如有些过去并不赞成左翼做法的文艺家、中间派，甚至曾靠近国民党但有爱国思想，赞成全民团结一致、共同抗战的人士，也都可以团结成为更有影响的强大力量。周恩来、阳翰笙提出成立中华全国文艺界抗敌协会（简称"全国文协"）。周恩来立即想到老舍，他也是满怀爱国之志，正要投身到抗日救国的工作中来。那时老舍住在冯玉祥将军家中，周恩来亲自前去拜访老舍，共商为抗日救国成立全国文协之事。这是一个完全民间性的组织，由老舍以总务长的名义领导工作。筹办之初没有经费，由冯玉祥将军捐赠。1938年3月全国文协宣告成立。周恩来和冯玉祥在成立大会上被选为荣誉主席。当时孔罗荪、叶以群、胡风等积极参与工作。武汉失守后总会迁到重庆。以后茅盾、冰心、巴金都曾参加全国文协的各种活动。聂绀弩、葛一虹等也在文协工作过。文协编辑出版《抗战文艺》刊物，连国民党文人王平陵、崔万秋等也参与其中。同时全国各地成立分会，在延安成立了陕甘宁边区文艺界抗敌协会，由丁玲领导。全国各地文协及总会在八年抗战中，团结了文艺界一切可以团结的力量，在爱国主义旗帜下，起了重要的作用。

文艺宣传深入全国各地

高昂澎湃的群众热情过后不久，日军侵华势力逼近武汉。武汉危急。

周恩来与文艺界的主要人士共同商议，将聚集在武汉的文艺大军，根据各人的不同情况，迅速分散为几股力量：一部分人由政治部三厅组建10个抗日救亡演剧队，分赴各地，包括国民党管辖的各战区及抗日军队，深入进行抗日宣传活动。许多知名的文艺家在那时都曾参加过救亡演剧队，如张光年、张瑞芳、丁里、王唯一、吕复、田冲、夏淳、朱琳、胡宗温等。周恩来曾给演剧队员做报告，鼓励队员们坚定抗日的信心和决心，并提出演剧队不单是抗日宣传队，还是深入群众的工作队。救亡演剧队迅速分散深入各战区及敌后。八年抗战中，无论环境多么困难，他们始终坚持抗日工作，直至抗战胜利，有些队则坚持到全国解放。队员中不少人成为建国初期全国各地区、各大城市文化艺术部门的领导和艺术骨干。

武汉文艺大军中另一部分则辗转到达延安，如吕骥、陈荒煤、蔡若虹、张庚、崔嵬、田方、水华、舒强等。他们则是延安鲁艺创办期及其后的老师或学生，为解放区及新中国培养了一支优秀文艺队伍。还有一部分则是在武汉失守后，经长沙入重庆或去桂林，留在国民党统治区继续战斗。

特殊环境下的文艺斗争

　　淞沪战场失利，武汉危急，国民党政府于 1938 年 11 月 16 日发表宣言迁都重庆，尚留在武汉和各地的文艺家先后到了重庆，周恩来和八路军办事处也搬到重庆继续工作。经过武汉那段轰轰烈烈的抗日总动员之后，蒋介石并无决心坚持抗战的实情逐渐暴露，1940 年，在国民党内部公布了"限制异党活动办法"，掀起三次反共浪潮，限制全国抗日民主活动，甚至迫害抗日民主人士。抗战初期武汉那样的全民抗战的高潮形势一去不复返了，特别是 1941 年围攻皖南新四军事件后更为严重。抗战陪都重庆阴风四起，许多抗日志士和文艺家上了特务的黑名单。周恩来一面与国民党内的投降派做斗争，与坚持抗战的民主党派共商对策，还要疏散、隐蔽、保护大批民主人士和文艺界朋友。1939 年我从延安调到重庆，在周恩来领导下做文化方面的工作，看到周恩来领导中央南方局，为使这批抗日的力量分散各地，继续发挥作用并得以保存，夜以继日，费尽心机。当时文艺界有不少人到了香港、昆明以至缅甸等地。

　　1941 年是重庆最沉闷的一年，连大气层都好像停止了流动。蒋、日、汪合流的梦想受到美英的牵制，继续抗战已是大势所趋。党中央指示，可以从文化方面突破，打开僵局，唤起民众坚持抗日、民主、进步。周恩来在武汉时交了许多文艺界朋友，在重庆这段艰难岁月中，周恩来与这些朋友做了更具体、更细微深入的思想交流，从相识到相知。周恩来认为从文化方面打开僵局的做法非常正确，又认为话剧最富于群众性和政治性，因此积极参与支持戏剧方面的活动。当时应云卫、陈白尘等筹建了第一个民间职业话剧团中华剧艺社，继而又由夏衍、司徒慧敏、金山等建立中国艺术剧社，周恩来都从各方面给予大力支持。还有中国万岁剧团、中青剧社、中电剧团，这些剧团虽是国民党属下的，但其中的大部分导演、演员及舞台工作人员是爱国进步人士，也是我们的朋友。所以在 1941 年及 1942 年冬，演出了《天国春秋》《屈原》《法西斯细菌》《结婚进行曲》《北京人》《风雪夜归人》等数十出新创作的话剧，受到观众极大欢迎，大家称为雾季重庆演出高潮。在不长的时间内演出这么多新创作的既有思想性又有艺术性且得到观众热烈欢迎的话剧，在中国话剧历史上也是少有的。周恩来在这段话剧热潮中，倾注了时间和心血。数十出话剧，他都到剧场看过演出，有些不止看一次。有些戏他在演出前还阅读过剧本，提出修改意见共同讨论，演出后组织评论文章以扩大影响。周恩来对许多事情考虑得非常具体周到。数十年来他和文艺大师们及许多艺术家，从相识相知而成为挚交诤友。这是因为周恩来总是平等待人，坦诚相见，互相尊重，对某些问题有不同意见或争论时，他虚怀若谷，认真思考，通过共同探讨而取得一致。

  那时国民党当局对各种进步活动采取高压政策，出版和演出都须经过层层审查。在戏剧方面要演出现实斗争生活的剧目很难通过，所以只能采取迂回的办法，演出历史剧，内容针砭时弊的如《屈原》，反对封建制度的如《北京人》。当时演出这样的剧目，有些人曾提出疑问：是否符合宣传抗战主流？如何评价其进步意义？周恩来曾多次对文艺界朋友和我们工作人员谈道：在特殊情况下，宣传爱国主义思想就符合抗战主流，而历史题材同样可以宣传爱国主义思想。屈原就是一个伟大的爱国主义者，他对独裁黑暗统治的愤懑亦是出于对祖国的热爱之情，有积极的政治性。《天国春秋》描写太平天国在危难的时刻而内讧，在当时有批评国民党消极抗战积极反共的意义。这些剧目的演出受到了人民群众的欢迎，引起思想上的共鸣。《北京人》《风雪夜归人》是对封建社会的揭露和鞭挞，唤起人民反对封建压迫，向往自由和解放，也有进步意义。任何时代文艺发展的主流都是鲜明的，但又是丰富多彩的。不同时代，不同环境，反映在文艺上也是不同的，而不应简单化、绝对化，那样只能扼杀文艺家的创作才能和文艺的发展。

  反法西斯战争胜利已过去半个世纪，周恩来同志离开我们也近20载。但时间的流逝带不走也冲不毁我们永久的心碑。他是我们民族最高品格的永恒的楷模。

雾重庆的企盼

皖南事变后重庆气氛一直消沉，1943年，周恩来同志与《新华日报》总编辑、社长商议决定：在报上开设文艺专刊。当时"文学专刊"已经有了，准备增加"音乐专刊""木刻版画专刊""戏剧研究专刊"，都请报社外的专家做主编。"戏剧专刊"由著名导演、理论家郑君里主编。为了引起读者的重视，各专刊都写了发刊词。恩来同志特别关注"戏剧研究专刊"，并说了专刊的意义和想法。我根据恩来同志的意见执笔写了这篇短稿，经恩来同志修改后发表，于1942年2月9日《新华日报》。

一

重庆雾季以来话剧演出的蓬勃，不仅仅在剧运全程中创了新纪录，就是从目前整个文化运动来看，也起了推动作用。这是每个戏剧工作者都可引以为慰的。

演剧运动最显著的成绩，首先是演出数量多，新的尝试也多，这在中国20多年来话剧运动中亦可以说是空前未有的，就是在上海

"业余"时代,或是抗战初期武汉时代,也都没有像今天重庆这样,能在三四个月内演出十几出戏,而且内容和所采用的形式也都显得这样的丰富与新鲜。同时由于这多种多样的演出中,虽然也引起了某些不必要的竞争——有大部分是属于营业方面的,但其中总或多或少带有艺术竞赛的意义,而这种艺术竞赛,是促进相互进步相互观摩的最好方法,值得我们去发扬它的。

其次,雾季以来所选演的剧本(无论是创作、翻译,甚至是改编的),都是比较有意义,能在观众中起教育作用的,而且在演出数量远胜过剧本产量的情况下,引起了一些新的作者的创作尝试,旧有的剧作家们也产生了新的作品,这在整个剧运中实是不可忽视的成绩。虽然在这些新的作品中,反映抗战现实的戏剧,尚少很成功的作品,我们都曾为此觉得遗憾,但在数量上,也并非多与抗战无关(如雾季中已上演的16出戏中,便有9出与抗战有关)。不过这绝不是没有客观原因的,比如交通困难,前线与后方的联络非常不够,在后方的作家不易被允许到前线去接触战斗的生活,所以便无法直接描写战争的事实,同时,在前方创作的剧本亦不容易运送后方,在后方上演。又比如反映后方今天种种现实生活的题材,本来也是非常有意义的,但又因为后方文化工作的环境,未能鼓励创作及给创作以自由,就使有这一类作品出现吧,也往往会因种种阻难而不能演出。这些,都足以限制了剧作家的创作范围。所以我们不可否认从历史从旧社会或者从译作中吸取教训是这一时期所不得不走的途径,而且也是应当走的平行道路。当然我们也就更不能否认这些作品演出的重大价值了。

再次,在这许多次不断的演出中,我们可以看到演剧水平在不断进步,老的导演创造了新的手法,新的导演为自己奠下了工作的基础。有经验的演员在演技上已有了进一步的表现,而同时有些新演员也渐渐被培养出来了,虽然还不很多。在舞台工作方面,也曾部分地克服了物资的困难,使演出达到了新的阶段。

最后一点,就是在每一出戏演出之后,都留给成千成万观众以深刻的印象。在整个文化工作的范围中,无论是小说的读者或演讲的听众,甚至连目前重庆的音乐家,都没有戏剧这样能动员更多观众，能直接用艺术的形象来充实他们的生活与理想——这就是戏剧给予人民的极大鼓舞。

二

虽然这几个月来的重庆演剧运动曾经留下了不可忽视的成绩，可是缺点也仍是存在的。

对剧本的集体创作、集体讨论和改正，是抗战开始的时候（甚至还早）就倡导而且盛行过的。但一直到现在，还没有把这集体的方法很好运用，剧作家在整个写作过程甚至到演出结束，大多是单枪匹马孤军奋斗，很少有把自己的著作构想供诸大家讨论来充实它，或是把已写成的作品提供给读者批评或向读者解释。虽然作品的成功，基本上要靠剧作家自己的学识、天才、经验、技巧和修养，但戏剧究竟是综合的，而且是立体的艺术，在剧本创作和演出的过程中，加上一些集体的帮助，并不会有损于剧作家独特之见和写作天才的发展，而且这样的集体方法及力量，完全可能把作品修改得更完整更成功一些的。

"戏剧是综合的艺术"，这是每个戏剧工作者极熟知的原则，而且这"综合"不仅是出现在观众面前的舞台上的时候，更重要的还是在日常工作中的相互了解与配合。在目前多次的演出中，我们常常可以发现演员，特别是舞台工作者与导演之间，因为平日的接触和工作配合很不够，以致影响到演出的效果，这是大家都承认的事实。而这事实还继续存在的原因就是缺少集体的精神。在演出之前未能详尽地共同讨论各部门工作的配合与分工，在准备过程中又未能用集体的力量来督促与检查，让这种各干各的现象维持下去，发展下去，这样，对整个演剧的进步是很大的障碍。

在上面提到过，一般说来，演员的艺术水平是大大提高了，且也培养了一些新演员，但同时我们也可以发现一点点偏向，即已成名的演员演出次数较多。这易于在观众中造成一种观念："非名演员不看"。这是不很好的。固然为着提高艺术水平，为着营业起见，成名演员的较多演出是有它必要的意义，但为着提拔后进，纠正观众中某些偏向，多给后进演员以演出的机会也是必要的。这是一方面。另一方面，就是站在演员本身的修养来说，也是没有多大益处的。因为同时排演上演，连续不停地演，演得太多，自修的时间太少，就会使自己对剧本的理解不深，把握不紧，只凭着经验去应付是不得已的事实了。一个真正出色的演员，他可以演一辈子戏，30年或是40年，而且一年比一年的成就更深，这才会获得历史的成就。

舞台工作者应该与导演在相互探讨与帮助中取得更合理的配合，并且旧的有成绩的舞台工作者，应该更提高对舞台艺术创造的研究，而且要用自己的成绩去培养一批新的工作者。

关于剧评工作，我们需要的是经过研究而写出来的剧评。当然，像一般宣传文章或者是观感，也可以起一般舆论的作用。如果在一出戏演完之后，经过讨论而发表集体的意见，那会是更完满，对演出的帮助也会是更大的。我们应该认识剧评工作在推进剧运中是有其作用的。剧评工作如能很好开展，则不单可以沟通戏剧工作者与观众，且能联系戏剧工作的各部门，使它们能齐头并进。

三

剧运还正在发展中。我们要在这时候，使演剧艺术更进一步，那么，就一定要发挥集体主义的工作精神，相互了解，相互帮助，相互批评、学习与研究。

为着这个目的，我们愿把新华戏剧专页这块园地，贡献给爱好戏剧的读者，请你们多多发表关于戏剧理论、写作、导演、演出和舞台工作方面的意见，希望能借此结成美满的研究果实，那就是我们的愿望了！

父 逝

——恩来同志的遗憾

那已经是几十年以前的事情。

1940年重庆遭到大轰炸时，曾家岩50号"周公馆"被日本飞机炸坏了，所有工作人员只好搬到红岩村八路军办事处暂住。由于工作都在城里，我们只有步行或乘一段公共汽车到城里，每日来往奔走四五个小时。重庆酷热，没两个月我就病倒了，每日发烧、咳嗽，有时还咯血，医院诊断为肺结核病。那时候这种病是不治之症，还会传染。我当时还不懂得什么恐惧，但是我不能和大家一起住了，怕传染给其他同志。幸好，我们的房东又是邻居刘太太是个好心人，说她家三层小楼的顶层还有一间藏物间，虽然小但还可以放上一张小竹床，于是我一个人住进那间小房里。

刘太太家的三层楼上还有正式的房子，那时住着邓颖超大姐的母亲杨振德老太太和周恩来的父亲周邵纲老先生，他们什么时候到重庆的我不知道，也没有打听，在那样环境下，我们习惯了不知者不问。

同住一间屋檐下，时常见面，但不串门，大多数时间我是在屋外坐坐或者散步。杨老太太曾经做过地下党的工作，所以称为革命的老妈妈。她身体不太好，不常出门。周老爷子曾经在旧官府做过文书一类的工作，他比较健康活跃，时常出外边走走。可能由于孤单，他时常找我说说话，有时还和我下盘象棋。我的棋艺很差，但他还是赢得很开心。我们的伙食由办事处厨房供给，勤务兵拿两个提盒给两位老人送饭。我当时吃"病号饭"。八路军一贯优待病人，我每日吃一个鸡蛋煮挂面，我自己拿着一个大漱口缸去厨房打饭，当然我想吃大食堂的菜也可以随便取。我自认为根本不算病号，只不过有时咳嗽，或感到累而已。医生总命我多躺着休息，我只得每天看闲书，什么《水浒》《三国》《红楼梦》，还有不少苏联的或法国的古典小说。不工作真是很无聊的。

我们住在刘太太家时，恩来同志和邓大姐每周都会来探望两位老人。使我感到有点奇怪的是，两人同来，总是先到杨老太太处，坐的时间也比较长，常听恩来同志问长问短，十分关心，但是去周老爷处大多时间只是问个好，身体如何。

由于大轰炸不停，红岩村的防空洞不太安全而且较狭窄，所以把一些非工作人员——老人和病号疏散到较远的乡下，好像也是刘太太的房子，在磁器口一个小村里。杨老太太、周老爷子、董老的夫人何莲芝带着儿子滋生，还有我、袁超俊，《新华日报》有心脏病的张栅同志等人都去了。办事处的牟爱牧副官时常来照顾，还请了乡下一位大婶为我们做饭，这样就更像是一家人了。住在那里有一个多月，周老爷子除散步，还常和我下象棋。他不断指导我的棋艺。但我不是下棋的料，总不进步。老人家笑着说，看你样子挺灵的，怎样学不会看三招呢？周老爷子有时还爱喝点老酒，只是买一两毛钱五香豆腐干做下酒菜，连一小碟酱肉都舍不得吃。有时我坐在边上听他喃喃地说：困难时期能喝上点酒，足够了。

冬季降临，日本飞机不大来轰炸了，我们这些人又搬回红岩村。当时杨老太太身体不好，仍住在刘太太家，周老爷子和我，还有龚澎就住在办事处后边两排平房里（后来改为办事处托儿所了）。龚澎受了外伤，不久就痊愈了，回到办事处。超俊也回到办事处，只剩下周老爷子和我各住一间。办事处派来一个勤务兵晚上陪伴老人，这样白天只有老爷子和我两人，所以显得亲密些。他时常冲着屋里喊，姑娘家别偷懒，陪我下盘棋吧。

1940年冬天，杨老太太生病住院了，办事处管生活的副官们忙碌起来，天天跑医院看望，恩来同志和邓大姐也经常去陪伴。不久，杨振德老太太病逝。办事处的同志也曾有因病去世的，但从来没有开过追悼会，只是同志们座谈缅怀。而这次杨老太太是举行了很隆重的公开追悼会，在《新华日报》发表公告。我记得在红岩嘴办事处一楼的过道两旁摆满了花圈，有办事处同志们的，更多的是各民主党派、进步社团送的。一楼那间最大的办公室作为灵堂，横幅是悼念革命母亲杨振德。开祭那天来红岩嘴办事处祭拜的人流不断，可见革命群众对革命母亲的尊敬之情。那天恩来同志和邓大姐一直守在灵堂尽孝，十分感人。在我的记忆中，只有1946年"四八烈士"的追悼会给我留下同样深刻的印象。

我的病好转后，回到办事处工作。过了有一年多，我的病又有些复发，就又回到红岩村养病，又和周老爷子搭了伴儿。1942年夏季，我和周老爷子还住在那两间平房，他感冒了，有些不舒服，办事处刘医生每日都来看望，给他吃药，但病情时好时坏。那些天，恩来同志也因为病（后来听说是小肠疝气）要手术治疗住进了医院，所以只有邓大姐来看望老爷子。因为是感冒，不是什么大病，也就没有告诉住在医院的恩来同志。当时周老爷子已70多岁了，只有那个勤务兵和我时常守候，给他送水送饭。

一天，我给他送水，他突然问我，他病了好几天为什么恩来不来看看他呢？我不知道该如何回答。恩来同志因病住院，我们也不知道，只好含糊地说，恩来同志最近很忙，他一定会抽空来看望您

周恩来在1930年代使用的皮夹子（照片为周恩来的父亲）

老的。您感冒了，吃几天药一定会好起来的，放心吧。待到傍晚时候，老爷子咳得厉害，我拿开水进去，见他脸色红紫，呼吸喘急。我握着他的手，好烫人啊！我立刻跑到办事处一楼叫刘医生赶紧过来。刘医生紧跟着来了。老人发高烧。刘医生喃喃地说：可能转为肺炎了。他一边给水给药，一边让我赶紧报告给钱之光处长。那时办事处的负责人是董必武和邓大姐，别的事就是钱处长处理了。

我跑去报告钱处长，他赶过来看望。随后他对刘医生和我说，你们守在这里，我去找邓大姐商量。

天色已黑，钱处长还未见回来。我握着老人枯瘦如柴的手，这时他慢慢睁开眼，看见我在床边，喘着气说：你还在哩，恩来怎么还不回来啊？泪水淌到枕旁。我不敢哭出声来。

董老、邓大姐、钱处长来到时，老爷子已经走了……

第二天，老爷子的棺木放置在红岩嘴山谷尽处，也就是当年的防空洞口。

再过去一天，恩来同志从医院回到红岩嘴，才知道老父亲已经不在人世。他到防空洞口抚棺痛哭，坐在泥地上守着已走远的父亲整整三天……

什么纪念活动都没有举行，老人即葬在小龙坎伏园寺墓地，这里是大有农场主人、南方局和办事处房东饶国模专门为在红岩病逝的同志划出的一块墓地。邓颖超的母亲杨老太太也安葬在这里。

过去好长时间了，炎热的夏夜，我们常常坐在小山沟尽处乘凉。一天，恩来同志静悄悄地在我身旁坐下，问我他父亲去世那天，我是在旁边吧，为人子他没能尽孝，临终也未见一面。我不敢看他愧疚的脸……

三年前，我又返红岩，山谷尽头已建了一座纪念烈士墓，在那年代的先人们共处一地，周老爷子、杨老太太，还有钱之光之妻边爱莲等，房东刘太太、饶国模的墓地就在前边不远处。

我久久站在墓地，回想起数十年前的往事，那是由于"左"的思想，唯阶级出身成分论作怪决定一切，使人留下多少遗憾！

父逝

挚友·知音

——周恩来与郭沫若

1976 年1月15日，在周恩来同志的追悼会上，郭沫若坐着轮椅被推进纪念的灵堂。两位同志扶着他，他却站不起来。他挣扎着弯了的腰而挺立。此情此景，他黯然神伤的目光使我的心悲痛而紧缩，好像血液不再在我全身奔流。郭老啊，您真是变得如此衰老了么？……在那最黑暗的三年，我未曾去探望他啊。我理解这位老人是如此痛苦又艰难地度过那三年，不，何止三年，而是十年！好在以后的时间不算太久，1976年10月，"四人帮"垮台了。郭老的诗词又跃然出现。我真为这位勤奋一生的学者庆幸。

1977年1月，我经过了一段最紧张的工作后，去探望郭老。知道他身体还不很健康，也不常见客，于是先给他的秘书王庭芳打电话约个时间。没过10分钟，他就告诉我，郭老非常高兴我们去探望他，最好立刻就去，他在等着哩。当时，我心里有一种莫名的难过——他多么想见到一位老熟人，即使是他的晚辈。这么多年，他把所有的热情都埋在他喜爱的研究中，埋在心坎里了。

上午10点钟，我到了郭老家。几个月来，他的健康状况好多了，只是行走还不太方便。他非常热情地把新出土的青铜器铭文拿给我们看，我们还在他的书斋里看到桌上摆满不少新的拓片。在他身体已日渐衰弱的晚年，仍然如此辛勤地工作着，要为后人多留下点难得的文化财富啊。我真想多问点，向他多学习点，但又不忍心消耗他的精力，我只得把去看望他的另一个意思说了出来，告诉他我写了一篇纪念周总理的小文，其中提到郭老一些情况，希望他能给以指正。

开始是我给他念，听着听着，他的表情渐渐严肃了，他从我手中把清样拿了去。不一会儿泪珠从他那慈祥的脸庞滴落下来，我吓呆了。我理解他的心绪，但又不能让这位长者这样激动、难过。他带着慈祥而颤抖的声音对我说："恩来同志是我的领导，我参加革命的最早领导人，大革命的时候是他引导我参加了共产主义者的行列。抗日战争时，他领导我与国民党顽固派做斗争，为党做宣传工作，团结广大的知识分子。如果没有恩来同志的领导和帮助，我这一生将会是怎样呢？"他抑制住自己的感情，又说起来："就是在我的历史研究、文艺创作上，恩来同志不仅是良师益友，也是领导。没有他的鼓舞和帮助，我不能做出什么成绩的，至于'文革'这十年……"我听着他久欲倾吐的肺腑之言，觉得心酸。他提起笔来，用颤抖着的手在那份清样上改着改着。停下笔来，他又对我说："你写得很不够呵，特别是在重庆那段日子，恩来同志那样紧张繁忙，他对我在政治部三厅的工作领导是很细致的，为了工作的方便，给我派来最得力的助手。他很少让我到曾家岩50号去，更不用说红岩嘴了。而他呢，在最酷热的夏天还不时摆渡到赖家桥米（重庆附近乡下郭老住处），七星岗就更不用说了，你该知道呀。"郭老当时激动的心情使我也难过起来。忽见他沉默思索，又像是自语："多么好的同志，好的领导者！他对我写的文章、剧本、诗歌，有时听我给他读，又不知看几遍，共同讨论，甚至字斟句酌。有时候我表达不出自己的意思，恩来同志却情思敏捷，一语提醒，我们就不约而同大笑起来……"

知音难求啊！郭老为往事兴奋，又有点感伤，我多么不愿意打搅他本已逐渐平静下来的心啊！我站起身来，紧紧握住他稍微发冷的手，衷心祝愿他为人民多活几年，多工作几年。

在党的第十一次代表大会期间，我还曾见到郭老，他身体显得更衰弱了，而脸上总抹上一丝微笑，好像春日的晚霞，逐渐温暖着老人的心……

郭老家里最后那次会见时时掀动着我的心。回忆起那遥远的年代，还是黑暗统治着中国的年代，1941年是重庆最阴暗的日子。为了祝贺郭老的50寿辰，也以此使文化界的不少领导同志聚集一堂，研究在那样的环境里，如何与国民党反动派进一步开展斗争，用文化这一锐利武器，揭露国民党反共投降的阴谋，提高人民的觉悟，在重庆天官府郭老那窄狭的小住宅里"亲朋"满座，济济一堂。郭老时时发出爽朗的笑声。恩来同志非常高兴地举杯为郭老祝贺，特别为他重新修改的历史剧《棠棣之花》将要演出而庆祝。这样一次聚会，在当时还真是难得。

过了没有多久，恩来同志像是意犹未尽，又为郭老创作生活25周年举办纪念聚会，请了几位亲近的朋友，在曾家岩50号，再请郭老便饭畅谈。那正是郭老的剧作《棠棣之花》演出取得了极大成功的时候，这出戏可以说是为新编历史剧演出打响的一炮。运用历史题材，借古喻今，是对国民党发动皖南事变，实行对共产党封锁、离间、孤立政策的沉重一击。这次演出观众反应极为热烈，可见人民的觉悟是高的，艺术欣赏水平也是高的。

恩来同志非常喜欢这出戏，特别欣赏剧中一些寓意深刻的诗词。那天晚饭后，恩来同志命我唱支歌助兴（我不是歌手，但抗日青年都该会唱的）。我说唱陕北民歌好吗？恩来同志却说，你应该唱《棠棣之花》插曲《湘累》。他告诉郭老，八路军办事处的同志们都很喜欢唱这首歌。郭老非常感动，可见恩来同志对郭老的尊重和深情。

《棠棣之花》本是郭沫若早年写的两幕短剧，描写战国时候聂嫈和聂政姐弟两人的深厚感情，赞颂聂嫈这位弱女子深明大义，勇敢可嘉。我最初读郭老这一短剧时，也是很受感动。五幕话剧《棠棣之花》就是从这一短剧经过若干年若干次修改发展而来的。当时重庆由于环境极端恶劣，演出现代进步话剧很困难，稍有一点进步思想内容的，都被横加删改或遭禁演，因此才想到利用历史剧这一特殊的形式（当然以前也演出过历史话剧，如《明末遗恨》之类，但有进步革命意义的历史剧还少见）。当时文艺戏剧界有些朋友也担心，这样一出话剧，情节简单，没有多少戏，又是郭老当时第一个正式上演的剧作，应该特别谨慎。有的同志甚至怀疑《棠棣之花》的政治意义在那样的环境中到底如何？据我所知，恩来同志曾多次与郭老谈论关于《棠棣之花》的修改和演出问题。郭老满腔热情，恩来同志也鼓舞他的信心，并曾多次阅读剧本。记得在一个难忘的深夜，恩来同志把我叫进他屋里，问我《棠棣之花》剧本看过几遍了？感想如何？戏剧界青年朋友对排演的信心如何？等等。他非常关心这次演出的成败。我知道他是很喜爱这出戏的，但在决定时却非常慎重，考虑很周到。其实关于他提的问题我已不止一次向他汇报过，所以我简单说，演员们有信心，剧本情节虽较平，但聂嫈、春姑形象动人，剧中充满诗情画意，我觉得演出会成功。恩来同志一边沉思着，一边说："是呀，演员和导演很重要，一定要和戏剧界朋友研究选择最适合的导演和演员。"然后，他稍带批评语气对我说："你对剧本虽然读了几遍，但郭老这个剧本的深意，你还没有看懂呵。聂嫈、春姑是使人可敬可佩，诗情画意也固是长处，但现在演出也有深刻的政治意义，你多想想，为什么郭老在剧中特别强调'士为知己者死'这样的主题？这绝不是封建思想，这正是郭老对党感情之深的表现呵。"那番话当时我并不完全理解。

夜已深沉，恩来同志又非常兴奋热情地谈到郭老在研究中国古代史方面的许多建树。郭老的诗篇充满浪漫主义，但在研究史学上完全是唯物主义的。他非常重视出土文物的研究考证，而不是单凭古籍。郭老研究的态度严肃谦虚，有了新的发现，能随时慎重修改自己的观点，绝不坚持错误的意见，这对于一个专家来说很不容易做到。恩来同志又谈到《棠棣之花》创作，郭老经过很精细的考证工作，也可以说是经过 20 年的不断加工修改。当然历史和历史剧不能等同看待，艺术创作应该允许作家发挥一点想象力。他还特别教导我要学习老一辈那种勤奋的学习精神，一知半解或强不知为知是最害人的。我真是又感激又惭愧。这时，窗外已经看到天色蒙蒙亮了。

《棠棣之花》演出后，观众反应极为强烈，场场满座。朋友们都欢欣鼓舞，这不是一个剧本演出成功问题，而是为话剧演出开创了一条新路，意味着沉寂的雾重庆又将活跃起来。这时，恩来同志又考虑到对这次演出在报刊上的宣传。他认为报刊的宣传不仅能扩大演出的影响，解释剧本的深刻意义，还能为新编历史剧开辟正确的道路。因为从抗战初期起，对新编历史剧就曾不断有争论，从所谓"旧瓶装新酒"，以至抗战时期能不能写历史剧、如何对待历史剧的创作等问题。于是，恩来同志领导《新华日报》和办事处有关同志们，讨论历史剧问题，也讨论《棠棣之花》的演出，决定《新华日报》出专刊。恩来同志亲笔写了刊头题字"《棠棣之花》剧评"。其中有的文章是根据恩来同志的发言和提议写的，又经过他亲笔做了修改。恩来同志不仅是郭老政治上的坚强战友，在文艺创作和思想感情方面也真是难得的知音。

当我执笔写《棠棣之花》的剧评时，才渐渐理解郭老在那样恶劣的环境下，工作之艰辛，用心之良苦。国民党反动派对地下党员和进步人士用种种极为卑鄙的手段，诸如绑架、突击、逮捕，甚至明目张胆地殴打，即使郭老这样的知名人士，也常常受到威胁。在党的关怀下，许多同志离开了重庆，而郭老毅然留下来，坚持工作并和大家一起坚持战斗，争取环境好转。在这样的时刻，郭老在《棠棣之花》中，特别强调"为知己者死"，正反映了郭老当时思想深处的真挚感情：他把共产党视为知己，愿为此而牺牲自己的一切。演出时，第三幕最为动人肺腑：聂政见义勇为，酒家母女，特别是春姑对聂政的倾慕，表现出人民大众的侠义精神，人心所向。最后一幕，聂嫈和春姑勇敢地为传诵英雄的事迹而牺牲，人民给予英雄们最高的荣誉……

当年演出时，剧场的观众流着热泪，长久鼓掌不愿离去的情景，虽然已相隔几十年，我仍记得十分清楚。

这次演出成功，影响是巨大的，郭老"为知己者死"的精神鼓舞了蒋管区人民继续战斗的勇气，使国民党离间孤立我们的政策遭到打击，也使人们的思想感情受到陶冶、升华。《棠棣之花》演出的成功，也使郭老的斗志更加昂扬。此后不久，郭老又成功地创作了《虎符》和《屈原》。

1941年冬天，郭老第四个剧本《孔雀胆》写成了，这真是郭老创作旺盛的时代。我读到剧本初稿时，觉得郭老在剧本创作上更成熟了，剧情、结构、人物都较前完整，有戏、动人。当时我并没有想到，在《棠棣之花》《屈原》达到那样高的成功之后，郭老应该拿出什么更富有时代意义的剧本。

　　1942年，国内形势有了相当大的变化，国民党发动的第二次反共高潮遭到完全失败，日本在太平洋发动战争得手后，气焰很高，做出姿态要从南路向大西南进军，蒋介石只好暂时把反共老调放下，我们在各方面的工作又开展了起来。恩来同志更忙了，很难得在吃饭的小屋里见到他。

　　一天，我们几个人在曾家岩临江的小屋（吃饭兼会客用）里吃午饭，正边说笑边吃着，恩来同志回来了。他看见我就问：《孔雀胆》剧本你看过了？听说要演出了，我最近太忙，没有时间去和郭老详谈了。我望着恩来同志的脸像往常一样严肃又平和，于是随口答应着："看过了，戏很不错，很感人，大概不几天就上演了。"他皱着眉毛，这是不满意我的回答。他坐在板凳上吃饭，一下停住了，炯炯的目光看着我："戏不错，你就不想到别的啦？"他迈开矫捷的步履回到他的小屋里，很快拿出一本油印脚本回来交给我，说："这是演出本，你再看看，下午我还找你呢。"那时候吃饭带谈工作都这样匆匆忙忙的。

　　我立刻跑回到我的小办公桌旁，翻开恩来同志看过的脚本，又仔细读起来，里边用红蓝铅笔画着许多横线，却没有写一个字。我还是看不出什么问题。说实在的，那时我真不懂剧中所写的历史背景和人物，也找不到任何有关云南贵州少数民族的历史材料，只好坐着发急。接近傍晚，恩来同志突然站到我的小桌旁，对我说，你看不懂吧，也难怪，一般资料都没有的。他嘱咐我立刻去郭老家一趟，本来他约好晚上看望郭老的，但现在实在忙不过来，让我传话，说剧本写得还不错，但史实很值得研究。这时上演此剧在意义上是不可能与《屈原》等并论的。是否上演，请郭老他们自己商量决定。说完，我还来不及思索一下，恩来同志已经出门忙别的事情去了。

　　当晚，我去郭老家，一路上头脑乱纷纷的。虽然为工作的事，我去过郭老家多少次了，但转达这样的话，怎么说呢？我自己还不明白话的意思哩。这明明是批评，我转达合适吗？但不管如何，我把话记牢了，不敢忘掉一点儿。

我到达天官府郭老家时，郭老和夫人于立群已吃罢晚饭正和儿子汉英玩耍。我突然出现也是常事了。我说了恩来同志今晚有要事不能来看望他了。郭老和蔼地笑笑，他也深知恩来同志是太忙了。接着，我把对《孔雀胆》的几句话，像是背书一样说了出来。郭老非常认真地倾听着，听完又让我重复了一遍。他沉思一会，很严肃地说：周公的意见是有道理的。我对某些历史人物时常有偏见偏爱，这是很难改的毛病。《孔雀胆》可没有办法了，要演出啦。我看着郭老那样认真又坦然的神情，心里由衷敬佩。他一点也没有因为听到批评意见而有任何芥蒂，却感到因来不及修改而遗憾。

现在回想起来，当时恩来同志也许是认为民族团结共同抗敌的主题更为重要。那时对段功这个人物如何评价也是有些争论的，而恩来同志对作品提意见或说出他的看法，是以平等的态度，绝不强加于人。他也没有否定《孔雀胆》剧本的意思。

周恩来同志与郭沫若同志数十年来为共产主义事业共同战斗，情深似海。伟大的政治家周恩来平等待人，从不以领导者自居，对同志以诚相交，而一代文豪郭沫若，也从不对同志孤高自诩，傲气逼人，总是和蔼可亲，热诚相待。他们这种高尚情操多么值得后人称颂！革命同志之间的战斗团结不就是共同的奋斗目标、互相敬重、互为知音的结晶吗？直到现在我们仍然多么需要啊！

周恩来与茅盾在重庆的交往

1940 年深秋，重庆酷暑已过，但没有寒意，草依然绿，带刺攀檐的小玫瑰花仍开满枝头。坐落在重庆郊区化龙桥附近的红岩嘴八路军办事处，看似静静地矗立在那里，而住在里边的人们却是日夜忙碌的。

一天，我从曾家岩 50 号去红岩嘴八路军办事处，看见大家正在忙碌着，知道董必武乘坐的专车就要从延安回到重庆了，可能还有别的客人。我忽然闪过一个念头，茅盾夫妇是否也随董老的车到重庆来呢？记得前不久，在南方局文化组的小会上，冯乃超曾谈到，郭沫若在刚建立的国民党政府军委政治部文化工作委员会的工作中，很希望茅盾先生能到重庆来参与领导开展活动。周恩来表示赞同，并说亲自电请茅盾先生前来。

国民党政府军委政治部文化工作委员会的前身即是抗战初期组建的政治部三厅，由郭沫若担任厅长，团结了广大文化艺术界的知名人士，如阳翰笙、杜国庠、冯乃超、光未然、冼星海、田汉、洪深等一大批专家都参加了政治部三厅。在抗战之初的武汉时期，曾轰轰烈烈干了许多动员群众、宣传抗日的有益工作。国民党政府迁都重庆以后，一股无心坚持抗战，而要继续打内战的反动势力日渐抬头，对政治部三厅积极宣传抗战感到恼火，想方设法限制三厅的活动。到1939年底，国民党政府出了一个绝招，规定在三厅工作的所有人员，都必须加入国民党，否则就要解除公职。郭沫若为此非常气愤，在三厅的全体职工大会上，痛斥国民党政府这种荒谬的做法，并声称他本人立刻辞退三厅厅长的职务。当时三厅全体职工一致表态要与郭沫若共进退。周恩来知道，迟早会有这么一天，于是当即向新闻界公开声明，他代表中国共产党，向这一大批文化艺术界著名人士表示：如若他们离开三厅，即随时欢迎他们全体到延安去参加抗日救亡工作，为取得全国胜利发挥他们的力量。国民党看到这种形势十分不妙，如果真出现这种情况，对国民党的面子太不光彩，甚至会在国际舆论上引起不良反应。蒋介石特派专人一面找周恩来商谈，一面又向郭沫若解释。于是就成立了政治部文化工作委员会，把原在三厅的工作人员全部留下，甚至可以扩充一些，但是工作范围和职能改变了，不许做公开具体活动，而只能做研究讨论提议之类的事。恩来同志随即说服郭沫若：抗战到了相持阶段，困难很多，国民党向日本帝国主义投降的危险时时存在。为了坚持抗战取得最后胜利，我们必须尽一切可能，教育争取全国人民，使他们有信心坚持抗战。那么我们的进步力量留在国统区工作就十分必要。我们要坚持这一阵地。虽然国民党给我们诸多限制，但我们取得了合法身份，就可以继续工作，继续战斗。当然，工作不可能像抗战初期那样轰轰烈烈，但可以更深入、更广泛具体地团结一切抗战力量。于是，郭沫若担任了文化工作委员会主任之职，也就想到要把在各方面都深孚众望的茅盾先生请到重庆来。

  董老回到重庆的第二天，徐冰让我跟随他去红岩嘴办事处，也没说有什么事。他带我到办事处二楼一间小房间里。徐冰是位很随和开朗的人，和客人见面握手就哈哈笑起来说：很欢迎你们到重庆来参加工作呵！随后，他请沈先生与孔大姐（茅盾的夫人孔德芷）坐下来，交谈起来。我呆站在一旁心里想，原来这就是茅盾先生和夫人（我们以后都很习惯地称呼他沈先生）。徐冰首先说，因为周恩来同志近日很忙，今天不能亲自来和沈先生见面，他让我向你表示欢迎和歉意。徐冰随即向沈先生简要地介绍了国统区的政治形势和重庆文化工作的情况。他们谈得非常亲切融洽。最后，徐冰告诉沈先生，住在八路军办事处不方便，所以已经由生活书店安排，暂在市内生活书店小住几天，那里条件很差，待几天找到合适的住房再安家。他指着我说：这是小张，在曾家岩周公馆工作，以后有些具体的事，由她到你住处联系。因为我们也不便常来往呵。沈先生哈哈笑起来说：年轻人，以后多麻烦你了。

　　这是我第一次见到沈先生。在回曾家岩的路上，我才回过神来，这就是我仰慕已久的大作家茅盾呀！他个子不高，也许刚从西北高原来，清瘦的脸庞显得有点红黑色，说话带着浓重的浙江口音，但语调谦和，举止娴雅，有一股书卷气。记得我在中学读书时代就读过他的作品，尤其是长篇小说《子夜》《林家铺子》，给我留下了很深的印象。我喜欢他那种锋芒不露而内含深意的文风。

　　茅盾夫妇是从新疆去延安数月，又从延安风尘仆仆来到重庆的。他们在生活书店的小阁楼上暂住，不久搬到离观音岩不远处枣子南垭良庄定居下来。恩来同志很快让我去约沈先生来曾家岩50号叙谈小酌。

　　恩来同志说，在重庆组织文化活动的主要有政治部文化工作委员会、中华全国文艺界抗敌协会、中苏文化协会等团体，他特别提到中华全国文艺界抗敌协会，那里集中了巴金、老舍、冰心、沙汀等许多著名作家和艺术家，正在筹备复刊出版全国性的文艺刊物，都希望沈先生能来主持，还向沈先生介绍了叶以群。他说：可以让以群在全国文协帮助老舍先生做许多工作，今后有关文艺活动及其他方面的事情，可以通过以群多多联系、互通消息。因为沈先生在重庆主要是与各方人士联络，甚至国民党方面的人士也要接触，以开展工作，和我倒是不宜频繁接近了，想你定能谅解。他们紧紧握手相视而笑。

　　叶以群在20世纪30年代的上海已参加左翼文学活动，是小有名气的文艺评论家。他参加地下党组织，被捕入狱后与组织失掉联系，但仍然坚定积极地参加革命工作。抗战以后，他对进步文艺工作非常热情积极，做事细心负责，对朋友亲切友善。当时南方局文委和以后文化组的对外联络工作，许多由叶以群担当，叶以群成了曾家岩50号的常客。而他所在的中华全国文艺界抗敌协会，在重庆张家花园 69 号，也是我常去的地方。我时常把解放区和延安出版的报刊送到叶以群处，由他分送给文艺界的朋友们。

沈先生在重庆安居下来后，即和在重庆的老朋友联络欢聚，参加文艺界的各种座谈会，发表讲演，十分忙碌。他根据恩来同志的建议，把主要精力放在筹备复刊出版文学大型刊物《文艺阵地》上。复刊须经国民党的报刊审查委员会通过，遇到不少麻烦，沈先生尽力周旋协调，具体工作则在沈先生的指导下由叶以群办理，很快成立了由茅盾、叶以群、沙汀、宋之的、章泯、曹靖华、欧阳山七人组成的编委会，《文艺阵地》终于在 1941 年 1 月 10 日复刊了。这是全国性的进步文艺刊物，刊登国统区的作家、艺术家们反映抗日进步的文艺作品，也刊登延安以及其他敌后根据地的作家描写火热斗争生活的作品，在国统区不仅在文艺界，更在广大知识界和学生中有不少读者，影响很大。可惜好景不长，1941 年皖南事变后，政治形势越来越恶化，《文艺阵地》又一次被扼杀了。

1941 年 1 月，国民党发动反共内战，围攻我新四军，制造了皖南事变，全国政治形势突然恶化，重庆更是乌云滚滚，一片黑暗。进步人士被国民党特务严密监视，随时都有被捕危险，真有山雨欲来风满楼之势。恩来同志领导下的中央南方局紧张地研究对策。当时中央曾传出要将重庆八路军办事处的党员工作人员全部撤返延安的说法。但恩来同志认为这是一块必须坚守的阵地，只要国民党不做绝，不逮捕他周恩来，他就要坚守在那里。经过南方局领导的仔细研究安排，为了保护大批朋友，决定有组织地疏散在重庆的进步人士，包括文化界的许多朋友。南方局决定，茅盾因为目标太大，应该疏散。恩来同志亲自找沈先生谈话，向他讲述严峻的政治形势，征求他对文化界疏散的意见，希望他去香港暂避，又可以开辟新的阵地。沈先生表示一切尊重组织安排。

沈先生到达香港以后，即与韬奋、夏衍等人一起，团结在香港的大批文化界人士，大力开展工作。特别值得一提的是，沈先生在紧张繁忙的工作之余，还在尽力笔耕。那时期他写了长篇小说《腐蚀》。据沈先生自己说，那是为了刊物的需要，作为任务来写的，而且是边写边刊登，这对他来说也是少有的。这篇小说还为了适应香港和南洋一带读者群的口味来构思,又能从一个侧面反映国民党的阴暗腐败。内容情节比较简单:失足女青年赵惠明,被骗当了国民党特务,对人民干了不少坏事,后来她醒悟自己的堕落不能自拔而感到非常痛苦。她以自身的经历挽救了另一个失足女青年,并盼望自己能找到一条自新的道路。这篇小说在香港及南洋引起了强烈的反响。在重庆看到上海出版的这本书,青年中有些不同的议论。有的人说,茅盾这位深受人尊敬的老作家,为什么要抱着同情心来描写一个特务呢?

记得有一天我给沈先生送去解放区来的书刊,一般我都是把东西送到打声招呼就走的,不愿打扰他。这天他站起来,笑着说:记者同志请坐下。我说:沈先生有什么事要我办吗?他摆摆手,指着板凳等我坐下才说:我听说《腐蚀》这本小说青年人有意见,是不是?这是难怪的,像赵惠明这样一个已经堕落的人不值得同情。他带点犹疑的语气这样说。我非常率直地回答:是的,沈先生。有些人是这样说,但我却不认为这样,通过赵惠明让青年人看到社会的黑暗罪恶有什么不好呢?而且她本人也是无辜的。由于她的软弱无知被坏人拉下水,又没有勇气和力量抗争自拔,她内心的矛盾和痛苦是值得同情的。为什么不可以让她挽救另一个无辜的牺牲者而自赎呢?沈先生习惯地轻声笑说:那么你是我的拥护者啰。他又严肃地问我:你们那里(指八路军办事处)的同志有什么议论呢?周公有什么批评吗?我回答说:我们没有讨论,也没听恩来同志谈起,我回去汇报一下好吗?他又轻轻地说,不需要,见你来了我顺便问问罢了。

《腐蚀》这本小说,办事处不少青年同志看过,也引起过争论。有一天,我们一群年轻人正在议论,恩来同志来了,我们都盼望听听他的意见。他听了双方不同的观点后说:一个作家对生活对社会都有自己的看法,他们以自己的立场观点来解剖社会,反映现实生活。作家对现实生活可能有不同的看法,正确与否当然可以讨论,你们也可以从不同的角度来阅读作品,但何必急于取得一致呢?要知道有些作品是需经过时间的考验的,甚至科学和真理都需要时间的考验呢。沈先生想听你们的意见是他的谦虚嘛!恩来同志是随便说的，倒真引起我们大家的深思。

《清明前后》是茅盾同志唯一的话剧作品。他自己常说，写剧本是还自己的心愿，头一回，写戏没有戏，像写小说一样，肯定要失败。当然这仅说明他的谦虚而已。《清明前后》以重庆当时轰动全国的黄金抢购案为背景，写了一个民族资本家和一个小公务员怎样被官僚大资本家所坑害。爱国的民族资本家林永清和妻子赵自芳一直抱着工业救国、法律救国的理想，希望对富民强国有所作为，抗战期间历尽千辛万苦，把工厂搬到重庆，但又受到有后台的官僚资本家、投机倒把分子的欺压，几乎陷入绝境。而小公务员唐文君和李维勤，仅希望能过温饱的生活，有一个屋能放下张床而不可得，最后被迫以小小积蓄购买黄金，倒成了大官僚投机分子的替罪羊。通过这样的人物和事实，反映了当时社会的黑暗。茅盾的这一剧本同他其他的文学作品一样，对社会对人生都有深刻的洞察，写得细微感人，是一部很有时代和历史意义的作品。

《清明前后》当时在重庆由顾而已、石羽、王苹等担任导演和主要演出。观众情绪十分热烈，特别是不少工厂主、小资本家深为感动，曾轰动一时，使观众十分震动，使人们想到抗战胜利了，国家今后向何处去？国民党腐败政权又将如何？

那时恩来同志刚从延安回到重庆，工作极其紧张，还是抽空去看了演出。他十分称赞这场戏。有一次在朋友聚会中遇到沈先生，恩来同志紧紧握着他的双手，为《清明前后》的剧作和演出成功祝贺。沈先生谦虚地说：我从来没有写过戏，真是贻笑大方。恩来同志则诚挚地说：你的笔真是犀利的投枪，方向很准而且是致命一击呵。他们一起笑起来。记得恩来同志还特意会见了演出的同志，共同祝贺演出成功。

周恩来同志对茅盾同志一直非常尊重和十分关怀，而沈先生则是组织观念很强的人。他们的友情是建立在共同奋斗的事业上。我以上所记仅是几件小事，而又事隔半个世纪，如有差错，希望得到指正。

夏衍心目中的周公

1979年10月底，第四届中国文联代表大会开幕时，千数以上文艺界人士欢天喜地、精神振奋，这是"四人帮"垮台后，中国文艺复兴的大动员。特别是大家听了邓小平同志的报告更是振奋异常，对前途充满信心，计划着如何为新时期的文艺创作做出更大贡献。

会议期间，人们不约而同地悼念起周恩来同志，每次小组讨论时，都会谈起恩来同志，如果他还在世，和大家在一起，那该是多么好啊。

我也参加了这次大会和小会，心情也很不平静。当我进入会场，看到不少旧友，有的被搀扶着，有的拄着拐杖，有的坐着轮椅……而前一次文代会时，还都是青壮年，神采奕奕的。如今，经过十年的岁月磨难，人们见面第一句问候话竟是：你还活着呵，可喜可贺！

当时我家住在南河沿一处四合院，地点适中而且还宽敞，文艺界许多朋友来京开会会到我家来聚会，文代会期间也如是。记得有一天，夏衍、荒煤、光年、司徒慧敏等10多人来到我家欢聚，谈到许多往事，忽然夏衍提高嗓子说：你们听我讲故事。这是少有的事，因为夏衍一般话不多。夏衍既严肃又嬉笑着说：给你们讲讲我第一次见恩来同志的故事。你们都知道，我以前从未见到真正的周恩来，而只是在国民党报纸上的"通缉令"中见到所谓的"匪首"周恩来是满脸大胡子的老头子,浓眉大目很凶的样子。你们都见过这种报纸吧。1936年,国共两党开始共同抗日的谈判,恩来同志往来于延安和南京、庐山时,我在上海忙着左联的事。一天,潘汉年来找我,说是要带我去见一个朋友,我们到了一处弄堂房子,敲门进入看见有好几位,汉年拉着我站在一人面前说:这位就是周恩来同志。我大为吃惊:周恩来同志?真不相信我的眼睛,是不是我的眼镜不对了?周恩来不是满脸大胡子的老头吗?他微笑着向我伸出手来,我待在那里看了又看,怎么会是这样一个中年人,目光炯炯,和蔼亲切,简直是个美男子嘛。他看到我的样子可能很可笑,说:沈端先、夏衍同志,我本想早点和你见面,忙于延安、庐山之间奔波啊……

随即恩来同志向夏衍下达任务:向刚从日本回国的郭沫若同志汇报有关方面的情况,在郭沫若的名下,找到国民党人士潘公展等共同筹办《救亡日报》,今后的任务是做国民党上层人士的统战工作。

我第一次与夏衍同志见面是1942年,他从香港经桂林到了重庆,不久他与金山、于伶、司徒慧敏等在重庆筹办了中国艺术剧社。因为有好的社会关系支持,这个民间职业话剧团比中华剧艺社的条件优越得多。他们演出了巴金的《家》,轰动一时,以后不断有新剧目演出,而夏衍的话剧作品最初是由中华剧艺社演出《一年间》《愁城记》,《法西斯细菌》则是由中国万岁剧团演出的。《愁城记》演出时,卖座不大好。《新华日报》登了我写的一篇剧评,对该剧做了介绍和分析。我写的这篇剧评很不像样子。

夏衍当时已经是文化组的负责人之一,第一次来参加会议,我虽然知道他,但还不算正式认识吧。开会前他来了,他好像特别注视着我,看得我有点不好意思了。他却很随便地向我伸过手来,说:你就是戏剧界朋友都认识的青年剧评家呀?我脸都红了,和他握着手:请你原谅我写得太糟了,还挨了恩来同志一顿批评才写的。我刚刚开始学习哩。夏衍倒是笑笑说:果然很年轻嘛,你20岁都还不到吧,他们还有人称呼你大姐哩。我心里有点别扭说,我已经满20岁了,谁让他们称我大姐哩。

以后夏衍常常到曾家岩50号来参加南方局文化组的会，我们也就慢慢地熟悉了，就像和其他文艺界的领导一样。不久，我又写过《法西斯细菌》的剧评文章，夏衍也表示满意。但我们除了工作的事，接触不是很多。

当我在广州上中学的时候就读过夏衍写的《包身工》。我是从这篇报告文学中初次具体认识了中国的工人阶级，也可以说是我对革命认识的启蒙吧，以后又读过他翻译的《母亲》。我这个小知识分子也是从不少作家的作品中，逐渐在思想上有所改变，走上革命道路的。以后，由于工作关系我能有机会接触到许多我崇敬的作家、艺术家，这是我的幸运。

夏衍所写的文章视野非常广阔，从分析世界形势的国际评论、政治社论、杂文、散文，到文学作品，到电影脚本、话剧创作，无一不涉及，而且数量也极多，我读过的仅是极少极少的一点而已。他的话剧创作我读得比较多些，看过的演出也不少。夏衍第一个话剧《赛金花》的演出轰动一时，也曾引起过不少争论，不过经过这么多年总算有了定论，这是一个爱国主义的剧本，在当时起过很好的作用。抗战以后，夏衍所写的话剧几乎都是以知识分子，尤其是中下层知识分子为主人公，从《上海屋檐下》《愁城记》，到《法西斯细菌》及其后的《芳草天涯》，都是写知识分子的。

夏衍的话剧创作有自己独特的风格，在创作历史剧时，他和郭沫若都展示了对历史人物的深刻理解，并把自己的情感灌注进历史人物的心灵之中。但郭老更善于把自己的激情与对剧中主人翁的同情融合在一起，大喜大悲，大起大落，带给观众强烈的情感冲击，比如《屈原》。田汉创作的剧本也同样把自己充沛的情感流入进去，有时甚至分辨不清是作者的，或是剧中人物的，话剧《关汉卿》即最能代表田汉剧作这方面的特色。田汉的京剧《谢瑶环》也如是。而夏衍的话剧创作则是完全不同的格调，感情总是淡淡的，从表面进入到深层，合情合理地发展下去，对知识分子的缺点有批评，有鞭挞，对他们的优点有恰如其分的歌颂和表扬。读他的剧本有如一股清泉在心中慢慢流淌。也许我把这三位大师的作品来做比较是很不合适吧，但他们的剧作我都十分喜爱，也都读过不少，演出也看了不少，同样是常被他们的激情所感染，随着剧中人物的喜而乐，悲而泣，也有深沉的思考和不断回味。

在夏衍的话剧创作中有一事在老人心中始终耿耿于怀，那就是1945年在重庆演出《芳草天涯》后，《新华日报》曾经发表过比较严厉的批判文章，我当时正好从重庆回延安参加整风学习，所以对于这段历史事实并不了解详情，只是听说。我回到重庆又在文化组工作，忽然有一天夏衍把我叫住问道：你在延安时，想来已经知道在批判我的《芳草天涯》，但你听恩来同志谈起过这件事吗？你看过《新华日报》的文章吗？这真是恩来的意思吗？我当时有点吃惊，就据实回答，没有听恩来同志谈起过这件事，在延安恩来同志很忙，特别在七大召开以前，我只见到恩来同志一次，整风、七大以后，恩来同志倒是为了延安作家们（有张庚、荒煤等参加）创作的剧本《粮食》开过两次会，我也参加了，但恩来同志从未和我谈起重庆的事。夏衍茫然若失，喃喃地说：周公怎么会不知道呢？他若是知道，一定会说句话的。难道这些人敢自做主张么？周公一直领导重庆的文艺工作，怎么被认为是执行错误路线呢？

过不多久，夏衍同志特别把我叫到他家说起那时的事。1945年底，延安派几位大作家来重庆一边贯彻延安文艺座谈会上的讲话精神，一边要批评蒋管区文艺工作上的右倾。这一情况我当时是知道的，大作家指的是何其芳、林然涵等有四五人吧。他们到重庆后召集会议，结合蒋管区实际讨论延安文艺座谈会上的讲话精神，着重介绍了延安近年所获得的巨大成果，并对蒋管区的文艺工作进行总结。他们中间虽然没有演员，却在化龙桥《新华日报》编辑部演出了一场秧歌剧，剧目有《兄妹开荒》《夫妻识字》《牛永贵受伤》等，请不少民主人士和文艺界朋友来欣赏。这些秧歌剧的内容完全是反映工农兵生活的，形式又很清新，充满乡土气息，引起了很大反响。但在国民党统治区如何来贯彻讲话精神呢？在重庆或其他国民党统治区又如何实践深入工农兵呢？这些都引起重庆文艺界人士思想上的很大波动。

其实，1943年《在延安文艺座谈会上的讲话》发表以后，文章传到重庆，在南方局周恩来、董必武等同志领导下，曾经进行过学习讨论。恩来同志等说，讲话精神一定要好好学习，也应该结合个人的思想来进行学习，但由于环境不同，做法也不可能一样，在国统区以学习精神为主，而不可能像解放区那样具体实践，因为重庆或其他国统区的大多数人民群众，也难以很快就接受秧歌剧这种形式，而作家、艺术家们深入工农兵，在那样的环境下也是不可能做到的。

也就是在讨论并检讨国统区文艺工作期间，夏衍的话剧《芳草天涯》上演了，茅盾的第一个话剧《清明前后》也演出了。但是夏衍的《芳草天涯》立即引起从延安来的同志们特别关注，认为作为文艺界领导者写出这样的剧本并在这时上演是完全不合时宜的。于是在《新华日报》展开了讨论和批判。

最近，我重新翻阅了1945年的《新华日报》有关文章，那次对夏衍《芳草天涯》的批评是有点与过去不一样，即不是单独批评一个话剧，而是开了座谈会，讨论《芳草天涯》与《清明前后》。座谈会是1945年11月10日召开的，在28日用整版刊登了座谈会纪要，而发言人却不用真姓名，都以英文字母代替。现在读来我都感到很奇怪，我在重庆工作期间，《新华日报》用这种方式刊登座谈会记录很少有，因为这样的座谈没有任何保密的必要。这篇座谈记录的内容无疑是拿两个话剧做对比，一个是正确的，好的；另一个则是坏的，错误的。对于《清明前后》无须再说，那是一部在当时有影响的好戏。那么《芳草天涯》是否就是坏戏呢？

当时在《新华日报》上的批评主要是指责《芳草天涯》具有"非政治"，甚至"反马克思主义"的倾向。那篇座谈纪要说：今天后方所要反对的主要倾向，究竟是标语口号、公式主义。还是其他？这种批评本身就正是一种标语口号、公式主义的批评。因为它只知道反公式主义的公式，而不知道今天严重的普遍的"泛滥于文艺界的倾向，乃是更为有害的非政治倾向"。有一些人正在用反公式主义掩盖反政治主义，用反客观主义掩盖反理性主义，用反教条主义掩盖反马克思主义——反马克思主义成了合法的，马克思主义成为非法的，这个非法的思想已此调不弹久矣。有些人说生活就是政治，自然广义地说，一切生活都离不了政治，但因此就把政治还原为非政治的日常琐事，把阶级斗争还原为个人对个人的态度，否则就认定为公式主义、客观主义、教条主义，那是非常危险的。假如说《清明前后》是公式主义，我们宁愿多有一些这种所谓"公式主义"，而不愿有所谓"非公式主义"的《芳草天涯》，或其他莫明其妙的让人糊涂而不让人清醒的东西。

　　对《芳草天涯》剧本亦是有批评的，涉及恋爱婚姻观点的问题，但主要的还是"非政治"主题思想，没有切中时弊。那么从整个座谈会的思想内容来看，对剧本的批评倒不是最重要的，而最重要的是从《芳草天涯》的演出提出了一个重要的问题，即在国民党统治区的戏剧活动，甚至整个文艺工作有"非政治的倾向"，而这种倾向是在批评教条主义、公式主义的幌子下，实质是批判了马克思主义，反马克思主义的。从一个剧本的演出、两个剧本的对比就得出了如此重大问题的结论，而且针对着当时在国统区文艺界的领导人，以有影响的党员夏衍作为典型例子，应该说不是小事情。此后几十年，夏衍都对这次批判耿耿于怀，这不是没有道理的。因为被戴上一顶"反马克思主义"的帽子，对谁来说都不能漠然置之的。

　　抗日战争期间我在国统区做文化工作约有六七年之久，在我的记忆中，在重庆文艺界没有对文艺工作涉及反公式化、教条主义的讨论或争论，只是在延安整风时，重庆曾经学习过"反公式化教条主义"等理论。因为在重庆，进步文艺工作主要是反对国民党的独裁倒退反民主，可以说是极少可能提出"反公式化教条主义"的问题，倒是非政治倾向的问题有过讨论，因为在国民党严格统治下，演出了不少历史题材或民国初年的题材的话剧。而这些话剧具有反封建的意义，或者能以古喻今。而这些话剧能否也视为非政治倾向呢？我想夏衍一剧《芳草天涯》是构不成一种倾向的。这样的说法可能涉及整个蒋管区文艺活动的方针路线问题，所以夏衍非常关注恩来同志在延安对于这次批判《芳草天涯》的态度。

　　最近我重读了《芳草天涯》剧本以及夏衍的其他一些话剧本，除了《芳草天涯》我没有看过演出，其他的如《上海屋檐下》《一年间》《法西斯细菌》《愁城记》等，只要是在重庆上演过的，我都看过。这些剧本的主要人物是小知识分子，或者说是小资产阶级的人物。在此文中我不想探讨夏衍创作在艺术上的成就和风格，只是就这些作品的内容来说，无疑都是充满了爱国主义精神和富有思想性及积极的政治意义的，而且创造了众多知识分子，包括进步的、中间的、落后的典型形象。这些作品也可以被认为是在中国文化发展史中有一定地位的。那么夏衍写了一个以恋爱为题材的剧本，当然也不能构成他本人话剧创作的政治倾向。人们总这样认为，恋爱或爱情是文艺创作的永恒题材，人生总离不了爱情，有愿意在爱情上划分阶级性也无可非议。夏衍作为一个作家、一个党员作家、一个领导文艺工作的作家，是否可以写爱情题材的作品呢？答案无疑是肯定的。问题在于用什么思想来写，如何写？批判者认为，《芳草天涯》没有与当时的政治结合，恋爱婚姻在人生中的意义被夸大了，而解决恋爱婚姻问题的思想也是错误的。这样的批判一直持续到1959年何其芳的文章评《芳草天涯》（原载《关于现实主义》，上海文艺出版社，1959）。我又重读了这篇文章，现在我更难以理解这样的批判。

　　这个剧本的大背景是抗战期间，女主人公孟小云（女大学生，积极的抗日进步青年）、男主人公尚志恢（有爱国思想的并不积极进步的大学教授）两人相遇，接触一段时间后，两人心中都萌生了仰慕之情，尚志恢有妻子但思想落后，感情不好，看孟小云年轻美丽又有朝气就产生爱慕，孟小云有男朋友，是大学同学，认识尚志恢后感到他成熟、有学问，由敬重而产生爱慕，但仅此而已，只是在内心和思想上有爱恋之情，并没有任何行为上的越轨。以后双方都感觉到这种感情不对，而受到心灵上的自责。于是孟小云去了抗日前线，尚志恢则在道德观上认识了自己的错误：把追求个人幸福建立在使别人痛苦之上是不道德的。他最终与妻子和好。这段"精神恋爱"就这样结束了。

　　批判者认为夏衍这种婚姻观，不是解决恋爱问题的正确方法。但从我个人的认识来说，这种婚姻观点不仅没有错，而且是一种高尚道德观的体现，直到数十年后的今天，这种道德观仍然是高尚的、可取的。那么为什么那时候要如此高调进行批判呢？由于1945年我回延安参加整风学习，不在重庆，抗战胜利后回到重庆，那时形势已经大变了。文艺界许多朋友都加入了反内战、争民主的斗争行列，虽然夏衍问我多次，我都没有认真地了解，很不应该地马虎过去了。以后，我才逐渐想起夏衍对此事多么重视，一直想弄明白究竟是怎么回事。事隔数十年是很难弄清楚为什么。但可以研究，可以讨论。我个人认为，当年那样批判夏衍是不公正的，也是不对的，是一种极左思想作怪，还可能掺杂了某种宗派主义情绪。

从20世纪30年代开始，进步的或左翼的文艺运动，一方面是与大资产阶级的反动文艺做斗争，而同时在左翼内部也在进行各种多样的宗派斗争，直到新中国成立以后，这种斗争持续不断，有思想上的分歧，有地区不同，各种小集团或多个人物之间都纠缠着明争暗斗，而无休止。直到1966年"文化大革命"开始，江青跳了出来，把所有参加文艺工作的人和作品都一锅煮了，名之曰资产阶级修正主义的黑线，无论作品或人物都成了黑线，又粗又长的黑线，一概抹杀。江青要自创一套所谓革命的红色文艺。这十年在历史上几乎成了一片空白。直到江青和"四人帮"垮台以后，第四届文代会召开，当年进步的文艺才又活了过来，有了不少新的、富有生命力的各种文艺作品，文艺界各方人物又活跃起来。然而宗派主义的思想情绪，或宗派斗争的阴魂却未散尽，有时是以不同形式表现出来，或者变成为压倒别人、争名夺利而演出一些丑剧，这不能不令人感到遗憾。

30年代中期以后，周扬始终是中国革命文艺运动的领军人物，这也为文艺界人士所公认，晚年却遭到毫无道理的非难，可以说含冤而去。但逝者已矣，自有后人评议。周扬病后，领导文艺界的不少事情自然落到夏衍身上，所以有一段时间夏衍是全国文联党组领导，而他本人并不是一个有权力欲的人，也不过是开会时听听汇报，发表点意见而已。我了解夏衍的性格和为人，数十年来他广交朋友，对人热情友善，从不摆什么架子，所以他家里常常是高朋满座，有来探望的、聊天的、拿作品去请教的。有一段时间我去他家比较多，每次到他家，他家里都有客人，倘若我有时要与他谈公事，则要约好时间，免得费时等待。

1985年我从美国回来，第一次去看望他，除了对他说了不少美国情况，还告诉他我预备退休了。他抬头望着我说：我比你大多少，我还没有退呢。文联和外交部不一样，没有一刀切的问题，你过几天还来这上班吧，正需要人做事哩。他有点黯然地说，周扬走后，文联的事很不好办，思想不一致，我也当不惯这个领导。我看夏衍那瘦削的脸庞、忧伤的眼神，心中不忍，我答应他过几天就去文联上班。

我在美国时就听文艺界朋友谈到过国内的情况，文艺界的领导实质上是两套马车，夏衍是文联领导，而中宣部、文化部则是贺部长领导，无论思想上和工作上都常常不一致，实际上是贺部长领导文艺界。我见过夏衍以后考虑，应该把两套车合起来，会跑得更快更稳吧。"文革"期间，我与部长夫妇称得上是"铁哥们"，无话不谈，固然也曾听朋友说过，部长当官了，人是会变的，我心中却不以为然，会怎么变呢？朋友总是不变的吧。

一个周末，我抱着会见故友的愉快心情跑到南沙沟的部长宿舍楼，以前我来过多次了，也没有事先打电话即叩开门，部长看见是我，也没有特别异样，把我请到客厅，送一杯清茶，我们很随便地闲谈起来。我先和他谈了在美国的一些情况，又告诉他去看过夏衍，这时他怪怪地看了我一眼。我并没有感到什么，接着我就按照自己的思路谈了起来。我说夏衍是个老同志，是位长者，为人谦虚宽厚。他皱了皱眉。我接着说，听说你和夏公相处得不太好，"你们也许有些意见分歧，不会是在大问题上吧，你为什么不去看望他一下呢？他是我们的前辈了，去看望他也是很正常的嘛。"我话音未落，他的夫人从旁门窜了出来。我们原是莫逆之交，见她如此把我吓了一大跳。未等我回过劲来，她就用手指着我大声说："你别得意太早了。现在他们用得着你，把你哄着捧着，用不着你时，你的下场就和老贺一样……"我大为吃惊地问道："老贺怎样啦！他现在还当着两个部长哩，谈不到什么下场吧！"她说："姓夏的不就是想当祖师爷吗？你看看，无论什么人到了北京都要去拜见他，把剧本啦、电影啦、作品啦，都往那里送，为什么不往这里送呀！……"当时我真是目瞪口呆，这是怎么啦？本来夏衍就是这方面的专家，又有实际经验，朋友们或年轻人去找他是很正常的，怎么就扯到祖师爷呢？我看着他二人的脸色不好，不知所措，几分钟后就告辞出来。

在路上走着走着，我想作为一个大领导大文人竟是如此没有风度，如此没有涵养，悲哀啊。我感到还是在宗派的怪圈中打转吧。

1990年，我正式退休了，完全无须每天坐班的感觉真好。自己想干点什么都很自由，不受任何干扰。我很想整理总结一下抗日战争期间在重庆的工作，那是很有意义的，好像还没有什么人认真研究过。

一天，我收到朋友从瑞士寄来的巧克力糖，这是夏公爱吃的，我带着糖轻松地去探望夏公。那时他虽已90岁高龄，身体尚健朗。他看见有人去探望总是很高兴的。我告诉他巧克力刚收到，是纯巧克力，比较好，想到您爱吃就送来了。您每顿饭都吃得那么少，又很劳累，会吃不消的。他放下手中的放大镜，他的视力已很不好了，要用放大镜才能看书、写东西，但他仍然是每日看不停。他很高兴，打开糖盒拿起一块放进嘴里。他问我近况如何，其实他已知道文联各协会领导班子都换了。我愉快地说，这下好了，可以彻底解放了。他问我自己想干点什么。我即告诉他，我首先想做的是总结一下在重庆抗战时期的文艺工作，特别是恩来同志领导文艺工作的经验。我告诉他最好是拍个电视专题片，那样还可以留下许多文艺界朋友的事迹，但我怕自己力所不及。夏衍一听，立刻高兴地说，太对了，对你说来这是一件重要的大事。因为只有你才可能组织这件事。本来我早想过，你应该做这件事。我感觉惭愧地说：我想是想，但怕不行，有许多困难啊。夏衍鼓励我，你行。当然不是你一个人，有不少同志也有这种想法，但没有开头的，你全力来做肯定行。你可以去找荒煤、光年，请教他们，要他们带头来做。但具体事情都得你去组织，去执行。我真没有想到，他随手拿起电话即打给光年同志，告诉他这件事太好了，大家应该做，并告诉他现在张颖要做，是最合适的人选了，她有精力，有组织经验，又了解全面情况，你出主意就行了。他当着我的面又给荒煤打了同样内容的电话。我既感动又很受鼓舞，打定主意一定要把这件事办好。

我很快找到光年和荒煤，他们也和夏衍一样热心，立即出主意，要先组织个筹备组。他俩，加上周巍峙和冯牧就组成了筹备组，决定一周以后即开始行动，到我家聚齐。当时我还住在南河沿大街，地点很适中。真没想到行动如此迅速。

1991年秋天开始工作，第一次聚会就决定了具体方案。老前辈们真是有经验，有主意。我也极兴奋，没料到多年要做的事，居然有了着落。当时决定首先要办两件事：一是写出内容提纲，二是考虑筹措赞助款。因为拍电视专题片要有人，还要有钱。分配给我的任务是写提纲，筹赞助则需要广东、上海等地的文艺界朋友想办法。我们五个人中，光年、荒煤年岁大了，身体不太好，巍峙还在一线工作，冯牧说他对情况了解不全面，70岁的我算是年轻力壮，跑腿等事都由我来担当。我当然会尽最大的努力去做。

　　十天左右我草拟了提纲，还没有给荒煤他们看过，即到夏公处。那时他精神尚好，但身体很瘦弱，吃得非常少。那天我去他家倒是没有客人，只见他拿着放大镜在看别人送来请他看的稿子，非常专注。看着他一手拿着放大镜一手翻书的情景，使我很感动又有点心酸。老人已是身残体弱，还是那样不知疲劳地工作、奉献。我轻轻走近夏公，告诉他我已把提纲草拟完，打印出来，还没有讨论修改，先送过来给他过目。我又说，您的视力太差就不用看了，我给您说说吧。他点点头。我说了个大概，他说你把稿子放下，我抽空要看的，先给你提个醒：这部专题片不仅是反映恩来同志，还要反映出当年整个文艺界的情况和人物，又从这些人物表现整个进步文艺界的精神风貌。他说现在文艺界的老人还有不少健在，都应该去逐一采访，留下宝贵的资料。他兴奋地谈着，我即记下来，并把采访的名单也写下了，居然还有数十人，主要集中在上海、北京、广东等地。他提议我出去跑一遍再回来仔细研究，赞助费可以去广东、上海筹募，又提醒必须请中央文献研究室合作并向他们求教，否则办不成。他的这些建议都非常宝贵非常周到，又切实可行。

　　随后，我和光年、荒煤等同志商量后，即外出去上海等地。

　　这部片子运作了近三年，在这三年中夏衍的身体日见衰弱，我每次从外地回京都去看望他，但他一次比一次更清瘦，更衰弱，终于住进了北京医院，几次都要电视采访他，留下他宝贵的资料，最终都没有如愿。1995年，他离开了人世。当《周恩来与文艺》10集共5小时拍摄完成时，他已看不到了。这在我们的心中留下了永远的遗憾。

周恩来、孙维世和金山

周恩来同志和邓大姐都很关心青年人，特别是关心烈士子女，这几乎尽人皆知。抗日战争初国共合作时期，因为环境许可，恩来同志即尽最大力量在全国各地寻找失散的烈士亲属和子女，找到后即把这些孩子及亲属送到延安或苏联学习。当时有不少传闻，说恩来同志夫妇，尤其是邓大姐，收了许多"干儿子""干女儿"，其实是他俩人把烈士的子女视为亲生儿女一般。著名戏剧家孙维世是突出的例子。孙维世的父亲孙炳文是我党优秀党员，曾接任恩来同志出任黄埔军校政治部主任，兼总教官，是恩来同志的好朋友，1927年在大革命中牺牲。抗战初期，孙维世的母亲任锐带着孙维世和哥哥孙央到延安。我在重庆工作期间还曾照顾过任锐同志。

一

1955年末，我从天津市调到北京中国戏剧家协会书记处，主要是管《戏剧报》的编辑审稿工作。解放前我也曾在文艺界工作多年，但我还没有强烈感觉文艺圈工作的复杂性，无论思想上或人际关系上，我还比较单纯，缺少经验。

1949年周恩来、邓颖超与孙维世合影

1956年，中国青年艺术剧院上演了一出新的话剧《同甘共苦》，是岳野的新作，由孙维世导演，舒强、于蓝、刘燕瑾主演，受到观众的欢迎。不少人认为这是解放后作家解放思想、敢于揭露矛盾的力作，在《戏剧报》上也曾发表过称赞的文章。工作所系，当然我也去观看了。我这个人有个"毛病"：大家说好的，我总想去挑点毛病；别人批评的，我反而要找出些好处来。我第一次去看《同甘共苦》时，感觉戏写得不错，很吸引人，演员阵容一流，导演更没得说。但我思想上总觉得有些别扭、不顺，主要是剧本内容引起我这种看法。

现在可能有不少人当年是看过演出的。这是一部感情戏，故事写老干部的三角恋爱。男主角（舒强饰）是党的高级干部，女主角之一（于蓝饰）是抗战时期的知识分子，女主角之二（刘燕瑾饰）是党的高级干部前妻，农村妇女。剧本故事情节也并不复杂：抗日战争期间，一个年轻人告别新婚的妻子参了军，从此杳无音讯。后来他的妻子也参加了抗日后勤工作，成了妇女积极分子，但夫妻二人因战乱而失去了联系。男青年在抗日队伍中又认识了一位知识分子女干部，结婚生子。这种情况在那个年代很普遍。这是战争环境所造成的，无可非议。后来一个偶然的机会，三个人相逢了。这时男青年已成为高级干部，遇到前妻既抱歉又难堪。他看见前妻已成为进步分子，对他再婚也毫无怨言，相反还百般照顾他，使他十分感动。抗战妻子开始有些嫉妒，但慢慢感到这位前妻既能干又贤惠。两位妻子都觉得自己应该退出，但那位高级干部不同意，于是便成了一夫二妻，相安无事（剧情内容我只是记忆，没有再查证）。如果在旧社会，这种事是可以让别人接受的，难得三人都这样识大体顾大局。但当时新中国成立不久，正在宣传一夫一妻的新婚姻法。于是我心里提出了问号：这样的戏不是违背婚姻法吗？而且那位高级干部同时面对两个妻子，使我感到不可思议。最后我得出结论：这个戏的主题思想不健康，虽然演得好，导得好，观众喜欢，但不能提倡，而且应该批评。于是我写了一篇剧评，洋洋洒洒写了三四千字，批评该戏思想不健康，违背婚姻法，还给老干部脸上抹黑。总之是一棍子打下去了。

文章登在《戏剧报》上，这多少会引起圈内人士的吃惊。孙维世和岳野的名气都不小，活动能量也强，而我是刚到北京来的新人。不几天剧协艺委会就召开了有关《同甘共苦》的座谈会，到会的人不少。我当时认为只是讨论一下，交换意见，我已经发表了文章，没有再多要说的了。会上还真有争论，开始都心平气和的，到孙维世发言时她很严厉地指着我说：你不就是掌握舆论工具吗？怎么就这样胡言乱语给人扣帽子？新生事物出来不容易，你一棍子就想打死呀。你是什么评论家，一窍不通！当时我都懵了：没想到会这样。我的个性也倔，见她如此，便回了一句：你是了不起的大专家，批评不得吗？座谈会变成了吵架……

我和孙维世认识很久了，相处得也不错，这一下成了"仇人"似的，见面都不说话。我心里也很不是滋味，怎么会这样呢？不就是一篇剧评吗？但我还没有认真去思考我的文章会有什么不好的影响。

不久，恩来同志办公室给我打电话，让我吃午饭时去西花厅。我到了西花厅，看见维世已经坐在那里和她的邓妈妈亲热交谈着。我一见这情景不知所措，也就坐下来。不一会儿就开饭了，公务员提来两个饭盒放在桌上。邓大姐和恩来同志的饭菜从来就很简单，倒是给我和维世的那两份又多又好。这时恩来同志进来了，维世是他们的干女儿，很亲热地叫爸爸。恩来同志很客气地先和我握握手，便让我们吃饭，也没再说什么话。吃完饭，坐在沙发上，恩来同志笑着说道：听说你们两个人当着不少人的面打了起来？维世笑着不说话，我吃惊地看着他们说：没有呀，怎么可能打起来呢？不过是对一个戏有不同看法而已。恩来同志哈哈笑起来：我的情报又准又快，真的没打？维世说：打了，不过是嘴仗。邓大姐这时才发话：你们都是老党员了，不会各自多做自我批评吗？都认为自己全对了？她说话时表情很严肃，但语气很平和，没有责备的意思。我觉得很难向维世道歉。这件事好像就这样过去了，我和维世也和过去一样了。

就在这时候，戏剧圈忽然刮起一阵风，既批评《同甘共苦》，又批评别的有创意的剧本和演出。比如青艺演出的《瘦马记》，南京演出的《布谷鸟又叫了》，等等。这时我才真正感觉到我的无知。我的文章居然引来了一股极左风——应该说这股风从来就有，是我的无知不觉中起了推波助澜的坏作用。我想做个自我批评也无济于事了。到了反右派时，这些作家都被批判成为右派分子，这时我才知道自己犯了大错，但根本无能为力去挽回什么了。这件事成了我数十年来的一块心病。我一直感到对不起维世和岳野，当时确是出于无知，但也不能原谅。

我和孙维世1937年在延安就认识了，那时候大家都称她为大小姐。她年轻漂亮，是从上海到延安的电影明星，她比江青名气大，因此在那时候江青对她埋下了嫉妒之心。她在延安演的第一个角色是话剧《团圆》的女主角，沙可夫写的剧本，左明导演。维世是女主角，大小姐的名气可能由此而生吧。林彪也追求过她，但维世对"首长"并不感兴趣，这也引起了叶群的嫉恨，以至几十年后她被人害死。1939年，孙维世随周恩来、邓颖超同志去苏联留学，直到全中国解放前夕才回国。

新中国成立后，维世成为著名专家导演并回到北京，在那段长时间我们没有什么接触，我和她母亲任锐成了好朋友，她小姨任均和我在鲁艺是同学，所以我和她一家也还是顶有缘分的。抗战期间，任锐因为身体不好，到重庆治病，那时我正好已调到重庆工作，我受恩来同志的嘱咐照顾老大姐，所以与她感情很好。解放后我在天津工作时，任锐又在天津治病，那时维世到天津看望和照顾她母亲，我常常与她见面，一起去看望她母亲，直到她母亲去世。不久我也调到北京工作，而且都在戏剧圈里，那次矛盾很出我的意料，当然很快也过去了。其实我对她的艺术才能一直都很钦佩，她的为人、她的勤奋，都给我留下很深的印象。

解放不久，由廖承志领导创建了中国青年艺术剧院，在当时这是一个很有实力的剧院，孙维世是总导演，其他导演有不少，另有金山、石羽、杨露曦等著名演员。青艺与北京人艺成为当时在首都最有实力的、演出数量最多、质量最好的剧院。当然这两个剧院的演出风格完全不同。

孙维世在青年艺术剧院排演了俄罗斯及苏联的名剧，如《凡尼亚舅舅》和《钢铁是怎样炼成的》，曾轰动全国，在教育年轻一代方面起了很大的作用，在艺术创作上也非常成功，成为一时的典范。孙维世还在中央戏剧学院办起了导演、表演艺术训练班，请来苏联专家列士里等人做教授，这使全国的话剧艺术水平都得到前所未有的提高。孙维世在20世纪50年代中国话剧事业创下的业绩是无可否认的。

60年代，毛泽东发表了对文艺界"两个批示"，刹那间，狂风暴雨骤然而至。知识分子，特别是文艺工作者处于困难境地。在这种气氛下，在恩来同志的督促和支持下，孙维世很快就组成一支队伍深入东北大庆油田工地，与广大工人群众同吃同住，体验生活，并写出了反映大庆人的剧本，不久在北京上演。虽说剧本和演出效果都不是很好，但其心可鉴。不幸"文化大革命"的风暴已经来临，北京乱了，全国乱了，我当然也已被关入牛棚。时有各种消息传来，听说孙维世被捕了。当时这样的消息不足为奇，不想维世从此杳无音讯。

五年后，1970年我从干校回来第一次见到邓大姐，她告诉我，维世已经离开人世，并被说成是自杀的。邓大姐很愤怒：死不见尸，怎能说是自杀呢？我心里明白：维世是被害死的。邓大姐还说，恩来同志听到消息后立即命令保留尸体做尸检，但江青等人却说已经火化了。维世这样一个乐观、聪明、勤奋的人，竟落得如此结局，真让人心酸。虽然事情已过去数十年，但我仍然不能忘怀。

二

我和金山认识是在1942年,当时他刚从南洋回到内地重庆。他本来也是戏剧圈里比较有名的人物,回到重庆不久即被郭沫若选中饰演《屈原》剧中的主角屈原。抗日战争期间,40年代重庆的话剧演出非常活跃,而且深受广大人民群众的欢迎,在《屈原》之前,郭沫若的《棠棣之花》演出已经非常轰动。郭沫若也就从此进入了他的历史剧创作高潮。当时《屈原》是很受关注的,因为《屈原》演出的成败,关系到重庆左翼文化运动的兴衰成败。作为中共代表留驻重庆的周恩来特别关心文化运动尤其是话剧。而郭沫若和恩来同志的关系非常亲密,郭老写《屈原》剧本时,每写出一幕之后都会送给恩来同志看并征求意见,在排演中选择导演和演员也都是相互议论决定的。恩来同志推荐金山演屈原。我也受命时常去排演场地观看排演情况,因此与金山很熟悉。

有一件事使我记忆犹新。一次,恩来同志要我约金山到红岩嘴八路军办事处谈话,我们约好在上清寺的车站会面,一起坐公共汽车到化龙桥,然后再坐马拉的三轮车到红岩嘴。当时我已经知道他是地下党员,但并不相认,因为他是单线和夏衍联系的,虽然经常见面,但交谈不多。那天坐在三轮车上,他非常兴奋,滔滔不绝地和我谈起他们在南洋一带宣传抗日的情况,他忽然站起来,高声呼喊:我要回家了!又特别向我声明,红岩嘴办事处就等于他的家了。当时我很惊讶,在国统区怎么可以这样忘形呢?我连忙让他赶快坐下来,别再胡乱叫喊,虽说在乡下也难说万一遇到麻烦的。他连忙笑说对不起。我说不是对不起,而是要注意自我保护。他才又开怀大笑起来。

那次恩来同志约金山到红岩嘴办事处,主要是谈他应该如何扮演屈原角色,特别嘱咐他,要很好研究体会郭老剧本的思想内涵,又能用形体和语言表达。那天午饭后,恩来同志专门把办事处的同志召集到"救亡室"来,听金山朗诵《屈原》剧本中的《雷电颂》,这件事让我久久难忘。

在重庆时，金山和张瑞芳合作演出《屈原》后又共同主演了曹禺改编的《家》，由舞台上的感情变成真实生活中的感情，两人正式结婚了。不久，金山利用他的社会关系，组成了实力很强的话剧团中国艺术剧社，在当时重庆的舞台上占到龙头地位，排演了许多新创作的话剧。抗日战争胜利后，他们又在一起到东北接收长春电影制片厂，还拍摄了《松花江上》，成为文艺圈中一对幸福的模范夫妻。

新中国成立后，我和金山在北京有了更多的接触。我被调到中国戏剧家协会以后，分管的工作主要是组织戏剧创作，先主持《戏剧报》（时间很短，只有一年），随后则长期主编《剧本月刊》，组织推动全国的戏剧创作。这一工作有10余年之久，我虽不曾写过一个剧本，但与不少剧作家结下了深厚的感情，就像一般所说的"为他人做嫁衣裳"。我对这项工作十分喜欢，常常不分昼夜地看剧本，也没感到枯燥无味，好像比自己写作更有兴趣。金山正是在剧本创作过程中与我关系亲密起来的。

为了积极反映工农兵的生活和历史，金山写了话剧《红色风暴》，从收集材料，酝酿写作，到讨论剧本和人物，我参与了不少，在这期间我了解到金山是一个对工作、事业非常认真的人。那时候写工人运动的话剧尚未有一个成功的，他认为这是一个很重要的方面，于是找到了五卅运动这个历史题材。他要创造工人运动领袖人物顾正红，但在写作过程中，发现资料太少，倒是领导工人运动的知识分子施洋大律师的历史资料不少，同时金山被施洋的事迹深深感动，认为没有施洋的参加与领导就不会有轰轰烈烈的五卅运动。那么要写这段历史，写这段历史的重要人物，应该是施洋还是顾正红呢？在意识形态关系极为复杂的60年代，这是一个大问题：知识分子怎么能够成为历史的主人翁呢？现在回想起来，那真是一个不可思议的年代。知识分子是臭老九，施洋大律师当然是知识分子，而且是很大的知识分子，怎么能在我们的舞台上作为英雄人物出现呢？于是这一创作就出现了大问题。

当时《剧本月刊》是全国性的发表剧本的权威性刊物，好剧本都在这个刊物上先发表，然后流行全国。于是金山只好找到我这个老熟人。有一天，他突然约我去他家聊天，说是有事要商量，并说维世也在。我已经知道他在创作工人运动的剧本，也不敢怠慢，骑上自行车上他家去了。那时他们已住在原铁狮子胡同了。到了他家，发现金山满脸愁容，而维世则默默坐在他身旁。我看见他们一脸严肃的样子，觉得有点可笑：你们这两位大艺术家怎么啦？找我来有何贵干？维世拉我坐在她身旁的破沙发上说：金山的剧本写不下去了，这个剧本的主角到底是谁好呢？历史上是施洋大律师，可他是个知识分子，难道他能领导工人运动吗？现在看起来很可笑的事，那时却是个大问题。我直直地望着他们，脑子在急转弯。我突然说，两个都是主角成吗？没有工人领袖当然不能成为工人运动，但没有思想领导也不成呀，马克思主义难道不是知识分子介绍到中国来的吗？只要是与工农群众相结合不就成了吗？金山笑了，但忽然又愁容满面，说历史资料太少。于是我和维世给金山打气，我们纷纷议论，都把对方拟作假想敌，争论不休整整一下午，当然不会有结果，但最后金山显得有点把握了。

《红色风暴》这个戏，金山预备自己作为编、导、演全面开花，虽未到披阅十载的艰辛程度，也折腾了两三年，先是在《剧本月刊》上发表了，随后在天津话剧团排演，一面在天津体验工人阶级生活，一面在排练过程中不断修改。

又是一次突然的电话，金山请我去天津观看《红色风暴》连排，说已经准备在天津市工人俱乐部为工人阶级兄弟首场演出，并听取意见。金山坐着汽车接我一起赶去天津看彩排，一直到凌晨4点才回到北京。金山很兴奋，说为天津市的工人阶级兄弟演出了几场，反响相当强烈，还没有听到什么异议，所以准备在北京青艺排演该剧。我看完后感觉很不错，在处理施洋和顾正红两个主要人物上花了不少心血，也写得很引人入胜。青艺在当年演出了《红色风暴》，也很受欢迎，不久以后改编为电影《风暴》，应该说反映工人运动的电影很少，这一部是不错的。

"文革"开始后，金山的日子当然也不好过，维世被捕后他还在剧院挨批斗，那时他的最大罪名是混入党内的坏分子、假党员。而且他的党的直接领导人是周恩来，造反派大为恼火，对他穷追猛打，要他交代知情人，于是我被牵扯进去了。青艺造反派们就找到戏剧家协会的造反派，对我又穷追猛打，几无宁日。我如实地告诉他们：金山确实是党员，但他的直接领导我可不知道，也不可能知道，因为周恩来同志在重庆负责的工作太多，联系的人亦很多，我是不可能了解的。经过许多次对我的呼叫追问，我当然还是无法回答。在没办法继续拷问的情况下，他们让我说出金山什么时候到过重庆办事处，如果去过就是找周恩来同志了。这样的问题，我亦无法回答。于是造反派让我回忆周恩来同志什么时候在重庆，以便与金山交代的材料核对。我说：周恩来同志离开重庆或返回重庆的日子都会在报纸上登载，你们可以去查找。造反派又对我吼叫一通，我只好答应凭记忆可以写下大概的年份。

没过两天就传出消息来，说我公开写了周恩来总理的黑材料，剧协的造反派当然又把我猛斗一番，弄得我一头雾水。当我知道是我写的"年表"被写成大字报张贴在青艺大院后，我只好请造反派们亲自去看看，才知道是什么黑材料。那时候这种乱牵乱扯的事太多了，不足为奇。直到1970年我从湖南干校回到北京，隔绝六年之后再见到周恩来总理和邓大姐，周恩来总理一脸严肃地对我说：听说你还写过我的黑材料？我不知所措，无言以答。邓大姐赶忙说：那是有人打你的小报告哩！我也顽皮地说：您说我写过，那就算是写了吧。就是那次见面，邓大姐愤怒地告诉我，维世是被迫害致死的。

"文革"以后，大约是1982年，金山忽然找到我在南河沿的家。虽然那时彼此的消息还是知道的，但一直没有来往，这次突然见面，大家都分外兴奋和快活，感到有多少话要说。他主要来和我谈论他在有生之年还要做什么有意义的事。那几年我知道他从牢狱出来，身体很不好。几年后的第一次见面，我们一直聊了整整一天还没聊够，相约几天后再见。孰料没过几天，却听到金山因突发心肌梗死而离世的消息，真是世事难料啊！

三

已经几十年了，关于金山与孙维世的恋爱史，我始终未能释怀。他们恋爱结婚那段时间，文艺圈中传闻多多，都说金山是"浪荡子"，又说维世是插足的第三者，拆散了金山与张瑞芳的美满家庭。其实并非如此，事实是张瑞芳弃金山。金山是在离婚之后，又和维世恋爱结婚的。他们结婚那天我去祝贺，邓颖超作为主婚人出席，而且有赠礼，有祝福。在那段时间生活过来的人都知道，周恩来和邓颖超两人在这个问题上是非常严谨的，不管是对他们自己，还是对他们亲近的人。如果维世做错了，邓大姐不可能原谅，更不会去祝贺。虽然这不是什么大事，也已过去几十年，现在更无人会议论什么，但我既然知道内情，觉得还是应该为他们做历史的澄清。

周恩来与陈荒煤

一

荒煤是一个深沉的、善于思考的人，又是一个极重感情的真挚的朋友。我和他相识半个多世纪，虽然在一起工作的时间并不长，过往亦不甚密。但无论什么时候聚在一起都能畅谈交心，从无顾忌，这样的朋友不可多得。

大约在 1964 年 5 月，我随周恩来总理陪同西哈努克亲王到成都、重庆访问，在重庆市长的正式欢迎宴会上遇到荒煤，我感到有些意外，立即跑过去和他说话。我知道他是在"两个批示"以后，文化部整风，他受到批判并下放了，没想到在重庆遇见。见到我他也很高兴，问起北京近来文艺界整风的情况。我没有回答这些，却拉着他的手说：主要客人还没有到，快到那边见见周总理吧，他很关心你，还向我问起过你哩。这时，总理也正向荒煤招手打招呼。荒煤走过去，两人紧紧握着手，深情地互相看了好一阵，却只做了片刻寒暄。那时荒煤是下放锻炼，还担任着重庆市副市长的职务，协助管理工业生产。他对我说：对文艺工作已心灰意冷，以后洗手不干要改行了。

在从武汉回北京的飞机上，总理又和我谈起荒煤，他因为在重庆没有时间和荒煤谈谈，感到抱歉，让我回北京后给荒煤写封信，转告他的歉意，并希望以后找机会和荒煤详谈，并要我问问荒煤，他在文化部整风会上的检查，到底是怎么想的？他真的认为自己是执行了资产阶级修正主义路线吗？回到北京，我很快就给荒煤写了一封长信。还没有等到荒煤的回信，"文化大革命"就开始了。一切都变了，一切都来不及了，荒煤留下了终生遗憾！

1995年，荒煤患了急性心肌梗死住进北京医院，我经常去探望。他第一次住院经过治疗，恢复比较快。我去看望他时，他的精神还很好。我为了要编辑《周恩来与文化名人》一书，曾约请他写篇稿，并请教他对编这本书的意见。他已经答应做这本书的顾问。凡是与周恩来有关的事情，他一直都非常热心。那时他主编的《周恩来与电影》一书已经发排，他从编书的经验中给我提出许多宝贵的意见。随后他又对我谈起，如果再写周恩来的文章，一定要把那块心病尽情倾吐出来。他所说的心病，就是关于他1964年在文化部对于电影工作的检查，上纲到执行了资产阶级修正主义路线的问题。说起这些，他脸上布满了乌云，声音变得低沉了。我立即制止他说：病中何必提起这些不愉快的事呢？但荒煤抑制不住内心的激动，又追问起当年周总理是怎样谈这件事的，是否有责备他的意思？我说没有，总理只是猜测你说了违心的话。他认为你对电影方面的情况十分熟悉，电影工作取得的成绩，你应该看得很清楚，没有必要上到资产阶级修正主义路线的纲啊。我当时还说了句，荒煤这人就喜欢把什么都揽过来自己检讨，其实这也是毛病。总理淡淡笑着说：你不了解情况，问题的关键不在这里。说到这里，荒煤的脸色显得更阴沉了：你怎么还不明白，我这一检讨等于把脏水泼到周总理的身上啦。这是当时的所谓"左"派和以后的"四人帮"求之不得的！他那激动的情绪使我震惊，他停顿一下压制自己的感情，又轻轻地说：我真后悔为什么不找机会向周总理倾诉哩。他近乎哽咽，眼里满含泪水……

我们拍摄专题片《周恩来与文艺》时采访荒煤，他也谈到这件事。这位卓有成就的老艺术家、深孚众望的电影界领导人，面对镜头，几乎是泣不成声。这位老文艺家和周总理之间的这种相互理解、心灵相通的深厚感情，怎不令人为之动容！

　　1996年，荒煤又住进医院，并且发现淋巴结有癌细胞。经过几个疗程的化疗后，他的身体显得衰弱，清瘦了许多。我又一次去看望他时心里十分难过，只想安慰他谈谈恢复健康的话题。他却突然对我说：我答应写的文章恐怕写不成了，你替我写吧。你知道我的想法，能写好的。我望着他深情的眼神，说不清是什么滋味，只得说：你一定会好起来，也一定能再写文章。我还故意轻松地说：这几年你真够勤快的，经常都能读到你的文章和新书。他却毫不理会我的话，又接着说：这几年我一直在查阅文化部过去的档案，主要是中央对文化部的批评和指示。我找不到国务院，特别是周总理直接对文化部的批示。我一直在思考，相信周总理对"文革"前17年文艺工作基本上是肯定的，他一直不认为17年存在什么修正主义文艺路线。但1964年"两个批示"以后，他没有再做文艺方面的发言，我想在那种情况下，他也不能再说什么。《东方红》大型歌舞是他煞费苦心用事实来说话，证明文艺队伍是好的，文艺工作是有成绩的。想到这些我心里特别感到内疚。我怎么当时就不理解周总理的想法呢？！过几天等我精神恢复得好些，我还要和你详谈。我认为我们都应该用周总理那种无私、谦虚、严格的态度要求自己，应该在我们身上折射出周总理那些高贵的品德。这正是他伟大的人格力量。他亢奋起来，我真不知该如何是好。我说：荒煤，我多么希望你以后再详细地对我谈谈你的这些想法，但愿你身体早日康复。你认为我能做，我就替你记录，替你写。可是目前你不要整天想这些事，想多了怎么能好好休养呢？但是，没有时间让他再谈了，他身体日渐衰弱，已经受不了不断化疗的伤害与折磨。

　　我再一次到医院，荒煤已经躺在床上，无力支撑自己的躯体，声音很微弱。我坐在床边握着他的手，默默无言。他的眼睛仍有神地望着我：记住，你一定要替我写那篇文章，我相信我们都很理解周总理，他也是理解我的。我点点头，忍不住泪水滴到他的手背上……

　　我接受了这样动人心魄的委托，我知道我无法写好这篇文章……

二

同志、朋友之间产生深厚的感情，不仅是相互理解，心灵相通。周恩来在文化艺术界有那样多知心朋友，还因为他是国家领导人，能正确执行党的方针路线。在工作中，他亲自调查了解下情，遇到困难问题，他及时给予具体帮助。他极少做泛泛的指示或只讲空话，而是既有高度理论概括，又能提出具体解决办法。所以在周恩来领导下工作，自然会产生由衷的敬爱和信赖，产生难忘的情谊，荒煤对周恩来就是这样，从工作中逐渐培养了深厚的感情。他曾经在多篇文章中提及的正是周恩来对文艺工作的指导思想。荒煤相当长时间以来比较系统地、认真地研究了周恩来对文艺工作的指导思想及领导方法，并且要求自己在工作中贯彻他的思想和作风。我认为这是非常可贵的。

荒煤在纪念周恩来90诞辰时写了一篇题为《尊重艺术规律，发扬艺术领导民主》的文章，阐述了周恩来文艺思想的重要内容，用荒煤的话来说，是对周恩来文艺思想和领导艺术的探讨。这种探讨显然是非常有意义的，因为数十年来周恩来和文化界的许多朋友、艺术家结下了深厚的情谊，他曾无数次地对文化艺术问题发表过自己的意见，甚至是非常具体的对艺术的见解，也曾许多次做过有关文化艺术问题的系统报告。周恩来逝世以后，文化艺术界的朋友写怀念他的文章，从各个角度记下了周恩来领导文艺工作的功绩和对他们的具体帮助，但还没有多少人认真地探讨过周恩来的文艺思想。荒煤做了比较认真的研究，也许还不够系统全面，但终归是非常有意义的开端。他在文章中写道：

> 周恩来同志一贯坚持马克思列宁主义的革命文艺路线，他经常和文艺工作者保持密切的联系，更多地了解文艺工作与创作实践中存在的思想情况和种种困难，善于从实际出发，把握文艺的客观规律，因而，他的许多重要讲话，理论联系实际，符合中国国情，对马克思列宁主义文艺思想和理论都有所丰富

和发展。

周恩来同志在抗战时期的重庆，就一贯关注大后方的文艺运动，并亲自领导了这个运动，团结了广大的文艺工作者，扩大并加强了抗日民族统一战线的力量。

新中国建立以来，周恩来同志也始终关注文艺工作，他和文艺工作者建立了广泛的联系，对各方面的工作都发表过许多意见，做过许多具体指示，可惜，这些讲话和意见至今还没有被完全整理出来。

荒煤说：

在文艺工作中，尊重艺术的客观规律，发扬艺术民主，始终是关系到我国社会主义的文化艺术事业能否正常发展，是否能够促进文艺创作真正繁荣，创作更多的丰富多彩具有民族风格和时代特色的作品去满足广大人民群众日益增长的、多方面的文化生活的需要，仍然是一个根本问题。

毛泽东同志在1956年提出了"百花齐放，百家争鸣"的方针，并反复强调这是一个"促进艺术发展和科学进步的方针，是促进我国的社会主义文化繁荣的方针"，"一个基本性的也是长期性的方针"，"而且推而广之，也是我们进行一切工作的好方法"。

但是，由于众所周知的原因，长期受到"左"的思想影响，历经风风雨雨，这个方针始终不能得到很好的贯彻。多次的反复，直到"文革"的发生，证明了这一点。

荒煤认为，历史的经验证明，衡量文艺工作的成绩和兴衰，关键在于有没有真正的创作繁荣。一切有关的文化领导机构指导思想、行政管理、文化事业规模的大小、理论研究工作是否活跃、有关的具体政策是否适当，归根到底，决定于创作的繁荣。创作不繁荣，千篇一律，一花独放，不能反映丰富多彩的生活，不能反映时代精神，不能调动一切文艺工作者的积极性和创造性，缺乏群众所喜闻乐见的优秀作品，不能满足广大群众日益发展的文化生活多方面的需要，那么不仅不能体现也说不上贯彻"双百"方针，也就不能真正坚持"二为"的方向。荒煤说："'双百'方针的贯彻，不取决于口头的诺言、理论上的泛论，而决定于创作是否繁荣。抓创作，促使创作的繁荣，是贯彻'双百'方针的关键。"

荒煤认为，周恩来领导文艺的思想和方法，在坚决贯彻"双百"方针中做出了卓越的贡献，并在理论上有所发展，主要是对创作实践中存在的种种现象，用马克思主义的观点，给予科学的回答，推动了文艺创作的繁荣。

周恩来常常谈到题材多样化。他提倡文艺创作要反映新的时代、新的群众、新的英雄人物，同时又重视题材的广阔性和题材的多样化。比如在1956年关于昆曲《十五贯》的讲话中，他充分肯定《十五贯》有丰富的人民性和相当高的艺术性。他指出，不要以为只有描写了劳动人民才有人民性，历史剧也可以起现实的教育作用，官僚主义和主观主义现在不是个别的，现代戏还没有一个能这样深刻地批判官僚主义和主观主义的。这说明周恩来对历史题材很重视。

关于题材，周恩来特别提到，广大人民群众看电影或欣赏文艺是需要娱乐和休息。作品要寓教育于娱乐之中，所以也需要轻松的抒情的作品，不能让人民群众天天看打仗。因此他也提到，作家对题材的选择完全有自由，也尊重作家的创作自由。荒煤说：周恩来反复强调题材多样化，作家完全有选择题材的自由，正是高度重视艺术客观规律和创作自由，抓住了繁荣创作这一"双百"方针的关键，是对"双百"方针理论的一个重要发展。列宁曾讲过：在文学事业中绝对必须保证有个人创造性和个人爱好的广阔天地，有思想和幻想、形式和内容的广阔天地。周恩来对列宁这一科学论断做了进一步发挥。

1961年新侨会议、1962年紫光阁会议，周恩来都做了重要讲话，这两次讲话是针对当时文艺创作中遇到的各种难题，周恩来对这些问题都做了明确透彻的回答，而且实质上延伸到最根本的一个问题，就是党究竟怎样加强和改善对文艺工作的领导。

周恩来对许多具体问题的回答，无不是围绕着这一根本性的问题加以论证阐述，而最后用辩证的观点，归纳为不可分割的两个方面：一是要尊重艺术的客观规律，二是要发扬艺术民主。同时证明，不尊重艺术的客观规律，就不可能发扬艺术民主，也就无从解放思想，破除迷信，改变领导作风，真正贯彻"双百"方针。

关于艺术的客观规律，周恩来非常简明扼要地指出："文艺同工农业生产一样，有它客观的发展规律，当然文艺是精神生产，它是头脑的产物，更带复杂性，更难掌握。""文艺为政治服务，要通过形象，通过形象思维才能把思想表现出来……都要通过形象、典型来表现，没有了形象，文艺本身就不存在，本身都没有了，还谈什么为政治服务呢？标语口号不是文艺。""要求文学作品反映时代精神，不是把党的政策、决议塞到一个戏里，不能要求一个作品把时代的全部精神都反映了……不能把时代精神完全解释为党的政策、党的决议。时代精神也只能通过这时代的一个侧面表现出来。"

周恩来的上述论断，都是针对当时存在的一些妨碍艺术创作发展的观点而做的。因此，周恩来从政治要求、群众观点和领导作风三者之间的辩证关系来阐述艺术和客观规律，是一个马克思主义者高瞻远瞩地指导文艺工作的重要思想，也是他之所以能够以身作则和文艺界朋友广泛建立亲密无间的友谊、爱惜人才、发挥他们的长处、尊重他们的成就的一个重要原因，是一切正确领导文艺工作、关心文艺事业者的楷模。

作为党和国家的领导人，周恩来民主作风，平易近人，虚心倾听不同意见，并善于吸取不同意见，这是所有和他接触过的人都深有体会的。他在领导文艺工作中，不仅时常提倡民主，而且身体力行发扬民主。在电影界中流传着一段几乎无人不知的佳话，那就是著名演员赵丹和周恩来关于《达吉和她的父亲》这一作品是文学创作好还是电影创作好的争论，最后两人各执己见，达不成共识。赵丹宣称：不管怎么说，你说服不了我，我要坚持这是我赵丹一家之言。周恩来说：我也坚持我这一家之言，都可以保留各自的一家之言嘛。争论不休，哈哈大笑，接着共同携手游香山。

1961年周恩来在新侨会议的讲话中，严厉批评了一些行政领导实行"一言堂""五子登科"，以势压人。周恩来说："光有自我批评还不行，还要深入群众，只有深入群众才能知道自己的意见对不对。"周恩来更明确地指出:"政策上的偏差,中央是第一位的责任……根还是从上面来的。""我们要造成民主风气,要改变文艺界的作风,首先要改变干部的作风,改变干部的作风,首先要改变领导干部的作风。改变领导干部的作风,首先要从我们做起……民主作风必须从我们这些人做起,要允许批评,允许发表不同的意见。"他最后宣布:今天我所说的话不一定对,我是树个"的",让大家来射,树个活靶子,让大家来攻攻。周恩来这种发扬民主的坦荡胸怀、真挚的感情、坚定的信念、亲切的关怀、无私的批评,激起了艺术家们强烈的反响,也使得一些搞文艺领导工作的同志感到兴奋,也感到惭愧,的确受到深刻的教育。

新侨会议后,1962年到1964年电影方面出现了一个创作小高潮,生产了《甲午风云》《停战以后》《东进序曲》《李双双》《冰山上的来客》《早春二月》《小兵张嘎》《阿诗玛》等许多优秀影片。

荒煤对周恩来文艺思想概括论述了几点:认真贯彻"双百"方针,抓紧繁荣创作,遵循艺术规律,发扬艺术民主。我认为这的确是周恩来领导文艺工作的思想核心,不仅是总结了前一段的可贵经验,而且对今后的文艺领导、文艺创作的繁荣,也是十分重要的。

荒煤之所以对周恩来文艺思想有着深刻的体会,是因为荒煤在新中国成立后十几年在文艺工作领导岗位上,特别是领导电影工作,经受了风风雨雨,备尝甘苦,许多问题有切肤之痛。有些问题,他本人也不是没有想到,但不能解决。像1957年反右派运动对文艺界极大的打击,1958年的冒进风,1959年反右倾运动,这无疑对社会有很大影响。来自"左"的干扰,使文艺界受到严重的挫折。文艺界濒临绝境,要想改变现状的干部无所适从,作家们惊魂不定不敢提笔,艺术家们害怕动辄得咎,人人自危。而就是在这样困难的时刻,周恩来对文艺工作仍十分关注。经过两年的深入调查研究,与众多文艺家谈心,听取意见,总结经验教训,他于1961年6月19日在文艺工作座谈会和故事片创作会议上做了讲话,1962年2月17日又对在京的话剧、歌剧、儿童剧作家做的讲话,还有1959年5月3日《关于文艺工作"两条腿走路"的问题》的讲话。这些讲话的内容是沿着《在延安文艺座谈会上的讲话》的精神,结合当时的实际做了理论的概括，并指导具体解决难题。当时文艺界人士听到报告都欢欣鼓舞，思想又获得了解放，继续工作的信心倍增。随后两年电影戏剧创作又取得了新的成就。可惜好景不长，"左"派出来抵制、破坏，终致"文革"的爆发。

三

新中国成立以后，荒煤个人也经受过不少挫折与打击。他说过，跌倒了又爬起来，还得往前走。据在电影战线和荒煤较长时间共事的奚珊珊介绍，荒煤在领导电影工作中常常告诉大家，他在工作中的顽强勤奋，是受到周恩来思想和精神的感召，和在工作中不断受到周恩来的帮助和鼓舞。即使是在受到"左"的思想严重干扰的时候，他也感受到周恩来代表党在掌握大局。1958年"大跃进"年代，"左"倾冒进的形势也波及电影生产，有的导演迫于形势一天要拍100多个镜头，粗制滥造。荒煤感到惶惑。不久他便听到周恩来传话：电影生产不要追求数量，对于正在拍摄的影片《林则徐》，要导演注意质量。这使得荒煤心中一亮。随后又发生了艺术性纪录片的事情，使荒煤从反面吸取教训。而周恩来却没有因为荒煤不理解他的原意造成了损失而给予责备，他被周恩来这种胸怀宽阔、信赖干部的作风深深感动。当《青春之歌》电影拍成后，陈伯达批评这是描写了一群小资产阶级知识分子，影片几被禁演。周恩来看完后对北影厂的同志说，描写了知识分子的进步，有什么不好呢？这是部好影片。这种例子荒煤经历过不知多少。在他的思想中，文艺创作在那个时期不断受到"左"的干扰，而他从周恩来的不断指导中，又得到了力量，增强了抵制来自"左"的思想干扰的能力。

新侨会议后，电影生产了一批比较优秀的作品，但"左"的压力也越来越大。1963年、1964年"两个批示"出来了，随之文化部开展了整风运动，电影界夏衍首当其冲，批判夏衍执行了一条修正主义文艺路线，《林家铺子》《早春二月》都是"大毒草"。领导整风运动的人动员荒煤站出来揭批夏衍，如能反戈一击就能立功赎罪。荒煤当时思想也有矛盾。但经过那么多的运动和批判，他认为首先应该实事求是，新中国成立以来，电影工作取得很大成绩，那些影片不是"毒草"。他在文化部是主管电影创作的，如果有错误他有责任，不应该推给夏衍。在感到矛盾痛苦的时候，他想到周恩来长期以来对电影工作的正确领导以及他那种勇于负责的精神，所以荒煤始终没有对夏衍做什么反戈一击。结果文化部整风从批判夏衍的修正主义路线立刻变成批判夏、陈修正主义路线，并且火力更猛烈地对准荒煤。不管他怎么检查也过不了关。批判持续纠缠了相当长的时间，最终迷迷茫茫的荒煤承认执行了修正主义文艺路线。这是一件让他想起来就感到非常痛苦的事，而成终生遗憾。

"文革"结束四年以后，荒煤的问题得到彻底平反。1981年，他又回到文化部，还是主管电影工作。经过十几年的坎坷，十几年的反思，正逢改革开放的大好形势，邓小平同志在第四次文代会上的讲话，使荒煤感到兴奋。当然新时期新工作也会遇到新问题，电影创作也一样。在重新走上岗位时，周恩来文艺思想和领导文艺工作的许多经验，使他感到更有重要的意义，每当遇到难题，他都能从那里得到具体帮助，尤其是周恩来对艺术作品的宽容、爱护；对艺术家，尤其是青年新人的倍加珍爱培育，他更有深刻体会。那时他已66岁，除了抓紧繁荣创作，更需尽快培育新人。

四

荒煤在1964年文艺整风遭到批判，以后又被投入监狱，经过漫长的14年，他没有写过文章，而是写了无数的检讨和认罪书。1978年他完全自由，彻底平反了。《人民文学》约请他写的第一篇文章是纪念周恩来的。他怀着十分激动的心情写下了《永恒的纪念》一文，文章中，他详尽描述了1944年遇到周恩来的情景，那时周恩来从重庆回到延安，参加党的第七次代表大会，停留在延安的时间比较长。一个很偶然的机会，荒煤他们一群人遇到了周恩来，说起延安戏剧创作的情况。周恩来知道他们正在赶写并排练一部反映敌后斗争的话剧《粮食》，饶有兴趣地问起有关的情况。最后他说，这个剧本写好以后你们来读给我听，大家一同研究研究。荒煤他们当时以为周恩来是随便说说的。剧本写好以后，荒煤告诉了周恩来，但他以为七大的准备工作正紧张进行着，周恩来怎么可能抽出时间来听读剧本呢？然而，没过几天，荒煤接到周恩来的一封信，约有关的同志第二天晚上到杨家岭周恩来办公的窑洞去读剧本。荒煤那份高兴和惊异难以形容。当时我也正好回延安参加整风学习，有幸也参加了这次活动，而且是特别通知我从党校去参加的。那晚延安的天空特别湛蓝，漫天星斗镶嵌在夜空，像闪烁的宝石。窑洞里大概不到十个人，已挤坐得满满的了。荒煤、水华等从鲁艺来的同志轮流读剧本。在我的记忆中，那是较长又比较乏味的一次朗读。可是大家都在聚精会神地听着，特别是看到周恩来经过一天劳累后还那么专心听读，有时他没听清楚时还会发问，所以虽然剧本长，又显得沉闷，但大家的心情都很轻松。剧本读完时，已过半夜，大家到窑洞外边透透气，又回来坐下听周恩来说意见。那晚，周恩来谈了许多建设性的意见，鼓励他们改好剧本，还要拨专款让该剧演出。我们散会时，东方的朝霞已经隐约可见了……

"文革"后我第一次遇到荒煤时，我和他说起这篇文章。我钦佩地望着他说：你的记忆真惊人。你写的那篇《永恒的纪念》，既有感情又那么细致，有许多细节我都忘记了。他淡淡地笑了：怎么会忘记呢？文章前半段你没有细读吗？我回答他：怎么会呢？你写得那样动情。荒煤这篇文章虽然很短，却写了他在工作上第一次与周恩来的接触，又写了在重庆他与周恩来相见的最后一面，就是带着永生遗憾的那一面。那次见荒煤，我觉得他虽然焕发了新的热情，但内心抑郁，那淡淡的哀伤仍留在他心里。

从1978年到荒煤离开人世的18年中，荒煤对周恩来的怀念始终不减。他写的纪念、回忆、学习、研究周恩来的文章有数十篇，并于1992年编辑成册出版，书名即是《永恒的纪念》。

1978年，在他的指导下，中国社会科学院文学研究所图书资料室编辑了第一部比较系统完整的书《周恩来与文艺》，内容包括：周恩来关于文学艺术问题的三篇讲话，周恩来文艺思想学习，周恩来与文艺工作者。

此外，荒煤在他生命的最后时刻，还尽最大的力量主编了《周恩来与电影》一书。他从筹划、集稿到审稿都亲自动手。在周恩来逝世20周年时，这本书出版了，但荒煤已无力参加这本书的首发式。他只能写一封信表示自己的心情：

《周恩来与电影》这部著作的出版，正好说明：没有周恩来对新闻电影、重庆电影、香港电影、上海"孤岛"时代电影事业无微不至的关怀，没有对新中国故事片、新闻片、科教片、美术片、戏曲片的热情指导和关怀，没有对新中国电影展览月的热情鼓舞，没有1959年和邓小平同志亲自抓国庆十周年献礼片的豪情壮志，又在1961年新侨会议上开展了第一次反对文艺思想战线上"左"的错误，制定了文艺十条和电影三十二条，又终于使电影为国庆十五周年献礼迎来一个小高峰，就没有《周恩来与电影》这部书，就没有真正的新中国电影史。

我衷心期望年轻一代的电影艺术家、制片家要认真学习这部反映中国电影事业发展、饱经坎坷而终于奋勇前进的宝贵著作。如果不继承和发展周恩来坚持"二为"的方向和"双百"方针的指导思想，那么建设有中国特色社会主义电影事业，就不过是一句空话！

……

他心中装着多少人

——周恩来与冰心、常书鸿

他是赋予和得到爱最多的人

1972 年春夏之交，英籍女作家韩素音来中国访问，提出想到四川她老家和敦煌等地参观采访，还希望能见到几位著名作家、学者，并说要写一本有关"文化大革命"发生后中国现状的书（1975年她写出了《中国的洪流》）。周恩来总理答应尽可能满足她的要求。随后，由接待单位和包括我在内的接待人员提出了接待计划。一天，周总理把我叫到他的办公室谈接待的事，他突然问我冰心回到北京以后情况怎样？我说知道她住在民族学院宿舍，但从未出面活动。他立即说，韩素音采访民族学院时请冰心出面接待，她也是韩素音想见的作家。吴文藻教授（冰心的丈夫——笔者注）暂时不便出面，由民族学院革委会主任主持吧。随后他又问到"文化大革命"前敦煌文物研究所所长常书鸿老先生，决定要把这位专家也请出来接受采访，并命我们立即起草文件，让民族学院、作家协会通知冰心做准备。因为我们对常书鸿的情况不了解，他又命我们立即给敦煌文物研究所打电话了解详细情况。

那一天，我们到民族学院参观访问，一进校门即见到一位高个子中年人和一群穿着民族服饰的青年人来迎接，后边跟着一位穿着已洗得发白的灰布制服，但显得异常整洁的女同志，那就是冰心。韩素音先大步走到后边，与冰心紧紧握手，诉说思念之情。冰心则赶快把她拉到革委会主任面前，请他介绍前来迎接的干部、学生们。进到接待室坐下后，我才轻轻地对冰心说：周恩来总理非常关心你的身体和全家人，并向你问候。她紧紧握着我的手，什么也没说，但我感到了她内心的激动。第二天，我们又去民族学院，与学生们座谈后，我们去冰心在民族学院宿舍楼中的家里探望。那间接通饭厅的会客室陈设非常简单，饭厅有张木方桌和几个木凳子，客厅有三张半旧的沙发，韩素音有点惊诧地四周张望，这是"文化大革命"以后她第一次到人家探望，这名人之家的情景多少有点出她意外吧。冰心感觉到了，平静而淡淡地对她说：我一直喜欢家里宽敞点，不放许多东西，旁边还有一间小书房，我的书桌和书架都在小间里。

这以后不久，周恩来总理一次宴请外宾，冰心应邀出席。从此，她的名字又在《人民日报》上出现了。

时光倒流30年，1941年在雾都重庆。

那时正是国共合作共同抗战走到艰难复杂的时期，国民党当局消极抗战、积极反共的真相大暴露。中国共产党在重庆设立的十八集团军（即八路军）办事处在皖南事变后，被国民党特务严密监视，工作人员被跟踪，几乎到了无法工作的地步。党中央考虑到周恩来的安全，曾来电报，请他撤回延安，以防不测。但为了保住在国民党统治区这一大片战斗的阵地，稳定国统区的人心，继续和一大批在国统区坚持抗战的朋友一起战斗，周恩来认为，他必须留在重庆，而且有决心和信心能够扭转困难的局面。党中央同意了周恩来的意见。当时重庆的政治环境确实很糟糕，和国民党方面的关系已濒临破裂，民主党派人士大都离开了重庆，我们在政治上几乎没有多少活动余地。在那段时间，周恩来把相当多的时间放在文化工作方面，领导大家开展这方面的斗争。他经常参加文化界举办的活动，出席鲁迅纪念会、张曙纪念会，参与为郭沫若祝寿的会。他还常常到剧场观看戏剧演出，与文艺界朋友常在一起，和作家、艺术家共同研究剧本的创作和表演艺术，成了重庆文艺家亲密的好朋友、知心人。

1941年四五月间，中华全国文艺界抗敌协会举行欢迎外地作家到重庆的欢迎会，主要是欢迎冰心、巴金、沙汀等，地点就在全国文协所在地。那天上午，周恩来刚起床即询问我，是否全国文协要开个欢迎会，并说他准备和我一起去参加。这种事我一点不觉得奇怪，我只是说，去全国文协汽车不能直达，要走一段长长的台阶。我是怕有特务跟踪。他却毫不在意地点点头。吃过午饭，他带着副官和我去了。下了汽车，走过长长的台阶，临近文协门口时，我快走几步，好去通知老舍和叶以群。我走进那间小小的会议室，见到已经坐满了人，来不及细看就把以群叫出来，告诉他恩来同志来了。他说了句，真的来了！转身就进去告诉大家。这时，周恩来已进入会议室。在座的许多人，如阳翰笙、陈白尘、郑君里、史东山等都是老熟人，立刻欢呼地站起来，周恩来笑着和大家握手，随即快步走到冰心身旁。她是一位眉目清秀、端庄娴雅的女性，我是第一次见到她，虽然身材矮小些，瘦瘦的身躯挺直。她面对着周恩来，瞪着眼睛有点不知所措的样子，甚至周恩来伸出右手，她都没有注意到，还是旁边一位朋友为她介绍了，才有点吃惊地和他紧紧握手。周恩来朗朗笑道：我们还是第一次见面呀。那次欢迎会开得很热烈。大家好像都忘记了室外的阴霾和愁云，新老朋友聚在一起，无拘无束，还请周恩来讲了话。他除了对刚到重庆的朋友表示热烈欢迎外，着重谈了国内形势的逆转，又满怀信心地说到光明前途，为大家鼓劲。只要是有周恩来参加的聚会，大家都会尽欢而散。

不久，我又见到冰心，她谈起第一次见到周恩来，开心又抱歉地说，怎么能够这样没有礼貌呢，居然忘记握手了，我是见到陌生人，一时发呆。我说这也是常有的事，说不上没有礼貌。从此以后，她渐渐地和周恩来熟悉了，也成为重庆曾家岩周公馆的客人。

几十年过去了，周恩来逝世周年时，冰心在她怀念的文章中，曾记述了重庆那一刹的回忆："他一进到会场，就像一道阳光射进阴暗的屋子里那样，里面的气氛顿然不同了。只见他不论走到会场的哪一个角落，立刻就引起周围射来一双双钦敬的眼光，仰起一张张喜悦的笑脸。他是一股热流，一团火焰，给每个人以无限的光明和希望！这在当时雾都重庆的悲观、颓废、窒息的生活气氛之中，就像是一年难见几次的灿烂的阳光！"1952年，冰心夫妇回到北京。周恩来和邓颖超很快邀请她们到西花厅做客，详谈至深夜，朋友重聚倍加亲切。从那以后风风雨雨20年，周恩来和冰心无论在公众场合见面，或是特别约会单独详谈，都像相知甚深的朋友一样。冰心是个细心人，许多事她都不曾忘怀。

1986年，我从国外回来，有一天我和作家凤子一起去探望冰心，她还住在民族学院那幢宿舍楼里，我记得还是那间饭厅和会客室，进门后最醒目的是一面墙上挂着周恩来的遗像，下边的小茶几上放着一个刻花玻璃瓶，插着一束鲜花，一瞬间我怦然心动。我们坐着谈笑一会儿，就告辞了。她女儿吴青送我们出来，凤子问她后才知道，周恩来去世10年，冰心在周恩来像前奉献鲜花整整10年了！冰心的一句话已被广为流传：周总理是中国亘古以来赋予的爱最多，而且接受的爱也最多的一位人物。

一面之缘，记挂几十年

1972年，为了接待韩素音，我们奉周恩来之命，给甘肃敦煌文物研究所革委会打电话，了解常书鸿的情况，得知他仍被监管，而且由于不断被批斗，腰部严重受伤，整日卧床，不能站立。当我们向周恩来汇报这些情况时，他眉头紧锁，思索了好一阵子，对我们说，你们按计划去敦煌吧，常书鸿的事我来处理。

6月初，我们陪同韩素音乘伊尔-14小飞机，经西安飞兰州，到兰州后与敦煌文物研究所联系安排好我们的日程，又继续前行。当时从兰州到敦煌没有正式的公路，而是沿着戈壁滩的旧大车道，或者说没有道，只是在戈壁滩上慢慢颠簸着向前。不久到达嘉峪关。从嘉峪关再往西行，只见一片茫茫戈壁滩，连一簇小草都难得见到。有时停下车来休息，好像望见远处有山丘、羊群或亭台楼阁，其实什么都没有，据说这就是在沙漠上有时出现的"海市蜃楼"。

终于到达了莫高窟文物研究所，已时近黄昏。远远望见在那已经破旧的牌坊下站着几个人，我们走近入口处就见到一个瘦高个子、戴着深度近视眼镜的老者和一位年纪不小的女同志，还有几个青年人。经介绍，那位老者就是常书鸿老先生。他陪着我们走了一长段路。我仔细观察常老先生手持拐杖，但行走没有蹒跚之态。我奇怪不过一个多月他的腰伤就已经好了？

那天客人已很疲劳，吃过晚饭即在研究所的小招待所休息了。而常老先生则把我领到他的住处，老夫妻俩抓住我双手，他的老伴李承仙差点没哭出声来，连说谢谢你们，谢谢你们救了书鸿，他已经半年没有下床了！我和他们两位都是第一次见面，不知该说什么好，赶紧问常老先生的身体怎样。李承仙随即把常老的衣服往上掀起来，原来是一件钢制的腰围支撑着他。我请他快快躺下休息，我也坐了下来。李承仙告诉我，一个多月前，甘肃省委把他们接到兰州治病，说是国务院周总理下的命令。一个多月来，省委很照顾，住在省医院，经过多次专家会诊，各种治疗都做，现在是好多了。但医生说那件钢背心恐怕要穿一辈子，站起来得靠背心支撑着哩。这时常老斜靠躺着，显得轻松多了。他回想着什么，脸上荡起一丝微笑，带着点神秘地说：我第一次见到周恩来总理，那是抗战时期在重庆，大概是1943年吧，我从法国回来，那时国民党政府在敦煌要建立艺术研究所，我准备到这里来，一位美术界朋友介绍我见到周恩来。他对我说，你不怕艰险到那么遥远的地方去挽救祖国的珍贵文化遗产，值得佩服！当时见面谈话的情景已过去几十年，我仍记得那样清楚。这时，他露出纯真神往的笑容，又颇感遗憾地说，新中国成立后，我几次看见过周总理，却没有谈过话。

第二天，常老带领我们去参观莫高窟洞中的壁画。那时未通电灯（也许是"文化大革命"期间破坏了），只能靠有限的阳光。我们进入有阳光照射的洞窟，立见洞窟四壁金碧辉煌，绚丽多彩，有佛像，也有古时生活的写照。藻井上的飞天彩画和各色图案更是美丽异常，令我们惊叹不已。常老讲解这些壁画有各朝代的特色，唐代发展到高峰……韩素音对常书鸿渊博的学识和对祖国文化遗产研究爱护的执著精神非常赞赏；对他能在这样荒僻的沙漠中工作，而且是在生活条件很艰苦的情况下度过数十年，更是由衷敬佩！

我们在莫高窟住了五天，常书鸿天天陪同参观、讲解，真使人大开眼界，大长知识，并得到了难忘的美的享受。

韩素音等外宾离京不久，周恩来让我汇报到敦煌看到的情况，特别关心常书鸿的健康和处境。周恩来回忆说：我和他曾有一面之缘。常书鸿从国外一回来就专心致志地钻研敦煌艺术，并有所成，这是很难得的。当年国民党名义上是建立艺术研究所，但哪有经费和条件？当年他们是牵着牲口步行去敦煌的。现在那些年轻人把常书鸿说成是国民党的残渣余孽，那是缺少知识啊。听着这番话语，我真有点难以想象，他对只见过一面的人，几十年了，还装在心里。

70年代末，在杭州一次偶然的机缘，我又见到常老先生，他正在杭州美院画一幅大油画送给母校作纪念。在那么短的会见中，他特意告诉我，"文化大革命"后期，还是周恩来因他年事已高把他调回了北京。他怀念周恩来。他还在继续研究敦煌文物。

周恩来喜欢戏剧又爱提意见

前日某友问我："听说当年（1958年）老舍先生写出名剧《茶馆》试演后，周恩来建议老舍就某几处加以修改。因为是中央领导提的意见，不好不改，但真要是改则十分困难，就不是作者原来的思路了。不改吧，是领导意见，怕就难以演出了。有无此事？"因为周恩来长期以来和许多作家、文艺家是好朋友，无话不谈，所以当时乃至如今尚有多种传闻，难以求证。恰好这件事是我亲见亲知，故而以实回答：当年《茶馆》在彩排审查时，有一些人，包括领导和文艺界褒贬不一，而认为不应演者也有，理由是该剧内容并无什么进步意义，所写皆是遗老遗少，还为封建主义、资产阶级死亡写挽歌。于是曾有罢演之说。

周恩来知道后，即去首都剧场看《茶馆》再次彩排，看完之后和作者、导演、演员、团长见面。周恩来首先肯定：《茶馆》是出好戏，为什么不可以演呢？应该演嘛。反映了历史事实，可以教育年轻一代。于是《茶馆》演出，而且日渐演红，成为老舍的经典之作。

周恩来是否给《茶馆》提过意见呢？那是演出以后老舍先生告诉我的。一天我和凤子到老舍住的小四合院去看望他，闲谈起来，他对我和凤子说：周总理有一次和他闲谈，谈起《茶馆》，周总理对他说，《茶馆》剧中反映的年代太长（从清末到解放前），是否可以写得集中些。我也觉得有点道理。当然周总理也说了，他仅是建议，怎么处理由作者自己定。我想了许久，很想改，但改不了呵！就不改了罢。最终《茶馆》没有因为周恩来提过意见而修改。

因为《茶馆》使我又回忆起周恩来爱提意见的几个故事。

1941年冬雾季开始的重庆话剧演出，现在已经被公认为中国话剧史上的奇迹或高潮。大概也就是这年的雾季，吴祖光的新作《风雪夜归人》上演了，观众反映不一。有人认为这是吴祖光话剧作品中最好的，写得精细，人物性格突出，故事感人。但是多数人，尤其是进步剧人则认为故事陈旧，不过是戏子与姨太太的恋情，特别是在困难深重的关键时刻，演这种戏没有意义。周恩来知道这个情况后，去看了演出，回来和我们——包括重庆八路军办事处的工作人员和《新华日报》文艺编辑共同讨论，我们也是两派意见。周恩来沉思良久，说大家再去看一遍吧，还命我把剧本仔细读读。我们分别在一二天内又去看了一次演出，随后周恩来把我叫了去，说：这部话剧确实写得不错。至于内容嘛，我们应该把眼光放宽点，虽然写的是封建时代的事情，但它是揭露封建社会的黑暗，反封建也是进步，应该肯定。他随即命我写一篇评论文章，从艺术和政治上肯定这出戏。当时我就感觉到，周恩来最欣赏的是演员，两个主要演员：杨路曦演的玉春、项堃演的魏连生，导演贺孟斧排得又细又深，确实很动人。从此，周恩来非常喜欢路曦的演出，说她语言好，演技好。记得他还说过路曦是话剧的"名旦"。可惜她在解放后没有充分展现。

当年重庆《新华日报》代表我党的政治立场和态度，广大的进步人士及青年都爱读，从中学习政治和时事，发表的戏剧评论也很受重视，《新华日报》评论说是好戏，票房立即上升。文艺界人士都知道，这些评论大多代表大家的看法、周恩来同志的看法。《新华日报》为《风雪夜归人》出了一版专刊，于是《风雪夜归人》火爆了。在某段时间，不少人传言，周恩来看《风雪夜归人》七遍之多。据我的记忆这确实是夸大了。周恩来看过两遍，此剧红了以后，曾经和吴祖光谈过，希望吴祖光能把戏的结尾修改一下。周恩来提出，尾声中，魏连生冻死街头这样的悲剧很合逻辑，也引起观众心灵的震撼，但玉春经历沧桑又回来了，走回原路，为什么不给她一点勇气，或给她一点希望呢？吴祖光在解放前对该剧没有做过任何修改。解放后，中国青年艺术剧院又重排了《风雪夜归人》。周恩来又去看了一遍，看完之后会见吴祖光及演职人员，称赞了演出，对青年演员的表演加以赞许。又见到吴祖光，周恩来还没有忘记在重庆看完演出时给吴祖光提出的意见，希望他在尾声中对玉春的结局做些修改。这次他又提起："祖光同志，你没有做一点修改啊，现在的观众更希望给她一条出路。"祖光回答，想改，但总觉得不顺。周恩来点点头说，作家是有自己的思路。但在彩排以后，祖光还是尽力想修改好，还考虑过把尾声整个删掉。我想由于历史环境的变换等原因，青艺重演《风雪夜归人》没有像40年代时那样轰动。这与剧本改动与否是没有直接联系的。吴祖光在出版剧本时仍按照最初的演出本。

　　周恩来喜欢戏剧，爱看又喜欢琢磨怎样才能把戏改得更好，所以也常提点意见。其实这正是他与文艺界朋友相交之深的表现。他爱提意见，但从不强加于人。虽然提了意见，是否接纳完全尊重作家本人的决定。他对上级领导干涉作家的创作自由很反感，还曾多次在会上批评过这种做法。

　　记得前线话剧团刘川写了一部戏《第二个春天》，周恩来看了初演。看后，他提意见说，这个戏题材很好，但不充实，人物不丰满。刘川体验生活确实不深入，只在东海舰队和华东造船厂生活过。周恩来说，那你再去北海舰队深入生活呵。刘川面有难色，周恩来马上明白了，立刻把秘书找来，叫他联系北海舰队让刘川去深入生活。经过大概一年多时间的反复修改后，《第二个春天》获得成功，可以说是刘川最好的作品。这是第一部反映部队生活，而以知识分子为主角的电影、戏剧作品。

　　周恩来喜欢文艺、喜欢戏剧，又爱提意见。他是为了救活一部作品，为了一部作品能进一步提高、完善而真心实意提意见。所以他在文艺界有那么多那么多的深知深交的好朋友。

话剧《霓虹灯下的哨兵》上演前后

因为曾主编《剧本》月刊，我和全国很多剧作家都有交往联系，有不少成为无话不谈的朋友，也与一些剧团有深厚的感情，南京军区前线话剧团就是其中之一，我们的友情持续有数十年。

说到前线话剧团，我印象最深刻的，应该说是话剧《霓虹灯下的哨兵》。这部话剧最终得以正式演出，和我还颇有点渊源。

首长意志决定创作的生存

1961年秋，也就是在三年困难时期的后期，中宣部在北京新侨饭店召开全国文艺工作者座谈会，随后又开了电影故事片座谈会。前后这两个会议，后来都被称为新侨会议。会议的中心内容是在思想上使广大作家得到一些解放，放下沉重的包袱；拿专业点的话来说，是真正实现百花齐放，不用或少用些"打棍子""戴帽子"的做法，使文艺得到发展的广阔空间。

乘着新侨会议的东风，中国戏剧家协会会同文化部准备召开一个话剧、新歌剧、儿童剧创作会议。当时新电影不多，戏曲也受到很多限制，话剧等成为群众文化生活的重要组成部分，备受重视，因此召开这样一个全国性会议还是很有意义的。在筹备这次会议的过程中，周恩来总理指示我们一定先要做好调查研究，了解全国各地作家的创作情况，特别是思想问题、有关创作的思想负担等，并当场决定要派几个小组到东南、华南、东北、西北等地去了解情况。我当时分配到华东组去了解情况。

华东剧作家主要集中在南京、上海和杭州三个大城市。去华东的只有我和凤子两人，我们都和这三个城市的作家比较熟悉。我们首先到南京，南京创作人员最集中的是前线话剧团，我们和作家兼团长沈西蒙，还有刘川、莫雁等人常有来往。我们住在南京军区招待所里。第二天上午，我和凤子见到沈西蒙。彼此都熟悉，我们就开门见山地说明来意，直接询问他前线话剧团有什么新的创作剧本和其他创作情况。当时我们还没有说广州会议的计划，他开始时也没有谈到什么创作情况，只做一般介绍。经我再三询问，他才神秘地对我说，他倒是写了个新剧本，但是写得不好，已经被军区政治部枪毙了。他这么一说，引起了我很大注意，问他剧本是写什么内容，请他拿给我们看看。他却说剧本已被枪毙了，军区领导让保密，所以也不好给你们看了。随后刘川说，其实剧本已经排练出来了，是审查时被否的。我们听后更感兴趣了。我对沈西蒙说，剧本给我们看看又有何妨！我们也会替你保密的，对什么人都不说，给我们看一晚上，明天就还给你总可以吧！这样沈西蒙才把两本稿子交给我们。

我和凤子连夜把剧本看完，第二天清早我们就谈起沈西蒙的剧本来。这个剧本是以上海南京路上好八连的一篇真实报道为依据，经过剧作家深入了解情况而改编创作的。剧本中突出的优点是写出了南京路上好八连中几个非常鲜活的人物形象，比如连长、班长、士兵和军属等，其中有的矛盾冲突写得很生动。我们不约而同地认为这是一个比较成功的好剧本。但为什么军区领导会禁演呢？

吃完早饭，我们就和沈西蒙见面谈剧本的问题。我问他军区领导禁掉这个剧本的理由是什么，还直率告诉他，我和凤子看完剧本，一致认为这是个值得称赞的好作品。沈西蒙告诉我们：主要问题在于所描写的军队干部和士兵都有缺陷，有几个人物还在部队进城后受到腐朽资产阶级思想的影响而变质了。这就给解放军的脸上抹了黑，歪曲了人民军队的正面形象。我们听后一时无话可说，但认为这样的批评是不妥当的，更不应该把整个剧本否定了。我对沈西蒙说：解放军中的干部和士兵都可能存在缺点的，写出来改正了不正是正面宣传了解放军的伟大形象吗？这是我们的看法，但如何修改，当然由你考虑。我建议他不要把剧组拆散了，或许有希望能改好的。

我们在南京看到的这件事可以说是相当典型——首长意志决定创作的生存。我们到上海也了解到一些在领导创作上存在的类似问题，比如只能写正面人物，只能写解放后的题材，革命历史题材都不行，不给作家创作自由，而是出题做文章。

回到北京以后，到各地区了解情况的小组专门向周总理做了情况汇报。当时因为沈西蒙要求我保密，所以关于《霓虹灯下的哨兵》的情况我没有当着许多人的面一起汇报。但在不久后有机会又见到周总理时，我特别向他做了详细的汇报。他听后感到既吃惊又可笑，特别把我带到陈毅副总理的办公室，给他讲了这件事，并开玩笑说：你管的部队真了不起呀，一个排长、班长都不能犯错误！他们两位当场议论开了，说要把南京这台话剧调到北京来演出，让大家都来欣赏评论一番。

1962年春天，广州会议开得很成功，参加会议的作家们都显得心情舒畅，十分兴奋，会后几年也确实创作出不少好作品。但由于当时领导部门对知识分子问题有不同的看法，所以会议精神并没有得到很好的传达和执行。到"文化大革命"时期广州会议倒成了"大黑会"，陈老总的精彩讲话也变成"大黑话"，成为他被揪斗的一大理由。

全国一片"虹"

《霓虹灯下的哨兵》在广州会议期间并没有议论，大概是到了1962年底，周总理和陈老总想起来了，又旧事重提，由解放军总政治部下令把前线话剧团调到北京专门演出《霓虹灯下的哨兵》一剧。记得大约在12月他们来到北京，经过短时间的排练，即在剧场试演出。周总理和邓颖超大姐都去看了,我亦在场。演出后,周总理留下来和所有的演职员谈话,十分称赞这个戏,提出几点意见,要他们尽量做些修改,并决定在几天后正式演出,让我通知文艺界的领导和专家以及在京的剧作家们都来观看。大家都非常意外。周总理离开后,沈西蒙问我究竟是怎么回事?我把上次从南方回来以后的情况告诉了他。沈西蒙非常高兴地说,幸亏当时没有把剧组解散,否则就糟糕了。我告诉他,下次正式演出时,陈老总一定会来观看,而且部队首长也会来,既然周总理肯定了你们的戏,就不必紧张,就以正常心态演出吧!

两周后的一个星期六,在原剧场正式演出《霓虹灯下的哨兵》。这次不仅周总理、陈老总来看,总政治部主任萧华和总政治部其他首长也来了,文化戏剧界的领导、专家也都到了,我记得有周扬、田汉、阳翰笙、林默涵、老舍等。他们都有点好奇地互相询问,今晚看的戏有什么特别么?当然也没有什么特别,周总理请大家看戏也不是头一回了,只是这次演出台上台下都有点紧张,看戏的都感觉有点意外、新鲜。台上虽然有点紧张,但还是很好地掌握了角色,特别是演连长和春妮的两个演员很出色。观众们看得很兴奋,感到许久没有看到这样的好戏了。

演出结束以后,周总理和陈老总把那些请来的观众都留了下来。周总理说,这次请你们来看这出新排演的话剧,主要是请大家提意见,希望大家尽量做到知无不言,称赞的话可以少说,主要是提出

2004年张颖与沈思蒙
摄于南京

批评，能提出修改意见更好。大家轻松愉快起来。田汉是个最快言快语的人，他首先大声笑着说：好戏呀好戏，许久没有看过这样好的话剧了，特别是演员们，他们把兵都演活了。剧本也写得很好，但剧中的反面人物还是有点公式化，一看就是个坏人，是不是可以含蓄一点呢？这一下大家更活跃了，真是好评如潮。这时陈老总突然大声对部队的首长们说：你们看了都说不错，知道吗？这是被某些部队首长枪毙掉的戏哩。有人认为部队里不能有矛盾，不能有缺点，说那是给部队抹黑，哪有这种道理呢？我们部队之所以能战无不胜，成为伟大的军队，是不断克服困难和缺点才成长壮大起来的呀！正确全面地反映我们的人民解放军才是好作品！陈老总高声笑起来，引起大家的热烈掌声。

在这次演出之后，周总理专门召集《霓虹灯下的哨兵》剧组的编、导、演全体人员，开了几次座谈会，大家自由交换意见。据导演之一莫雁当时的记录，周总理曾提出大小修改意见和建议70多条，但说明仅供参考。剧组人员留在北京专门修改。

大概经过两三个月的多次修改，周总理也多次观看，觉得比较完整了才又再度正式演出。毛泽东主席在中南海怀仁堂观看了演出，而且称赞了该剧。当时媒体大量宣传，使得全国各地话剧团争相排演，于是就有了全国一片"虹"之说。这是1963年的事。

"文化大革命"后，沈西蒙离开了南京前线话剧团，但他的话剧创作情缘始终未断，希望能有更好的作品问世，但终未能成功，这是他本人引以为憾的事。我们还时有往来，时常深谈。2006年我在南京开会，听说他已乘鹤西去。人生如此，不能不让人怀念感叹。

周恩来与北京人艺的情缘

  周恩来总理对话剧的喜爱和关心有深远的渊源。他青年时代在南开中学时，就和同学们一起创建了南开剧社。他对话剧有着一种特殊的爱好，认为话剧是宣传革命道理的有力武器。

  对北京人艺，周总理更是十分关注，据我所知北京人艺演出的剧目他都很认真地看过。北京人艺是他终生的朋友，无论院长、剧作家、导演、演员，以至舞台工作者，他都认识。他还能记住他们的名字和他们曾经扮演过什么角色。说起北京人艺，总理总是露出灿烂的笑容。

  北京人艺的老人们都会记得，有一天晚上周总理去首都剧场看完演出之后，听说舒绣文大姐生病了，他走出剧场徒步奔向史家胡同北京人艺的宿舍，和随行的北京人艺的同志们形成了长长的队伍。走进舒绣文的房间，绣文要起身接待，周总理把她按到床上躺下，细问病情，得知是心脏病。他对绣文说，必须卧床休息。回到总理办公室，他让秘书告诉专家局，让最知名的心脏病专家为绣文会诊医治。

  新中国建立不久，在他的倡议和主持下，虽然那时国内的经济情况十分困难，但却建起了中国第一处专门演出话剧的剧场"首都剧场"。首都剧场无论设计、建筑材料、音响设备都是世界一流水平的。

人艺老院长曹禺是周恩来南开中学的前后校友，抗日战争时期在重庆已经相交。在曹禺遇到困惑时，恩来同志总是帮助他化解。记得抗战初期，曹禺的新作《蜕变》演出，遭到国民党政府审查机关的禁演。曹禺修改了剧本再演出时，有些左翼作家又写文章批评《蜕变》是为国民党政府官员涂脂抹粉。双重的压力使曹禺极为困惑，这时恩来同志即召开座谈会，发表自己的看法，认为左翼评论界的文章是错误的，《蜕变》描写国民党政府官员积极抗战是好事，完全正确。这正是国共合作共同抗战的基础，这是大局，也是抗日统一战线的成果。《蜕变》是很好的作品。而曹禺的《北京人》演出之初也出现了不和谐的声音，说《北京人》的思想内容是为封建社会唱挽歌，是与抗日无关的题材。恩来同志为此让重庆《新华日报》召集座谈会，并发表长篇评论文章，阐述《北京人》是曹禺的另一佳作，批评了封建主义思想，为青年一代指出了前途。他还请曹禺和老舍先生到曾家岩50号"周公馆"小酌，一直畅谈到深夜。

新中国建立以后，曹禺满腔热情地创作了当代题材的话剧《晴朗的天》，新篇历史剧《卧薪尝胆》，但这些新作却得不到"圈内人士"的赞赏，相反认为曹禺在新中国没有写出好作品，被称赞的只有旧时代写的三部曲《雷雨》《日出》《原野》。这些情况周总理也知道了。一次会议后，周总理特别要我留下来，问起有关情况。我直白地告诉他，确有此言论。周总理沉思了良久，然后对我说，这种论调不对。曹禺同志在新中国的新作品都是好作品，无论是思想性与艺术性都是成功的，这些作品反映了曹禺思想发展的历程；反映了他对新时代、新思想的追求，而且对推动整个社会发展起到很大作用；反映中国知识分子思想历程的《晴朗的天》也只有曹禺能写得深刻。在国家经济十分困难时期写出了"胆剑篇"，这是作家伟大胸怀的反映，是作家的良心。能鼓励全国人民克服困难增强信心，是作家对社会的巨大贡献。难道不值得称赞吗？周总理表情严肃，语调舒缓……一国总理，如此繁忙，却用了一个多小时来评论一位作家的作品，我十分感动。最后他突然问我：你的看法呢？我重重地点着头说，我也曾这样想过，但没有认真思考和研究。从此以后，我曾在多次戏剧创作座谈会上发表意见，为曹禺鸣不平。当然，我没有说过曾经听到周总理的意见。时至今日我仍然认为应该客观地实事求是地评价一个著名作家和他的所有作品。

"文化大革命"中，文艺界受到极大冲击，所有的著名作家、艺术家都被关进"牛棚"，称为"牛鬼蛇神"。曹禺当然也不例外。

在"文革"期间，我和总理、邓颖超大姐完全断绝了联系。有时我只能在大字报上看到一些他们的情况。总理那几年的日子也很不好过，"四人帮"一直在捣乱。

1970年我从外交部"五七"干校回到北京。没过多久，接到总理办公室的电话，说邓颖超大姐叫我到西花厅家里见面。我感到意外，她怎么知道我回到北京呢？我十分激动，多年不见，有什么话题呢？

星期日吃过早饭后，等到10点半，我出门搭上无轨电车到中南海西北门。办公室已交代门卫，我很快走进西花厅，进入二道门即看到邓大姐，我跑过去紧紧握住她的双手，不知道该说什么好。几年过去了，一切如旧。坐下来她即说，恩来同志有点事，一会儿就来，他也很想见你。不一会周总理进来了，我见他显得有点憔悴，但精神很好。他让我坐下来，他却站着，心情像是突然沉下来。他说，老舍先生走了，你已知道，田汉也因病死在狱中。邓大姐插话说，孙维世也在狱中被害。客厅的气氛凝固在悲伤中。过了好一阵还是周总理打破这难忍的一刻，他向我提出了一连串的问话：你从干校回来看望过文艺界的朋友们吗？我听说巴金老被弄去挖防空洞，冰心老都过了古稀之年还到干校劳动。光未然手臂断过，也去干校劳动……那几年周总理工作极为繁忙，心烦的事情也多，但他却常常想起文艺界的朋友们。知道我回到北京就抽时间见面，他多么想知道这批朋友的情况啊。但他可能没有想到，我们这些人，"文革"开始就被关进"牛棚"，根本无法通消息，我也只能把从小报上看到的情况向他说一点。他突然问我万先生（曹禺）怎么样？身体还好吧？那时我家正好住在首都剧院旁的报房胡同，我听说，也曾见到曹禺在北京人艺看守大门，整天缩在门旁的小房里。我告诉总理，曹禺在看大门，但我没敢和他说话。总理显出不高兴的样子说：你不在文艺界工作，对这些朋友就不关心了吗？我无话可说。随即他命令我：你尽快抽时间想办法去看望万先生，就说是代表我去看望他，问候他还有方瑞（曹禺夫人）好。以后你应该多去，关心这些老朋友。我只得唯唯答应。时已过中午，我起身辞别，并抱歉占了他俩的休息时间。邓大姐把我留住说："恩来平时没有休息时间，也休息不了，你今天来和他聊聊这些老朋友们的情况就是最好的休息，坐下吧。"于是我只好留下，并与他俩一起吃完午饭才回家。

从干校回来，我被分配到外交部新闻司工作，和总理见面的机会多了，每次我都带去一些文艺界老朋友的情况向他汇报。

北京人艺演出的新剧目在全国来说是最多的，也可以说是最精彩的。新中国成立以后老舍先生的创作热情至高，没有一刻停滞，他的话剧作品都是北京人艺首演。我个人也认为北京人艺最能够体现出老舍创作的风格与韵味。从20世纪50年代开始演出的《龙须沟》《女店员》《骆驼祥子》《西望长安》及随后的《茶馆》等，无不成为时代的经典之作。这期间我还记得有一段插曲：《茶馆》初排正式演出前，北京人艺请市委领导观看并审查。市委宣传部一位领导认为该剧思想内容不健康，是在赞扬封建资产阶级，不能演出。这样的说法使该剧的导演和演员们都难以理解和接受。大概没有过多久，有一天我偶然遇到焦菊隐老师，他是《茶馆》的导演。他对我说《茶馆》不能上演了，市领导批评本子有问题，是否可以请周恩来总理来看看这出戏，他对人艺一直非常关心，而且这是老舍先生的作品。我答应了他，随后很快找到机会向总理汇报了。没过几天总理就到首都剧场来看《茶馆》彩排。看完之后，他和焦菊隐及演职员座谈。周总理首先称赞戏排得好，随即说这是一出好戏嘛，没有什么问题。在舞台上反映旧社会，写出封建资产阶级的没落，这很好，让人们了解历史，还可以教育年轻一代，使他们认识新社会的可贵。总理还拉着于是之的手说，你演得好，塑造了这样一个没落阶级人物的典型形象。

周总理与老舍先生也是在抗战时期就相识、相知，成为好朋友的。当周总理知道老舍先生获得"人民艺术家"的光荣称号时，还特别去灯市口老舍先生家中祝贺。"文革"中得知老舍先生去世，他

《关汉卿》演出后,陈毅(右起)、周恩来、郭沫若、阳翰笙、田汉与饰关汉卿的演员刁光覃交谈

十分伤心,还不断责备自己没有好好照顾这位老朋友。

北京人艺的经典演出剧目还有许多:郭沫若的《蔡文姬》,田汉的《关汉卿》,周总理都不止一次地去观赏。他对《关汉卿》尤为赞扬,还邀请陈毅元帅与贺龙元帅去观看,并与演职人员合影留念。他认为这是田汉老最成功的作品,对该剧的主要演员,扮演关汉卿的刁光覃,扮演朱廉秀的舒绣文,还有扮演蔡文姬的朱琳,以及扮演《雷雨》中四凤的胡宗温等人更加关注。他谈起这些演员的演技总是津津乐道,意犹未尽。有时候周总理忙完一天的工作,突然想到去看戏,于是带着一位副官,警卫员偶然会打电话叫上我一起去首都剧院。副官买几张票,都是后排的剩余票,我们便悄悄地进入剧院去看后几场的演出,总理说要听听演员的台词是否能传到每个观众的耳中。也有过这样的情景,总理进入剧场后,被人艺的同志发现了,要他到前排的首长席去坐,总理会很不情愿。

周恩来总理不仅对北京人艺情有独钟,他与青艺、总政话剧团、南京军区前线话剧团,都极有感情极为关注。周总理一向认为文艺是宣传与发展进步思想最有力的武器,应该而且必须给予重视。

傅天仇：终生追求周恩来精神的人

50年代中期，我参观过一次全国美术展览会。那里展出了不少油画精品，特别引人注目的是雕塑中的一组领袖像。其中有毛泽东主席的塑像，也有朱德总司令和周恩来总理的塑像。都是当时的名家之作。陪我一同参观的是一位著名的雕塑家，即我的老朋友傅天仇。天安门广场上矗立的革命英雄纪念碑的浮雕中也有他的作品，这个展览会上展出了他为毛主席和周总理塑的像。我们看展览时，特别仔细地端详了那组领袖像。当走到周总理的塑像前，我不禁轻声呼叫：天仇，太好了！不仅形似，而且神似，你成功了！他站在我身旁淡淡地微笑着说：只是似吗？

最早发现这位艺术家才能的是周恩来。那是1942年的事。当时正值抗日战争最艰苦的年代，傅天仇才20岁出头。他那时已在创作雕塑，并在重庆育才学校任教。有一天，恩来同志到重庆中苏文化协会去会见友人，走过那里的展室，顺路看了一个雕塑展览。回到曾家岩50号，吃午饭时他对我说，他看了一个展览很不错，不少作品反映了劳动人民的生活，富有时代精神，让我去看看，并说可以给《新华日报》写篇报道。这个展览就是为傅天仇举办的，是他的第一次个人作品展。

第二天，我去看展览，确实有令人耳目一新的感觉。在场内我没有找到这位艺术家，走到出口处有个留名簿，我在上边签了名，并写明记者身份。当我从中苏文化协会那条窄巷走出来时，听到后边有跑步声，并喊着我的名字。我回头看到一个黑发蓬松、不修边幅的青年跑过来，请我再回到展室去，他就是傅天仇。他非常热情地说，他一直就希望能够认识《新华日报》的人，因为他是它忠实的读者。我对他做了简单的采访。

回去后，我向恩来同志汇报了情况。恩来同志听说举办展览的傅天仇是个年轻人时，立即表示有兴趣见一见。不久，我约傅天仇到《新华日报》营业部二楼会面。当傅天仇看见站在他面前的恩来同志时，激动得不知所措，握着恩来同志的手说不出话来。恩来同志请他坐下，轻松愉快地和他闲谈：从他的家庭，到他在广州、香港学美术的经历，以及他如何从小喜欢捏泥人，到长大后爱上雕塑的。恩来同志最后对他说：目前还在战乱时期，搞雕塑不大容易，可以把创作拓宽些，比如木刻、漫画、素描……当然，你的专业与爱好还要坚持下去。

从此，傅天仇和我常常见面，几乎每次都要谈到恩来同志。他对第一次见面是那样刻骨铭心。他曾经对我说：周恩来对于他就像是一道照射到心底的强烈阳光。周恩来是那种光芒四射的伟人。他追求进步，向往共产党，而周恩来就是共产党的化身。

1945年日本投降以后，我们都到了上海。傅天仇在报刊上发表漫画，也做过编辑。那时不少文化人的生活都没有保障，甚至贫病交迫。傅天仇也是如此。他又一次见到恩来同志，是在上海马思南路的"周公馆"。当时国共两党和平谈判破裂，恩来同志准备撤返延安，临行前最后一次在上海会见各方面的朋友。会见过程中，他对国内的形势做了全面分析，希望大家振奋精神，继续战斗。他充满信心地说：上海是属于人民的，不久的将来，我们一定要回来的！恩来同志最后和大家握手道别，和傅天仇握手时，他说：年轻人，你需要勇气和坚韧，应该相信胜利永远属于人民！

在恩来同志的安排下，傅天仇不久就疏散去了香港。当我给他送去路费，握别在上海滩时，他满含热泪地对我说：是共产党给了我新的生命。

新中国成立不久，傅天仇到中央美术学院任教，从那时起他就立下宏愿：要雕塑出完美的周恩来像。他一直在收集周恩来的照片，包括青少年时代的照片。我曾到他在中央美院的工作室看到过那些照片，不下百张。他对每个时期的照片都做了详尽的分析，存入自己的资料库。他一生留下了两座周恩来铜像：一座是周恩来青年时代的半身铜像，立在天津市周恩来青少年时代纪念馆；另一座是全身站立铜像，立在天津市南开中学。我认为都称得上是传世精品。

80年代初，忽然有一天，傅天仇带着两个周恩来青年时代的半身石膏小样到我家来。他告诉我，周恩来就读过的天津市南开中学要建周恩来青少年时代纪念馆，要立铜像。一听到这个消息，他立即从平时创作的周恩来塑像中找出几个青少年时代的，经过修改后准备送去"应选"。他特地从中又选了两个让我挑毛病。后来，那座铜像铸好了，它是我看到的最能反映周恩来精神风貌的铜像了，可以说超过了形神兼似的境界。

过了几年，傅天仇又塑周恩来像了。一天，他来到我家，急匆匆拉着我就走，说汽车在门口等着哩。上了车，他才告诉我，立像的大样已基本做出来了，叫我去挑挑毛病。到了一处工地广场，近前是临时用铁皮搭的工棚，旁边是30多米高的木架，周恩来的全身立像就在眼前。他先给我介绍了他的两个学生（也是助手），随后带我到那巨大的泥塑像前，介绍他的创作构想。我在塑像前站立许久，又绕着看了有一个多小时。看过之后进到他们的工棚里，只见里面一张破木桌上有几个喝水缸和暖瓶。那时正是夏秋之间，工棚内闷热得像烤炉一般，走进去呼吸都觉得困难。他却幽默地解释说：我们塑的是周总理像，既需要热血沸腾，也需要体会在最艰苦的环境中坚持工作的精神嘛！我问他，刚才坐的汽车不是工作用的吗？为什么你不回家住呢？他笑笑说，那是为去接你才借来的。我家在西城，这里是东郊，每天跑得花多少时间？当时他们已经工作三个多月了。那年他66岁。

后来我在天津南开中学看到了他花几个月时间才完成的那座铜像：周恩来身穿夹大衣，迈步向前。衣襟被微风吹起一角，坚定而潇洒。他昂着头，眼神显得深沉睿智，充满信心，而嘴角却有点下垂，使人多少感到有种说不出的无奈。傅天仇曾多次和我探讨，最后决定以周恩来盛年时期的形象为基础，着力表现为新中国建设事业呕心沥血奋斗不止的周恩来，同时也要在一定程度上表现出他晚年的遗憾……我久久望着铜像，仿佛周恩来就在我的眼前……

不久前我遇到天津周恩来纪念馆的同志，又说起了为周恩来塑像的傅天仇。这位同志很动情地告诉我：那真是一位好同志，为周恩来铜像铸造安装，他一直在天津亲自工作。他住在学生宿舍里，吃学生食堂的饭菜。他已经是70多岁的人了，又是知名的艺术家，我们于心不忍，劝他住宾馆，但他就是不肯。他经常说，我是为周恩来塑像，应该有纯净的心灵，有周恩来的精神力量，否则就不可能表现出这一代伟人的风采。

他是一个终生追求周恩来精神的人。

发挥革命历史剧的教育作用[*]

——从电视剧《周恩来在重庆》说起

我以非常激动的心情看完《周恩来在重庆》,这是一部好的电视连续剧。

我曾经生活在那个年代,生活在那个具体的环境之中,当然倍感亲切。记得在1941年末,重庆雾季话剧开始不久,周恩来召集《新华日报》文艺版的编辑们开过一次座谈会,谈到关于文艺评论、戏剧评论的问题。周恩来同志说:"戏剧评论是非常重要的,是作家、演员、演出和观众的重要桥梁,既能帮助观众深入了解戏剧内容和思想,提高观众的欣赏力,同时也可以帮助戏剧工作者、主创人员得到观众的反应,从而提高戏剧的水平。"当时还决定《新华日报》文艺副刊要做到每戏必评,从那时起戏剧评论大为改观,不再是"报屁股"文章,也不再是无聊的捧角。这种情况延续到解放后、"文革"前都没有改变。

1943年在重庆,郭沫若的话剧《屈原》上演前后,曾引起过争议,主要是对宋玉这个人物的处理。周恩来曾发表意见:历史不同于历史剧,研究历史必须客观,必须要有充分的历史资料才能做出

---

[*] 原载《人民日报》2004年4月24日。

结论，但历史剧则是文艺作品，作家在"不离开大背景"的前提下，对某些人物或事件可以有作家个人的创作自由，可以发挥自己的想象，所以《屈原》是很好的历史剧。

遵循周恩来的这两条意见，来试评《周恩来在重庆》，我认为这是一部好的、有重大意义的连续剧，作者与全体主创人员都尽了最大的力量来完成这部有重大历史价值的作品。它反映了近百年来，不仅中国而且是全世界都有重大意义的历史阶段，第二次世界大战——反法西斯战争的胜利。它改变了世界，促进全世界的独立民主进程，产生了众多新的独立民主国，先是欧洲、亚洲，又及非洲，改变了世界的发展趋向。当然对中国而言，它改变了我们国家民族的前途，没有抗日战争的胜利，不打败日本军国主义，改变不了世界，也改变不了中国。这部作品的最大成功在于把中国的抗日战争和世界反法西斯战争融在一起，作品表现出广阔的视野，宽大的胸怀，作为一部历史题材的艺术作品，应该说是成功的，同时对青年一代也有重大的教育意义。

《周恩来在重庆》反映抗战初期，日军大举侵略中国的不少战争场景，使观众惊心动魄。日本飞机对抗战陪都的大轰炸，使成千上万的无辜人民死于非命，使城市变成一片废墟，反映了战争的残酷，那样悲惨的场景使人目不忍睹，而这都是非常真实的场景，引起观众对侵略者极大的仇恨，对战争对敌人的仇恨就必然会引起人们的爱国心，这都能使青年一代深受教育。虽然我是老人，但也很喜欢认识青年朋友，我发现不少80后，甚至70后的年轻一代，根本不知道国家的历史，而抗日战争这段历史并不是离现在很遥远，作为中华民族的一分子，作为中国公民都应该了解学习这段历史。

文艺作品最重要的是塑造典型人物，那就必须要有故事情节，这也是最能打动观众的，这部作品最使我感动的有几处细节，第十八集叶挺将军被国民党诱捕投入监狱，其中有一段是国民党将领顾祝同设宴诱降并许予高官厚禄，叶挺坚决拒绝了，昂首向监狱走去。同在作战中被捕的张文，叶挺通过狱卒让他逃回重庆，让张文带话给周恩来："我最敬仰文天祥，他赴义前提出一个请求，面对南方三拜九叩表示对宋朝最后的忠诚，如果我叶挺也有这一天，我要面向西北就义，算是我向延安最后的道别。"这种豪迈的忠贞，是多么扣人心弦！就这句话，英雄人物就树立起来了。又如第二十一集，张冲病危，周恩来到医院探望，周恩来说："你我活在这个乱世之中，都是为了中华民族的复兴、一个新中国的诞生，假如这个目标达到了，我们就是受了一些委屈，或被后人遗忘了也应含笑九泉的。"张冲回应说，我为有你这位兄长似的朋友而骄傲，就是到了另外一个世界我也愿意跟着你。这是多么动情的肺腑之言，这句话把两个人的思想性格刻画得多么好，这也是对周恩来十年统战工作的肯定、赞许。另外对宋美龄这个当代妇女也描画得很好，其中一段，在重庆大轰炸时，她坚持不下防空洞而向美国打电话，从电话中让对方听到日本疯狂轰炸的声音，这是她的胆量也是执著，表现出她是蒋介石的左右手，而不是装饰品，应该客观地说宋美龄是当代中国的不平凡的女性。

但是，由于长达三十集的连续剧，缺少精彩的情节和故事，对没有经历过那段历史的青年人，会感到枯燥乏味。我还想提出连续剧中重要的缺点：就艺术作品上来说，虽然写的不是历史，但大的方面或主要人物既是以真名实姓出现的，应该不要有大的错位。剧中童小鹏是比较重要的人物，出镜次数很多，我们在剧中看到的童小鹏是在周恩来身边的秘书或像勤务员，周恩来随时呼唤他做多种事，包括送信等等，这是不可以的。不是由于职务的高低，而是工作性质来决定的。童小鹏当年是十八集团军办事处机要科长，在长征年代就当过机要人员，他的脑子中装着许多我党的机密、绝密，他是受到重点保护的人物，倘若一旦被特务突然袭捕，对革命事业的损失是无法弥补的，而且他平时只在红岩嘴上班活动，基本不到曾家岩50号周恩来处，这

电视剧《周恩来在重庆》剧照

样的错位是不应该的。另一个人物许涤新，他不是《新华日报》负责人，而是专门研究经济问题的学者，他只管写文章，不管具体事。还有阳翰笙，他并不是郭沫若的日常助手，并且不是南方局工作人员，也不住在办事处内，周恩来也不可能随便随时派他干多种工作的。希望写重大历史题材作品时，对重要人物真名实姓的，要多些了解多些思考。当然对用哪个人物的真名实姓，这是作家的自由，但在周恩来身边工作的人有许多，怎样能塑造得更好，是要做些思考的。

周恩来是我党我国伟大的政治家、军事家、外交家，受世人所尊敬，但他一生最重要最突出而无人替代的成就在于统一战线工作，对国内国际都是如此，他是建立并发展了这一重要方面，这是我们取得全面胜利的重要法宝之一。这个历史剧反映的恰恰就是国内统一战线的重要时段，但这一主要方面表述不够，也使这部作品思想和内容仍显苍白。

作为一个普通观众，作为一个历史过来人，由于热爱，我才写出自己的看法，不妥之处请批评。

我心中的邓颖超大姐

1966 年"文革"暴风雨骤至,我一夜之间变成"牛鬼蛇神"。此后几年我和周恩来同志、邓颖超大姐割断了一切联系。倘若在平常的日子,每年我们都会有三五次去探望他们,在会议或工作上的接触还会多一些。"文革"期间,从马路街头大字报上或多种小道消息中,我也能猜想到他们的日子很不好过。有时我会在电视上看到恩来同志疲惫不堪、日渐消瘦的身影。

1970年,我从外交部湖南干校回到北京,文晋因为中苏边界谈判工作的需要,早些时候已从外交部江西干校回来了。某日上午,我忽然接到总理办公室打来的电话,叫我即去西花厅见他们。当时我十分吃惊,恩来同志怎么会知道我从干校回来了呢?文晋说,恩来同志早

1971年邓颖超与张颖在北京饭店合影(韩素音摄)

几日就问过他。当时我心情十分激动，几年不见好像有许多话要向他们倾诉，但又忐忑不安，有些事真不知该从何说起。我乘上无轨电车往中南海去时，脑子乱糟糟的，那么熟的路居然坐过了站。

下车后，我的心才逐渐平静下来，进了中南海西北门，过了几个岗哨，走进那红色大院门，院内静悄悄空荡荡的。从前，西厢房是秘书们的办公室，这会儿却不见一个人。我快步走到那扇小小的侧门，门开了，邓大姐从沙发上站起来，我很快握住她双手。她很高兴，问我身体是否好些了，我只管点头。她带我到身旁的沙发坐下，说是恩来同志还有点事，一会儿就来。我呆呆地坐着，看着她斑斑的白发，什么话也说不出来。

没过多久，恩来同志从他卧室那边门口进来。我立即站起跑过去。恩来同志清瘦了，但还是神采奕奕。他说，今天没约你和文晋一起来，我现在能常常见到他，你可有五六年不见了吧？我刚刚坐下，话题就开始了。他向我打听文艺界朋友们的情况，从巴金、曹禺、冰心，又问到了许多演员，北京的、上海的、南京的。我用惊讶的目光看着他，然后慢慢地回答："前几年我回到文艺界参加'文革'，被批斗了三年，就去外交部干校了，和文艺界联系很少。"他显得有点不高兴地说："你不在文艺界工作就把老朋友忘了？以后要多联系，能见到的替我问候他们。"我连连点头。接着，他说："老舍早已不在了，田汉也病死狱中……"说着，他双眉紧锁，黯然神伤。接着，他又用悲伤的语气问我："听说以群也自杀了？"我说从外调人的口中，知道以群确实不在了。这时，邓大姐突然插话：他们都在搞些什么？孙维世也不明不白地死了。我刚刚听到这消息，十分震惊地问："维世怎么会死呢？她身体一直挺好的。"邓大姐非常气愤地说："他们说是自杀，我们都不相信，通知林办要保存尸体做检查，却说已经火化了。只有半天时间，怎么就会处理呢？这不可疑吗？"平常邓大姐总是心平气和，讲话也是细声细气的，这会儿她真的愤怒了。我们都沉默在悲愤中。恩来同志为了驱散这种气氛，转换话题，问到我今后的工作，又嘱咐我一定要去看望曹禺，要多关心文艺界的朋友们。

不知不觉已经到了午饭时间，我站起来告辞，说怕耽误他们休息。邓大姐说：你来谈谈，对我们就是最好的休息，恩来已经许久没有这样高兴说话了。你就在这里吃饭吧。叫他们多打一份饭就行了。以前我也曾因工作耽误吃饭时间，但都是到国务院食堂吃客饭。这次，我只好留下和他们一起吃午饭。

一会儿，一位战士提来三个饭盒放在饭桌上。坐下来后，我看到那是三层加一盆的小饭盒。三个盒内的饭都不一样。邓大姐连忙解释说："平常我和恩来也难得一起吃，他总是忙，时间凑不到一起，而且各人吃饭的习惯也不同。"摆开一看，恩来同志那份，一碗小米粥，一碗白米饭。肉片炒青椒，好像还有土豆丝。邓大姐那份是一块玉米饼，一碗排骨萝卜汤，还有一盘炒青菜。量都很少。我心里吃了一惊，天天就吃这个，营养都不够啊。邓大姐见我这个样子，连忙解释说："多吃杂粮，每餐少吃是健康的保证。"邓大姐指着我那份菜说，你刚从干校回来，应该优待。盘中有一个大肉丸子烧白菜，一大碗白米饭。大姐笑着说："你当然知道，这是恩来最爱吃的红烧狮子头……"我心里说不出是什么滋味。

从湖南干校回到外交部不久，我分配到新闻司工作。

1972年夏天，部领导分派给我一项临时任务：协助对外友好协会接待来自美国的外宾洛克珊·维特克，主要是陪同江青接见她。友协接待这样的外宾与外交部是没有关系的，就因为江青要接见，外交部按当时的规定，要派一个相应的人员陪见，我就奉命前去了。本来，经恩来同志的指示，江青只在北京礼节性接见维特克一次，我就算完成任务。岂料江青见到维特克就产生了极大兴趣，在人民大会堂，和姚文元一起接见，足足谈了六个小时，还设宴招待。宴后又陪着维特克到人民剧场观看《红灯记》，还相约以后继续要见，并要维特克为她写本书，以便在美国宣传她。

那时候人们对江青已经相当了解：什么事她沾上边，麻烦就大了。第二天，我即向主管副部长汇报全部情况，并说江青还要继续见维特克。他说外交部无权决定，也不能阻挠，只得向周恩来总理请示。恩来同志也觉得不好办，曾经劝阻江青不必再见维特克。但过了一天，江青竟自己坐上专机飞往广州了。行前向中央办公厅交代：维特克访问上海之后，也用专机送她去广州，继续接见并谈话。

恩来同志无法阻止，只得把我们这个接待班子的人找去交代说，在广州只能见一次，只谈文艺问题。这样我就绑在江青与维特克这件事情上脱不了身，而且我还是主要陪同。

7月下旬，我们都到了广州，江青连日接见维特克，有七八次之多，累计时间长达60多个小时。谈话内容涉及很广，主要是自我吹嘘，让维特克把她写成世纪女英雄。最糟糕的是，江青当面答应维特克，要把录音带，还有谈话中涉及的军用地图都送给她，作为写书的资料，这是从未有过的举动，也违反起码的外交纪律。会见结束当天，接待班子就劝阻江青，告诉她录音带、记录稿都得回到北京再决定。尽管江青极不高兴，但也无奈。

回到北京以后，我立刻向部长们汇报在广州的情况，特别说到送录音带等事，比较紧急。部长们说江青的事他们管不了，叫我向周恩来总理直接汇报。我只好直接找恩来同志。在"文革"那段时间，恩来同志忙得身心交瘁，但这事他还得管。他听了我一次汇报后，立刻决定把录音带扣住，不寄往美国。过了不几天，江青又叫接待班子中三个人帮她整理全部记录稿，还要译成英文寄给维特克。部长们还是表示无奈。我又去找恩来同志，并提出希望把全部情况向他汇报，以免不断去麻烦他。

这次恩来同志是在西花厅见我，我先说了重要情况。恩来同志问邓大姐说："小超，我实在没有时间，你替我听这些汇报好吗？你知道一点情况也好啊。"以往邓大姐对恩来同志的公事是从不参与的，这次居然答应了听江青会见维特克一事的汇报，但声明她只是听汇报，不解决问题，有问题还是要请恩来同志解决。

这样决定我非常高兴，因为有事向外交部部长们汇报后，只要需要，我随时找邓大姐就方便多了。据我记忆，大概我向邓大姐汇报过四五次，头两次把在广州的具体情况说了，包括谈话的主要内容和关于录音、送地图、送全套清版二十四史等，特别是江青吹嘘捏造她如何与毛主席共同指挥西北解放战争，她与不同政见者的斗争等等，还有她在上海的浪漫史。邓大姐听着听着，紧皱眉头，实在无法忍耐时只说句：这人怎么会变成这样呢？有时也会说：我会告诉恩来同志的。

在为江青整理记录的几个月中,江青因为记录稿删节的事,大骂我好几回,甚至说我不和她站在同一立场上就是反革命,这些情况我也向邓大姐汇报了。那时江青一言九鼎,她真的给我个反革命罪名,我也没有地方说理呀。整理记录折腾了几个月,恩来同志最后请示毛主席,毛主席说不要整理,更不能寄出。这样事情才暂告一个段落。1973年秋,文晋和我到加拿大赴任去了。

1976年1月8日晚,我们从加拿大回国休假。刚下飞机,来接我们的外交部美大司长林平即轻声说:"周总理去世了,但未发布消息。"我们心中大吃一惊,去年回来时虽然知道他患了癌症,但精神尚好,怎么会这样匆匆就走了呢!回到家中放下行李,我一直心神不安,坐立不定。我和文晋商议,立刻去西花厅看望邓大姐。到了中南海西北门,警卫往西花厅打电话,我们站在大门内。赵炜从里边跑出来,一见面我俩抱头大哭。她告诉我,大姐目前需要安静,不想见任何人。我告诉赵炜,我们得理解,只是放心不下,刚下飞机就跑来了,请她转达我们的心意吧。

恩来同志的丧事都办完了,我们还一直留在北京。3月中旬,赵炜打来电话,叫我晚上去西花厅。天黑以后,我到了中南海,赵炜已经通知门卫,我即奔去侧门。大姐在她的卧室,赵炜把我引进去,即把门关上了。邓大姐站起来抱着我,无声痛哭,把我的衣襟都湿了。我不知如何是好,紧紧抱着大姐,喃喃地说:您哭吧,痛痛快快哭一场吧!这位坚强的老革命家心中有多大的痛楚啊。当年欢声笑语的西花厅,如今寂寞无声。我扶大姐在沙发上坐下,她也慢慢平静了。我只记得她说了几句话:恩来得了这样的病,又是这样的环境,没办法,没办法呀……

此时北京严冬刚过,仍时有习习春寒。我们不时漫步天安门,在人民英雄纪念碑周围浏览,那些浮雕都曾经过恩来同志精心策划挑选。在这里,我时时想起这30多年来恩来同志对我们关怀栽培教育的恩情。到了3月底4月初,来天安门广场的人越来越多了,人们的情绪变化着,群众自发地掀起了大规模的悼念活动。

那几天,赵炜给我打了几次电话,问我们什么时候离开北京返回加拿大。有一天赵炜正打着电话,忽然传过来邓大姐的严厉声音:

你们还留在北京干什么？立即回加拿大去！在那风云突变的时刻，她在为我们担心啊！其实她自己的处境也非常险恶。

1976年秋，"四人帮"垮台了，我一个人先被调回外交部。我心里明白，一定与江青、维特克事件有关。我忐忑不安，因为当时我去陪见虽然是领导派的，但以后几个月我去整理记录，都是神神秘秘的，新闻司的同事不知道我去干什么了。外交部有些同志中也传言，说我去给江青当"高参"了。这样立即把我调回来意味着什么呢？回到家以后我一直惶惶然。"四人帮"垮了，老百姓欢欣鼓舞，但我的命运却难以预料。

我想起叶剑英元帅，是他在1937年抗战初期，在武汉办事处批准我们去延安的。以后在重庆，他待我们也如子侄辈。"文化大革命"期间，我和文晋常去看望他。我想到他可能会给我些指点，于是第二天我便跑到叶帅家去了。

他接见了我，见他顶高兴的样子，我心里才定了神。他随即把我带到他的办公室里，坐在办公桌旁，拉开抽屉，取出一份打印文件，是对外友协上报中央有关江青、维特克的情况，其中对接待班

1983年章文晋、张颖带着孙女乐乐到西花厅拜望邓颖超

子人员做了分类，其实就是两类：一是和江青同类，二是不同类。而我的名字赫然就在江青之下。当时我像是五雷轰顶，怎么会是这样！对外友协应该是很了解情况的，怎么会把我和江青划到一类了呢？我茫然不知所措地呆住了，久久说不出话来。我用求助的目光看着老帅。老帅慈祥地对我说：你不用紧张，这只是对外友协的汇报，你的情况，中央领导都会了解的。现在你最好去找邓大姐，你不是把什么情况都向她汇报过吗？我紧紧握住老帅的手，眼泪忍不住往下流，一句话也说不出。

我匆匆跑回家，儿子又紧张地告诉我，他看了《人民日报》和新华社院里的大字报，说我是江青的同伙。因为有了老帅的叮嘱，我虽然思想负担很重，但已经可以冷静地思考了。我想我不能立刻去找邓大姐，既然有的机关和群众这样反映，我不能完全靠她给我打保票啊，而且有不少人确实也不了解情况。

外交部第一次召集有关的会议，部里决定我担任外交部江青专案组的负责人。我很冷静地说：我是这件事的参与者，了解情况，但现在外部有反映，我希望领导先审查我，搞清我和江青的关系，否则我也不该参加专案组。随即我拿出准备好的一份书面报告，上面写有自从1938年我与江青认识开始，直到我参与这次陪见的每一段时间的证明人（知情人）。过了几天，开第二次会议，我记得李先念同志来参加了。他说，领导对我已做过审查，特别是邓颖超同志做了有力的证明，说张颖不是江青同伙，而且敢于与江青做过斗争。他对我说，领导上一直是相信你的。我心情十分复杂，说不清是感激还是别的什么，眼里又满含热泪。

大概是由于那几年过于紧张和劳累，我的心脏病又发作了，高烧住进医院。出院后回到家还卧床不起。这时党的十一大准备召开，外交部开展民主选举，据说这次大会的代表当选有一个重要标准，即能与"四人帮"划清界限或敢于斗争的人才能被群众选上。我为自己能当选为代表，深感荣幸，心里十分激动，这是我第一次当选为党代表大会的代表。但我躺在床上不能走路，十分沮丧。我考虑代表名额仅有几人，选上了我也去不了，于是我想应该把名额让出来，让别的同志去也好啊。我把这个想法告诉了外交部党组织。

一天，我的老同志康岱莎来看望我，并转告了邓大姐的话：张颖一定要去参加会，怎么可以让呢！这次会非常重要，是"四人帮"垮台后的第一次党代会，关乎党和国家今后的前途，这机会绝不能放弃。参加会议对本人一生的政治生命也极为重要，要战胜疾病嘛。听了邓大姐的话对我震动太大了。

从这天起，我每天要坐起来，站起来，加紧锻炼……过了十几天，邓大姐打电话到家里把文晋叫去了。文晋回来告诉我，邓大姐很关心我的病，又再次嘱咐我，要坚强起来与疾病斗争。她还对文晋说，现在文晋新的工作还没决定，他的任务就是保证我出席党代表大会，甚至说到如果我不能走路，可以坐轮椅去参加，可以坐着轮椅从西南门进入会场（这大概是会议主席团和中央委员的特殊通道）。这时距离开会只有两个星期了。

十一大开幕那天一早，文晋和孩子们把我抬到楼下，搬进汽车，文晋陪伴我到了人民大会堂西南门，从大会堂推来轮椅，把我推进休息大厅。我看见了许多老同志、老领导。忽然我的前面也推过来一个轮椅：那正是罗瑞卿大将，在延安时我就认识他，"文革"中他遭受那么多磨难，一位威风凛凛的大将军被折磨成残疾，不能站起来，我曾在心中为他难过。他认出是我也很高兴，大声和我说话，称赞我在"文革"中的表现。这时，不少老同志都走过来和我握手。我内心高兴又难过，这些老领导、老同志，好不容易熬过这十年啊！这一切给我留下终生难忘的一页。

邓颖超大姐早在抗日战争时期就和许多文艺界朋友交往，那时她主要是领导妇女工作，但她也爱好文艺，尤其是戏剧。她在天津上中学时，就是校园话剧的积极参与者。她曾经告诉我："当年恩来在舞台上是男扮女装，而我却是女扮男装。"她与许多著名演员有深厚的友谊。她关心大家在政治上的进步。有两件事使我记忆很深：上海电影制片厂的著名电影演员白杨，"文革"期间被批斗关押，直至1979年还没有被解放，不能工作。原因是在"文革"前有个国民党的特务人员出狱后写过一篇文章，说白杨在重庆时期曾经被蒋介石接见，并为蒋介石祝寿演出。本来这件事是众所周知的，抗战时期国共合作，蒋介石是委员长，为他祝寿演出，根本不是什么政治问题。解放后也没有把这件事算作什么问题。但"文革"中却成了大罪状，当成大问题，不少人都为此挨批斗。但"文革"后大都平反了，就是白杨解放不了。我也曾为她写过证明材料，不管用。1979年冬，白杨的丈夫蒋君超特别从上海跑到北京找到我家，说是白杨的问题还是没解决，需要中央领导的证明才行。他提出来是否可以找一下邓颖超同志，因为她是当年在重庆的唯一中央领导了。我觉得有点为难，但还是答应下来。我告诉君超，请他先回去，我一定想办法请邓大姐帮助，但我很难确定什么时候能见到她。几天后，我专门就此事写了一封信，说明白杨的情况和她丈夫专程到北京来，希望邓大姐帮助。过后，我又打电话给邓大姐的秘书赵炜，请她问一下。她说大姐已经知道了，并说大姐对此事特别关心，没问题。果然，过了一个多月，白杨来电话，说她恢复工作了。

另外一位著名的地方戏曲演员，在"文革"前期表现不错，但在后期受到"四人帮"，特别是江青的诱惑，为江青做了些不该做的事。尤其是在恩来同志逝世后，"四人帮"那一套不许纪念、不许追悼，等等，她都照办，而且做得过分了。"四人帮"垮台后，她在当地引起了戏剧界人士的极大不满，做了工作也不被谅解。其实她本人也是后悔的。她时常到北京来，很想去看望邓大姐，但心中总是忐忑不安，又苦于难以联系。大约于1992年，邓大姐生病住进医院，她又向我坦诚表示，希望能和邓大姐见一面。终于，邓大姐在北京医院接见了她，往事没提一句，还和她在病房中一起拍照。这样她才如释重负，把照片带回去，并公开展出。邓大姐一直是胸怀坦荡、开朗，对后辈的错误，只要认识了，她就高兴，从不计较。

邓颖超大姐的一生，从青年时代起，近70载，始终热爱党，热爱国家，热爱人民，不倦奉献。她从不计较个人的得失荣辱。据我所知，"文革"前，党中央毛主席已经建议，并决定她出任全国人大副委员长，但她从各方面考虑，这一重大人事安排可能引起麻烦，便拒绝了。直到"四人帮"垮台以后，她才担任人大副委员长、全国政协主席等国家重要职务。她在古稀之年，又展露了更大的政治才干，不顾年迈，出访日本、法国等不少国家，在国内也不断接见重要的外宾，受到我国人民和世界人民极大的尊敬。

图书在版编目（CIP）数据

走在西花厅的小路上：忆在恩来同志领导下工作的日子/章文晋，张颖著.—增订本.—北京：社会科学文献出版社，2013.9
ISBN 978-7-5097-5034-6

Ⅰ.①走… Ⅱ.①章…②张… Ⅲ.①周恩来（1898~1976）-生平事迹 Ⅳ.①K827=7

中国版本图书馆 CIP 数据核字（2013）第 201620 号

走在西花厅的小路上（增订本）
——忆在恩来同志领导下工作的日子

著　者 / 章文晋　张　颖

出 版 人 / 谢寿光
出 版 者 / 社会科学文献出版社
地　　址 / 北京市西城区北三环中路甲29号院3号楼华龙大厦
邮政编码 / 100029

责任部门 / 近代史编辑室　（010）59367256　　责任编辑 / 宋　超　徐碧姗
电子信箱 / jxd@ssap.cn　　　　　　　　　　　责任校对 / 李若卉
项目统筹 / 徐思彦　　　　　　　　　　　　　　责任印制 / 岳　阳
经　　销 / 社会科学文献出版社市场营销中心　（010）59367081　59367089
读者服务 / 读者服务中心　（010）59367028

印　　装 / 北京季蜂印刷有限公司
开　　本 / 787mm×1092mm　1/16　　　　　印　张 / 14.5
版　　次 / 2013年9月第1版　　　　　　　　字　数 / 215千字
印　　次 / 2013年9月第1次印刷
书　　号 / ISBN 978-7-5097-5034-6
定　　价 / 39.00元

本书如有破损、缺页、装订错误，请与本社读者服务中心联系更换

▲ 版权所有　翻印必究